山东工商学院法学文库（2）
总主编　张献勇　夏凤英



# 法律适用规则研究

董书萍　著

中国人民公安大学出版社
·北　京·

**图书在版编目（CIP）数据**

法律适用规则研究/董书萍著. —北京：中国人民公安大学出版社，2012.8

（山东工商学院法学文库/张献勇 夏凤英主编）

ISBN 978-7-5653-0972-4

Ⅰ.①法… Ⅱ.①董… Ⅲ.①法律适用—研究—中国 Ⅳ.①D920.5

中国版本图书馆 CIP 数据核字（2012）第 203844 号

山东工商学院法学文库（2）

**法律适用规则研究**

董书萍 著

出版发行：中国人民公安大学出版社
地　　址：北京市西城区木樨地南里
邮政编码：100038
经　　销：新华书店
印　　刷：北京泰锐印刷有限责任公司

版　　次：2012 年 8 月第 1 版
印　　次：2012 年 8 月第 1 次
印　　张：7.375
开　　本：880 毫米×1230 毫米 1/32
字　　数：198 千字

书　　号：ISBN 978-7-5653-0972-4
定　　价：25.00 元

网　　址：www.cppsup.com.cn www.porclub.com.cn
电子邮箱：zbs@cppsup.com zbs@cppsu.edu.cn

营销中心电话：010-83903254
读者服务部电话（门市）：010-83903257
警官读者俱乐部电话（网购、邮购）：010-83903253
法律图书分社电话：010-83905745

# 总　序

山东工商学院（原中国煤炭经济学院）法学专业教育始于1993年。当年，学校首批招收了经济法专业专科学生。1999年，法学专业本科学生首批招生。在法学专业创办20年即将到来之际，我们拟以法学学科和专业教师的博士学位论文和国家社会科学基金项目、省部级科研项目为基础，推出“山东工商学院法学文库”。旨在展示山东工商学院法学研究成果，传播法学学术思想，为推动我国法学理论创新和指导法治建设实践尽绵薄之力。

“山东工商学院法学文库”能够面世，得益于山东工商学院对学科建设的高度重视。早在1999年，宪法学与行政法学就被确定为学校重点建设学科。经过努力，宪法学与行政法学又先后获批为山东省“十五”和“十一五”重点建设学科。2009年，宪法学与行政法学被学校列为校级强化建设学科，经济法学被列为校级重点建设学科。学校对法学学科的重视和支持，极大地调动了教师学科建设的积极性，也为本文库的顺利出版提供了有力的物质保障。

目前，法学学科点共有专业教师34人，其中教授7人，副教授13人，具有高级职称的教师占全体教师的比例为59%。拥有博士学位的教师7人，在读博士5人，博士和在读博士占全体教师的比例达到35%。已经形成了一支方向稳定、结构合理、治学严谨、勤勉上进的学术队伍，特别是青年教师崭露头角，具有良好的研究潜力，实乃一件幸事。

法学学科点始终坚持以教学为中心，教学设施不断完善，教学改革扎实推进，教学质量稳步提高。建设了高标准的模拟法庭实验室，图书馆相关藏书丰富，建成了资料室和微机室。按照应用型人才培养要求，依据学科优势和学校特点，实施精细化、分方向人才培养模式改革，即在新生入学之始就为其确定4年就读期间的专业指导教师，在高年级分宪法行政法和民商经济法两个专业方向实施教学。法学专业曾被评为学校优秀专业，1个教学团队被列为校级教学团队，1门课程建成了省级精品课程，3门课程建成了校级精品课程。主编教材7部，分别由法律出版社、北京大学出版社、中国民主法制出版社等出版，其中1部获得山东省普通高等学校优秀教材一等奖。1项教学成果获得山东省高等教育优秀教学成果三等奖。4篇论文被评为山东省优秀学士学位论文。截至2011年，已累计为社会培养法学本专科毕业生3000多人，得到了用人单位的普遍好评。他们正在各自的工作岗位上为法治建设增砖添瓦，为推动社会进步和实现公平正义发光发热。

法学学科点十分注重科学研究和学术交流，近年来，共主持国家社会科学基金项目4项，教育部人文社会科学研究项目、司法部法治建设与法学理论研究项目等省部级研究项目40多项，获得山东省社会科学优秀成果奖等各类奖项30余项，出版专著20余部，在《中国法学》、《法商研究》等重要学术刊物发表论文110余篇，取得了较为丰硕的研究成果。学科点先后邀请50多位知名学者来校讲学或指导，派出多名教师参加国内外重要学术会议，先后承办了2001年中国法学会行政法学研究会年会、全省建设“平安山东”法治理论研讨会、2010年山东省法学会宪法学研究会年会、2011年山东省法学会财税金融法学研究会年会等学术会议，学术影响逐步扩大。

我们深知，我校法学学科和专业建设起步较晚，虽然取得了一定的成绩，但与国内一流法律院校相比还有不小的差距。我们期望在我国实行“依法治国、建设社会主义法治国家”的进程中，借由本文库的出版，推动我校法学学科建设和专业建设水平的进一步提高。

最后，感谢中国人民公安大学出版社对本文库的出版给予的宝贵支持。

张猷勇

2011 年 11 月 10 日

# 自　序

韩非子曰："法者，宪令著於官府，刑罚必於民心。赏存乎慎法，而罚加乎奸令者也。"管子云："凡法事者，操持不可以不正。"

然法律体系规范纵横交错，司法官适用法律须依"道"而行，至于其"道"究竟为何，其因在何？则需深研。《离骚》曰："路漫漫其修远兮，吾将上下而求索。"道不远人，人自远道，唯朝夕求问，方得近焉。小女子愚钝，日思夜索，幸对法律适用规则得片影碎思。然结集出版，心甚惶恐，忧惧所得非"真道"。所幸一人之著，仅供同好研讨，万祈读者不吝赐教。

是序。

董书萍

2012年3月

# 目　录

# 导 言

## 一、研究背景与研究意义

对本题目的研究源起于以下思考：一是自 2003 年起，中国人均 GDP 达到 1090 美元，已经进入国际社会普遍公认的冲突、矛盾的多发时期。2010 年，我国基尼系数已高达 0.5，社会贫富悬殊，底层民众对权贵阶层的不满和抵触情绪日益加剧，这种情绪疏解不当将动摇政权稳定。司法位于社会冲突调节器的终端，法律适用原本具有判断是非、解决矛盾、舒缓社会压力的功能。但是，近年来，法律适用的失范人尽皆知。在刑法方面，作为社会治理的底线，对刑法的败坏无疑是危险的，但是，诸如“临时性强奸”的判词仍然被创造了出来，令人扼腕。[①] 在民法方面，法院判裁强制拆迁合法，放弃了以宪法为后盾的物权法，同时也就公开了“法律像写在纸上逗人玩”的民间感觉。[②] 有如此的法律适用，“涉法信访的比例逐年攀升，司法已决问题本身成为信访的重要起因”也就不足为奇了。法律适用不仅没能缓解社会的紧张情绪，反倒成为冲突的重要诱因，进一步加剧了社会矛盾。二是截至 2010 年，有中国特色的社会主义法律体系将基本建成，我们有理由预期，今

① 案情介绍参见：http://www.smg.cn/Index_News/newsDetail.aspx?newsID=93648&serialno=009&sid=2。（2009 年 11 月 10 日登录。）

② 参见《潘蓉：手持燃烧瓶的“勇敢女人”》，载《南方周末》2009 年 12 月 3 日第 4 版。

后建设社会主义法治国家的工作重心将由立法转入行政执法和法律适用领域，并将成为一项长期的任务。此情此景下，我们对法律适用规则理论展开系统和深入的研究正逢其时。

在这样的时代背景和法律实践的需求下，必须追问的是，法官究竟应该如何适用法律？我国法律体系对法律适用提出了什么样的要求？法官必须遵守哪些规则？一体化的法律适用规则体系是什么？其中的具体规则包括哪些？每一项具体规则的内容又是什么？在规则与原则之间、上位法与下位法之间、程序法与实体法之间、后法与前法之间、国际法与国内法之间，以及宪法与法律之间，法官应该如何取舍？何种情况下两者并用？何种情况下择一而用？何种情况下选择前者？何种情况下选择后者？选择的理由是什么？适用的条件又是什么？

对于上述问题的回答不仅是必须的而且是急迫的。这不仅是一个理论体系的建构问题，更是对此时此刻司法实践中正面临的问题在理论上的回应。但是，长期以来，关于上述问题的回答只是零碎的、模糊的。虽然个别的法律适用规则，如特别法优于普通法等古老谚语的存在，历史悠久。但是，这古老谚语的内涵是什么，几乎无人去探究，法律适用是否还有其他的规则，也几乎无人去追问。虽然事实上法官都须运用法律适用规则，但是，法律适用规则体系究竟应该是怎样的？学术界迄今为止也没有对此作出详细说明和具体描述。虽然已有学者尝试着对法律适用规则进行研究，但是，现有的研究不仅未区分法律冲突状态与法律体系的正常秩序状态，反而将法律冲突适用规则等同于法律适用规则，以至于解决法律规范兼容关系的适用规则，如“特别法先于一般法”，“程序法优于实体法”等，被混同于解决规范不兼容关系的“特别法优于一般法”、“程序法优于实体法”等法律冲突适用规则。而且对该大多数具体规则如何适用，以及各规则之间的关系也欠缺限定和清楚的解释。

基于前述迫切的需求以及研究上的缺憾，本书建构法律适用规则体系的理想和尝试，就具有了理论上和实践上的双重意义。在理论上，它将促进和深化相关知识领域的研究。在实践上，本书所提供的规则体系，对于指导司法实践，减少法官的随意性，矫正法律冲突，树立法律权威，以及保证法律的顺利实施都是不可缺少的。

当然，不言而喻的是，对每一个论题或者问题的回答都可以是多角度、多层面的，这就意味着，本书建构法律适用规则体系的良好愿望未必能够圆满，果如此，还请大方之家不吝批评、指正。

## 二、既有资料以及本书的体例安排

关于法律适用规则的研究，在国外，古罗马法学家最早提出了几条法律谚语，主要有：上位法优于下位法（Lex superior derogate legi inferiori）；特别法优于普通法（Lex specialis derogate legi generali）；后法优于前法（Lex posterior derogate prori）等，这是后世法学对该问题研究的源头。

在此基础上，罗马法学家保罗专门对特别法作过界定，萨维尼也谈及过一般法与特别法的关系，他以属地标准划分一般法与特别法，并提出，适用范围最为狭窄的法律通常具有优先权。此后，从13世纪起，部分学者即发现了在法律的不同规定之间，以及宪法与法律之间存在冲突，提出了宪法优于制定法的观点。20世纪以后，西方法理学家纷纷对法律体系内部结构展开分析，在这个过程中，法学家们明示提出或暗示了多条具体的法律适用规则。其一，凯尔森和哈特都将法律看成一个上、下层级分明的规范（规则）等级体系，这无疑包含了上位法效力高于下位法的思想。其二，凯尔森区分了程序法和实体法，提出了程序法先于实体法适用的论点。其三，凯尔森还试图建构一个国际法律秩序，并认为国际法的地位高于国内法。此外，德沃金还以原则立论，提出了法律原则体系的理论，并提出了原则的适用优于规则的观点。

总体上看，国外学者的研究主要解决了国内法上部分具体的法律适用规则是什么的问题，但对于这些具体规则如何适用，以及法律适用规则的体系建构问题，尚有待进一步研究。

在我国，近年来，法律适用规则研究开始进入学者的视野，这方面的研究主要集中于三个方面：有些学者对法律适用规则的概念进行了界定。例如，刘莘提出："所谓适用规则，就是在法律规范发生冲突时正确适用法律规范所应当遵循的原则，是为了避免法律不一致或冲突的情况。"① 刘红指出："法律适用规则不直接规定权利、义务，而是规定在发生法律冲突的情况下，应当适用何种法律，其对于当事人之间的法律关系，起到的是间接调整作用而非直接调整作用，非常类似于国际私法上的冲突规范。"② 梁三利认为："法律适用规则就是对制定法不一致时提供周延解决的法律规范。"③ 邵兴平则将法律适用规则定性为"是在法律规范产生冲突以后，为了解决冲突，确定所适用的规范所要遵循的特定规则"。④有些学者则阐述了某些具体法律适用规则的内涵：杨登峰解析了新

① 刘莘著：《国内法律冲突与立法对策》，中国政法大学出版社2003年版，第158页。

② 刘红：《法律冲突及其调适研究》，武汉大学2007年博士学位论文，第78页。

③ 梁三利：《新〈律师法〉与〈刑事诉讼法〉的立法性冲突及化解路径——兼论我国法律适用规则的完善》，载《南京师大学报（社会科学版）》2009年第4期。

④ 邵兴平：《论部门规章和地方性法规的冲突及其选择适用》，中国政法大学2007年硕士学位论文，第5页。

法与旧法规则，[①] 王夏昊论述了规则与原则规则，[②] 汪全胜则辨析了特别法与一般法规则。[③] 还有些学者提出了法律适用规则体系应该包含的具体规则，如孔祥俊认为包括上位法优于下位法、特别法优于一般法以及新法优于旧法三项基本原则；[④] 蔡定剑认为包括法律的效力谁高谁低的适用规则、前法与后法、一般法与特别法、一般规定与特别规定，以及不同地区间的适用规则等。[⑤] 刘莘则认为包括上位法优于下位法；同位阶的法律规范具有同等法律效力，在各自权限范围内实施；特别规定优于一般规定；新的规定优于旧的

---

① 杨登峰著：《新旧法的适用原理与规则》，法律出版社 2008 年版，第 10 页。

② 王夏昊著：《法律规则与法律原则的抵触之解决——以阿列克西的理论为线索》，中国政法大学出版社 2009 年版，第 101～179 页。

③ 汪全胜：《“特别法”与“一般法”之关系及适用问题探讨》，载《法律科学》2006 年第 6 期。

④ 孔祥俊著：《法律方法论（第一卷）——法律规范的选择和适用》，人民法院出版社 2006 年版，第 166 页。

⑤ 蔡定剑：《法律冲突及其解决的途径》，载《中国法学》1999 年第 3 期。

规定；不溯及既往五项原则。① 此外，另有研究者提出了不同的观点。②

综合观之，已有的研究成果表现出了下列明显的特点：首先，国内学者对法律适用规则的概念及所包含的具体规则都有所涉及，但是缺少对大部分具体规则的适用条件、方式、领域、限制等问题的精细的研究和深入论证，对规则体系的建构也仅限于对不同规则的简单罗列，并没有真正展开，从而导致了观点的简单的重复、有论点无论证的研究状态。其次，现有的研究都是在法律规范冲突的框架下，将法律适用规则作为法律规范冲突的解决机制进行讨论

① 刘莘著：《国内法律冲突与立法对策》，中国政法大学出版社 2003 年版，第 159 ~ 166 页。

② 这包括姜明安提出了七项规则和制度：上位法优于下位法；特别法优于一般法；新法优于旧法；上位法对下位法有特别授权的，对特别授权的事项，二者规定不一致的，适用下位法；不同地区制定的规范不一致的，除法有特别规定或当事人之间有合法的约定外，适用行为地规范；不同部门制定的规范不一致的，除法有特别规定外，适用相应事项主管部门制定的规范；相应规范冲突依据上述冲突规范依然不能解决的，依法报有权机关裁决（参见《规范冲突与冲突规范——姜明安教授就法律规范冲突问题答〈人民日报〉记者问》，http://www. publiclaw. cn/article/Details. asp? NewsId = 2238&Classid = 4&ClassName = )。谢晖提出了六项规则：上位法优于下位法、特别法优于一般法、新法优于旧法、原则优先于规则、程序法优先于实体法和国际法优先于国内法（谢晖：《法律哲学》，湖南人民出版社 2009 年版，第 161 ~ 190 页）。沈秀莉提出四项规则：上位法优于下位法、特别法优于一般法、新法优于旧法、同位法不一致报请有关机关裁决。（沈秀莉：《论法律冲突及其消解——兼评〈立法法〉之相关规定》，载《山东大学学报》2001 年第 6 期。）杨临萍提出三项：宪法优于法律、上位法优于下位法、特别法优于普通法（杨临萍：《法律规范的冲突规范》，载《人民司法》1998 年第 5 期）。佘映华提出四项：上位法优于下位法、特别法优于一般法、新法优于旧法以及法益衡量的规则（佘映华：《民法视角下冲突法律规范的适用和解释》，吉林大学 2007 年硕士学位论文，第 16 ~ 21 页）。

的。这反映出当前的研究中似乎存在一种预设，即法律适用规则只是用来解决法律规范冲突的，换言之，只有在法律规范冲突的情况下才需要法律适用规则。这种研究进路说明了学者们实际上将法律适用规则等同于法律冲突适用规则。事实上，法律适用规则不仅包括法律冲突适用规则，还应该包括法律体系统一、无矛盾状态下的一般适用规则。但是，对此，学界目前尚未注意到。最后，对法律规范冲突的研究不深入，影响了对法律适用规则的认识。现有的法律冲突适用规则体系的建构矛盾、混乱。例如，学界目前流行的观点是：特别法优于一般法、程序法优于实体法是解决法律冲突的两个基本规则。但是，实际上，特别法优于一般法，实际上是特别法先于一般法，是适用于合秩序性的法律规范之间的非法律冲突的情形；而程序法优于实体法，实际上是说程序法先于实体法适用，二者都不是法律冲突适用规则，而是在法律体系正常状态下的一般适用规则。显然，前述这样的一种研究局面和我国司法的实际需求是不相称的。所以，从法理学的角度、法律体系的层面，对法律适用规则进行整合性研究是非常重要的。

在笔者看来，法律体系理应是一个内部和谐一致的法律规范秩序统一体，法律规范之间无矛盾是正常的，是合乎期待的；有矛盾是异常的，是必须矫正的。因此，法律适用规则理应包括两部分：法律规范统一、无矛盾状态下的法律适用规则，即法律适用的一般规则；以及法律规范冲突、矛盾状态下的法律冲突适用规则，即法律适用的特殊规则。就我国目前的实际情况来看，基于上述立场的研究，无论是对于填补法学理论的空白，还是指导当前混乱的司法实践，都不无裨益。

有鉴于此，笔者立足于法律体系的层面上，按照法律规范秩序统一体决定法律适用的一般规则，法律规范冲突决定法律适用的特殊规则的逻辑思路展开。在吸纳已有的研究成果的基础上，系统地提出了一系列新的观点和见解。在体例结构上，论题主要围绕以下几个方面展开。

本书的第一章，首先要对法律适用规则的含义进行界定，这是建构法律适用规则体系的开端。因为，不明确概念的内涵和外延，将无法判断一条具体规则是否属于该体系，也将无法划定研究范围。对概念的界定，在这里，既涉及梳理前人的观点，同时，也要对相关概念进行比较分析，这包括：法律规范、法律适用等。

第二章将要对法律体系的内部结构进行表述和论证。对这一部分的讨论，将直接决定着法律适用规则体系的范围，即它由哪些具体规则组成的问题。回答这个问题离不开经典法学家对法律体系内部结构的论述，因此，文章解读了从独立规范到规范层级体系、规则层级体系、法律原则体系、再到规范统一体等理论。但是，经典法学家的论述不免流于宏观，尽管提及个别具体的法律适用规则，但是却没有详述具体规则的应用，更未提供一个法律适用规则的体系。因此，若要获得法律适用规则的应用及整个规则体系的全貌，还必须阐明在微观层面上，法律规范之间的关系规定性，以在理论上建构起一个逻辑完整、内部和谐一致的法律规范秩序统一体。而这个法律秩序共同体的内部微观结构，将决定法律适用的一般规则。此外，还必须考虑到，理论与现实之间的差距。法律规范冲突并非新问题，但是对于法律规范冲突的研究尚欠深入，留有空白，尤其是在与法律适用规则的架构有关的领域。因此，必须在吸纳前人研究成果的基础上，以新的视角展开对法律冲突的研究。

有了前两章的铺陈，第三章就顺理成章地承担起建构法律适用规则的任务，这是本书的核心内容，也是写作中的重点内容。遵循着第二章的思路：立法者和法官期待的法律秩序统一体与实践中可能会出现的法律规范冲突，决定了二者的法律适用要分别遵循不同的规则，前者是正常的规则，后者是特殊的规则，法律适用规则体系就由一般规则与特殊规则共同构成。如此一来，建构法律适用规则体系，就还必须回答下面一系列问题：一般规则与特殊规则分别由哪些规则构成？这些规则是什么？适用的条件是什么？有什么特殊的限制？这些问题就构成了第三章的内容，也是第三章所要解决的问题。第三章的写作将围绕着上述问题展开。

宪法是正义的守护神，居于一国法律体系的顶端，控制着整个法律体系，任何案件的处理都不能违反宪法。无论是法律适用的一般规则，还是特殊规则，最后的法律适用必须符合宪法。因此，第四章探讨了宪法适用的规则，并主要议论了宪法的间接适用性、宪法间接适用的方式——违宪审查、个案中的宪法适用所必须遵守的应用规则，以及我国宪法审查制度的不足和改良等。

## 三、研究视角与方法

本书首先是一个理论体系建构的问题，其次面临着一个理论证成的过程，并不可避免地涉及规范分析和描述。简单地说，就是通过分析法律体系内部的结构，描述法律规范之间所具有的各种内在联系，建构起法律适用的规则体系，并证成整个法律适用规则体系的合理性和正当性。很显然，这个任务只能通过对法律体系的内在结构分析才能完成。但是，不可否认，对法律体系的外在观察，包括政治的、经济的、历史的、道德的考察，客观上也支持和证成了法律适用规则的合理性和正当性。

建构法律适用规则体系必须对各种方法恰当运用。原则上，本书是一篇规范分析性的论文。法律体系的内在结构和状态与法律适用规则密不可分，前者决定着后者。有何种法律体系结构，就有何种法律适用规则，而且，在法律体系内部，法律规范之间的存在状态不同，法律适用的规则也不相同。规范之间的无矛盾状态决定了法律适用的一般规则；规范冲突状态决定了法律适用的特殊规则。因此，立足于整个法律体系，解读法律体系的宏观架构，确定具体法律规范在法律体系中的位置，并以此为原点，确定法律规范的效力等级关系，剥离出规范之间具有的众多关系类型。同时还要区分法律体系的应然状态与矛盾状态，并进一步区分每一类规范类型的应然状态与矛盾状态，分析出具体规范类型冲突的独特性。理清在各种关系下，一类规范对另一类规范的诉求，以及这种诉求所可能受到的某些限制。从而建构起法律适用的一般顺序规则体系以及专门解决法律冲突的特殊规则体系，并最后将之归于宪法的控制之下。这对于法官正确地适用法律，获得个案裁判规范，实现司法公正是至关重要的。

为了完成本书的核心任务，就要对各种法律规范关系进行比较。比较是对两个或两个以上具有可比性的事物进行对比，由此揭示其异同的一种方法。在本书中，比较方法的使用贯穿始终，既有对凯尔森、哈特、德沃金、拉兹的法律体系理论的比较，也有对应然的法律体系与法律规范冲突的比较；既有对法律规范冲突不同类型的比较，也有对规则与原则、上位法与下位法、程序法与实体法、特别法与一般法、新法与旧法、国际法与国内法之规范关系的比较；还有对法律适用的一般规则与特殊规则的比较。显然，比较方法更能显示被比较双方的异同，从而凸显出双方各自不同的特点。

同时，建构法律适用规则体系，也离不开历史研究方法。法律适用规则不是今天才出现的一种法律现象，自从人类社会脱离了小型社会，法律体系进入了一个比较成熟的阶段，法官就面临着如何适用法律的问题。也因此，针对同一个问题，各国都积累起一定的经验，这些经验，或者值得反思，或者值得借鉴。鉴于此，对各国有关法律适用规则的制度和原理、具体规则发展史进行考察。参考、借鉴其他国家的经验，寻找解决国内法律问题的途径和方法，是必不可少的。

还有，本书的写作起因于当前法律适用中的乱象，写作的动力是希望通过建构和证成法律适用规则体系，明确法院适用法律过程中必须受到哪些规则的约束，必须遵守哪些规则，明确违反法律适用规则的后果。为了达成上述目的，本书也必须运用实证的方法，这主要是指对近年来我国最高人民法院发布的司法解释的整理和评析，还包括对当前典型事例的枚举和解析，司法解释评析和案例解析无疑有助于在实践的脉络中看清事实真相，同时反映出本书的理论所具有的强烈的实践精神和色彩。

当然，法律实践和法律研究始终无法离开价值判断，不可能做到价值无涉。本书建构了获得正义的规则体系，同时，本书对司法正义所寄予的期待以及对个案公正的追求，都决定了价值分析将若隐若现地贯穿于本书的始终。

## 四、本书的主要观点

在现有研究成果的基础上，本书建构了新型的法律适用规则体系，提出了一些新的观点。具体体现在如下几个方面。

首先，本书站在一个法律体系的高度界定和建构法律适用规则，提出法律秩序分为正常状态和非正常状态两种情形。在正常状态下，法律规范相互之间统一、兼容，法律适用遵守一般规则；在非正常状态下，法律规范相互冲突、矛盾，法律适用遵守特殊规则。因此，法律适用规则包括一般规则和特殊规则。

其次，本书认为，法律规范冲突是反秩序性的，是法律统一体不允许存在的；合秩序性法律规范不相容是现实中以矛盾对立方式存在的事物在规范上的表达和反映，是法律统一体允许存在的，因而不属于法律规范冲突。在此基础上，正常状态下，一般适用规则体现的共同规律是不同类型法律规范的效力并存，但是某类法律规范适用在先，具体包括：规则先于原则、下位法先于上位法、特别法先于一般法、程序法先于实体法。其中，程序法先于实体法和特别法先于一般法两个规则，学界通常将它们归入法律冲突适用规则。但是本书认为，这两个规则都是对法律秩序内的规范正常关系的反映，因而是法律适用的一般规则。非正常状态下的法律冲突的适用规则，即特殊适用规则体现的共同规律是不同类型法律规范间的效力排斥，择一适用，具体有：原则优于规则、上位法优于下位法、后法优于前法、国际法优于国内法。

就国际法与国内法的冲突而言，本书提出，国际法与国内法的关系是一元论下的协调论，即二者同属于一个法律体系，并在规范间相互协调。国际法与国内法间的法律适用，是在对国际法合宪性推定的前提下，国际法在同一位阶上优于国内法的适用。

# 第一章　法律适用规则的含义界定

法律适用规则是法学的基础理论问题之一。但是这些规则是什么？其性质是什么？其具体含义是什么？这些规则如何适用？这些规则之间是什么关系？诸如此类的问题，迄今为止，尚未有人系统、清晰地予以回答。已有的回答要么只是对法律冲突适用规则的部分框架进行的简单、模糊的勾勒，要么只是对个别适用规则的研究。法律适用是司法的核心，是法律运行的关键环节，对法律适用规则的理解和掌握决定着法律适用的正确与否。法律适用规则的极具重要性决定了法律适用规则必须在理论上得到系统的研究。

## 一、法律规范、法律适用与法律适用规则

规范一词，古希腊文为nomos，包含法律、伦理习惯、宗教礼仪等意义；拉丁文为norma，英文为norm，包含准则、标准、模范、模型、典型等含义。在古罗马，“规范”还曾是丈量土地的工具的名称。在汉语里，规范最初是指作为测量仪器的规矩，后又引申为法、法度。[①] 其所表达的思想是，某事应当发生，特别是人们应当如何行为。[②]

### （一）法律规范与法律规范的内在关系性

意思多样的规范，在与法律结合之后，成为法律制度的基本单

① 舒国滢主编：《法理学》，中国人民大学出版社2005年版，第70页。

② ［奥］汉斯·凯尔森著：《法与国家的一般理论》，沈宗灵译，中国大百科全书出版社1996年版，第39页。

位、法学的最基本概念之一，法的要素之一。法律规范，是指那些为国家所制定或认可、用以规制和调整人们行为的指针和判准，包括法律技术的标准。[①] 它或者针对社会公众的社会行为，或者针对公权力机构的特定行为。法律规范对人们行为的评价是以一种特殊的方式展现出来的，即合法与不合法、正当与不正当、有效与无效等，其陈述了一种“应然”的“规定性命题”，它要求规范对象按照规范的内容去行为。正是在此基础上，“法律是现行规范的总和，即是由立法者颁布或者由适合法院适用的规范的总和”。[②]

基于不同的分类标准，法律规范之间区分为不同类型，并形成了各种关系。基于逻辑结构标准，形成了法律规则与法律原则关系；基于效力层级标准，形成了上位法与下位法关系；基于调整内容标准，形成了程序法与实体法关系；基于调整范围标准，形成了一般法与特别法关系；基于调整主体标准，形成了国际法与国内法关系；基于生效时间标准，形成了新法与旧法关系；基于强制性标准，形成了强制性规范与任意性规范关系；基于法律关系的性质标

---

① 所谓法律技术，一般是指创制和适用法律规范时必须应用的专门技术知识和方法，如表达法律规范的方法、整理规范性文件的方法、解释法律内容的方法、认定事实和证据的方法，以及进行法律推理和法律论证的方法等（朱景文主编：《法理学》，中国人民大学出版社 2008 年版，第 347 页）。如果法律技术被国家制定为或认可为必须遵守的标尺时，该标尺本身即为法律规范。目前之所以多数学者将其排除在法律规范范畴之外，除了法律技术长期以来不受重视的原因之外，还在于它的逻辑结构的独特性和非完全性。

② ［德］魏德士著：《法理学》，丁晓春、吴越译，法律出版社 2005 年版，第 32 页。

准，形成了公法规范与私法规范关系等。[①] 法律规范的这种类型区分以及内在关系性决定和影响了法律规范的适用。

（二）法律适用与司法程序

对法律适用的理解显然与适用法律的主体有关，依照法律适用主体范围的不同，我国学者提出了广义、狭义、中义三种观点。广义观点将法律适用与法律规范的实施相等同，认为法律适用是国家机关、社会团体和公民实现法律的活动。[②] 但是，由于我国存在专门的法律实施的概念，学界对这一界定的认可度不是很高。中间观点认为法律适用是在需要国家机关的干预下才能将法律规范予以实施和实现的情况下产生的，是指一切国家机关和国家授权单位按照法律的规定运用国家权力，将法律规范运用于具体的人或组织，用来解决具体问题的专门活动，它使具体的当事人之间发生一定的权利义务关系或对其适用法律制裁，包括司法适用、行政适用、仲裁

① 本书中对于这两类规范关系不作论述。强制性规范属于基本必为性规范，任意性规范属于可以性规范，在法律适用中，一般情况下，在强制性规范与任意性规范二者之间，强制性规范优于任意性规范，法官应该优先适用强制性规范，不应该以任意性规范替换和掩盖强制性规范的适用。公法规范与私法规范的法律适用关系目前尚未引起学界的关注，也未见相关论述。但是，公法与私法的关系曾经在2006~2008年引发了历时三年的学术大论战，尽管在形式上观之，两种观点相持不下，但是，公法基础论持有者多站在实证分析的角度上言说，私法基础论者则站在法社会学的角度上，用心实为良苦。二者比较起来，规范分析以内在观点说法律，无疑有将其看做封闭的系统之嫌。事实上，法律不能离开社会而存在，法律规范来源于社会，又反作用于社会。站在培养合格健全的公民人格，培育发展市民社会的高度上看，私法确实是基础，而公法则是有益的补充。携此观点进入法律适用领域，则私法规范的地位优越于公法规范，在二者相冲突之时，公法规范应该谦抑。

② 沈宗灵主编：《法学基础理论》，北京大学出版社1988年版，第373页。

和调解。[①] 由于我国对行政机关的法律适用有专门的“行政执法”一词，因此，这种界定采用得也比较少。认可度较高的是狭义观点，即将法律适用界定为“司法”，“是指国家司法机关依据法定职权和法定程序，具体应用法律规范处理案件的专门活动”。[②] 对法律适用作狭义的理解是恰当的，但是将法律适用等同于“司法”，将法院体系、司法主体和司法职权这些组织规范强行列入法律适用范畴显然是不适当的。

对法律适用的研究必须立足于司法程序本身，以微观的视角来看待法官是如何以及应如何在个案中实现法律规范的。罗斯科·庞德把司法程序分为四个阶段：（1）发现事实；（2）发现法律；（3）解释即将适用的律令；（4）将业已找到并经过解释的律令适用于手中的案件。[③] 德国学者魏德士认为：“法律适用是根据法律秩序对具体纠纷得出判决并进行说明”，他在引证 K. 恩吉施的观点的基础上，指出“目光在事实与法律规范间‘来回穿梭’是法律适用的普遍特征。他首先选择可能‘适合于’该事实（一个或若干个）的法律规范。然后淘汰（由于各种原因）被证明不能适用的法律规范。对生活事实与规范的事实构成进行权衡最终将纠纷涵摄于相关法律规范的重要手段。换言之：法律适用由根据规范标准对生活事实所进行的比较观察和评价组成”。[④] 可见，他们均将法律适用视为“以事实为依据，以法律为准绳”的裁判过程，是一种案件事实与法律规范的涵摄过程。虽然他们都主张事实认定、

① 孙国华、朱景文主编：《法理学》，中国人民大学出版社 1999 年版，第 313 页。

② 刘作翔：《法理学视野中的法律适用》，载《法律适用》2002 年第 7 期。

③ ［美］罗斯科·庞德著：《法理学》（第四卷），王保民、王玉译，法律出版社 2007 年版，第 5 页。

④ ［德］魏德士著：《法理学》，丁晓春、吴越译，法律出版社 2005 年版，第 287～288 页。

法律发现，二者的涵摄都不是独立且严格区分的单个行为，而是界限模糊并可以相互转换的过程。在这一过程中，作为自然属性的案件基本事实是不会改变的，对其法律意义的评价只有在所依据的评价标准变换和发生改变时才会有所不同。因此，在案件事实查清的基础上，法律适用的工作便是在于将恰当的评价标准（法律规范）在案件中具体化。据此，可以认为，法律适用是指在某一个特定的法律体系内，法官将抽象的、一般性的法律规范适用于具体个案的活动。

### （三）法律适用规则与法律冲突适用规则

法律适用的个别具体规则自罗马法时期就已经存在。但是，对法律适用规则的概念进行明确界定的并不多见。我国学界目前对法律适用规则概念的界定，都是将其作为解决法律规范冲突的机制之一，并将其等同于法律冲突适用规则。[①] 但是，这种认识是可商榷的，因为将法律适用等同于法律冲突的适用，分别违背了法律适用与法律冲突这两个概念的基本含义，与现有的法学（律）概念体系不相容。概念的创新是允许的，然而创新是有边界的。对一个基于已成熟概念基础上的新概念进行界定，必须尊重已有的基础性概念，接受其对新概念的限制。在新概念的界定中既不能改变基础性概念的含义，也不能扩大或者缩小其外延，否则就无法维持法律概念体系的统一与一致性，导致法学研究中的不可理解和难以沟通。法律适用规则是在法律适用这一既有成熟概念的基础上创立的，因此，界定法律适用规则不能背离法律适用的基本含义。法律适用是法官的目光在案件事实与法律规范之间往返流转的过程，在这个过程中，由于法律对同一个事项和问题的规定是从抽象到具体，层层递进、多维度并存。换言之，法律的不同层级，不同规范类型都可能对同一事项和问题作出规定。因此，通常法官所找到的与案件事

---

① 我国研究者对法律适用规则概念的几种界定，在导言部分已经有了具体的表述，此处不再赘述。

实相匹配的法律规范，有如下五种可能：一是没有找到相应的法律规范，即存在法律漏洞；二是找到的法律规范是唯一的；三是找到了多个法律规范，但多个法律规范的法律效果都相同；四是找到了多个法律规范，且多个法律规范的法律效果虽然不相同，但是可以兼容；五是找到了多个法律规范，但是多个法律规范的法律效果存在冲突，不能兼容。上述情形中，第一种情况下，需要法官进行漏洞填补；第二种情况下，法官将该唯一法律规范适用于案件事实作出裁判即可；但是，在后三种情况下，所找到的法律规范都有多个，法官就面临着如何从中选择一个与个案事实最相匹配的法律规范的问题。同时，法律规范的选择适用，显然会因为法律体系的状态不同而不同。法律体系在正常情况下，即没有法律规范冲突的状态下，那些更加具体化的、反映了立法者最新意志的法律规范总是应该被在先选择适用，它产生了诸如下位法先于上位法等法律适用的一般顺序规则。而法律体系在非正常状态下的，即法律规范发生冲突、矛盾的情况下，法官必须甄别、选择法律规范，以效力更高、更新的法律规范替代效力较低、较早的法律规范，它产生了上位法优于下位法等法律适用的特殊效力规则。

可见，法律适用与法律冲突适用之间具有实质性的不同。法律适用既包括法律冲突状态下的法律适用，也包括了法律无冲突状态下的法律适用。因此，法律适用是法律冲突适用的上位概念，前者的内涵和外延远比后者要宽泛得多。同理，法律适用规则是法律冲突适用规则的上位概念，前者的内涵和外延远比后者要宽泛得多，法律冲突适用规则是法律适用规则的组成部分。

显然，将法律适用规则等同于法律冲突适用规则是不正确的。对法律适用规则的界定，必须从整个法律体系的层面上，考虑到法律体系的两种不同状态，而不能仅仅局限于法律冲突的层面和状态上。

## 二、法律适用规则的概念及间接调整性

从法律体系整体和法律秩序状态的角度，笔者试界定法律适用规则为：法律适用规则，是指由一个法律体系的内部结构和状态决定的，法官必须遵守的，调整同一个法律体系内部的不同类型法律规范之间的适用顺序和选择关系的规则体系。法律适用规则的适用前提是在同一个法律体系内，法官寻找到或者发现多个与案件事实相联系的法律规范，需要进行选择适用，既包括法律规范统一状态下的一般适用规则，也包括法律规范冲突状态下的特殊适用规则。

法律适用规则因法律规范之间的不同类型划分而起，又因是否存在法律规范冲突而不同，与一般的法律规范相比，它具有以下特点：

1．法律适用规则既不属于实体法规范也不属于以诉讼关系为调整对象的程序法规范。法律规范可以分为实体法规范和程序法规范。实体法规范规定法律关系主体具体享有和承担的权利、义务与职权与职责。程序法规范规定法律关系主体实现和行使权利、义务或职权、职责的程序和方式。而法律适用规则本身并不调整特定法律主体的实体权利、义务和职权、职责及其实施的程序和方式，它只是给法官提供适用法律的指引和评价法律适用正确性的标准，仅指明法官应该如何在法律规范中，包括在相互冲突的法律规范中选择应该适用的法律规范，并提供对法官适用法律规范正确与否的判断标准，无论是与实体法规范，还是与程序法规范都存在本质上的不同。

2．法律适用规则是一种间接调整方式，不能构成当事人的行为准则。法律适用规则不规定当事人的权利和义务，它只起“援用”或者指向某一实体法律规范或者程序法律规范的作用，当事人很难据之预见到法律关系的后果，必须与所选择的实体或者程序法律规范相互结合才能确定具体的权利和义务。因此，法律适用规则缺乏一般法律规范所具有的明确性和预见性，不能成为当事人作

为或者不作为的准则。

3. 法律适用规则调整同一个法律体系内的法律规范之间的适用关系，不适用分属于不同国家的多个法律体系之间的关系。同一个法律体系，是一个主权国家的法律规范统一体。处于同一个法律体系的法律规范，都源自同一个宪法，属于同一法权，秉承着同一套价值观体系。法律体系内部的诸规范之间，有着内在的逻辑性和统一性，否则就会因违法或者违宪被该法律体系“开除”。而处于不同法律体系的法律规范则不然，它们分属于不同的“法权”，由不同的立法者在不同时期、根据不同的情况、遵循不同的价值观制定。因此，两个不同法律体系的法律规范对同一事项赋予不同的法律效果，作出不同的评价和处理是事之常理、人之常情，由此，两类规范并存，不存在价值观上的优劣，也不存在位置高低和效力优劣。只能首先经由专门调整不同法律体系关系的冲突规范的选择和指引，得以确定作为准据法所属的某一个具体法律体系之后，才能运用法律适用规则，在同一个法律体系内再次进行法律规范间的甄别和选择工作，以最终确定个案裁判规范，裁处案件。

法律适用规则的前述特点显然与其独特的逻辑结构有关。法律适用规则的结构不同于一般的法律规范。一般的法律规范包括行为模式和法律后果两个独立的部分。其中，行为模式有命令、禁止和授权三种。法律后果则包括对合法行为的肯定和对违法行为的制裁两个方面。依据一般规范，凡符合某法律规范事实构成要件的，则可直接推知该事实将对当事人的权利和义务产生何种影响。与此不同，法律适用规则没有法律后果部分，但却在行为模式部分明显地分成了范围和系属两个部分，形成了一种独特的逻辑结构。“范围”系指法律适用规则所要调整的与案件事实有关的法律规范之间的关系类型，但不是案件事实。通过法律适用规则的“范围”部分可以判断该规则用于解决何种类型的规范关系。例如，“下位法先于上位法”这一法律适用规则中，范围部分是上位法与下位法的兼容关系。又如，“上位法优于下位法”这一法律适用规则中，范围部分是下位法与上位法的冲突关系。“系属”是规定法律适用规则中“范围”所应适用的法律，但不是具体的权利和义务。它指令法院在处理某一具体法律问题时应当如何适用法律，要求法院在法律适用规则规定的范围内选择应该适用的法律规范类型。这样，法官就可以通过系属的指引和限定功能，最终在法律确定的规范类型部分寻找、发现能够作为规范裁判的具体法律规范。通常，系属的规范表达形式为“……先于（或优于）适用”或“……先于（或优于）……适用”。例如，“下位法先于上位法”这一法律适用规则中，系属部分是下位法先于上位法适用。又如，“上位法优于下位法”这一法律适用规则中，系属部分是上位法优于下位法适用。

法律适用规则这种独特的逻辑结构赋予了法律适用规则的间接调整性。一般的法律规范规定了法律关系主体实体性或者程序性的权利和义务，直接决定和影响着当事人具体享有权利和承担义务的状况。但是，法律适用规则调整的是不同类型的法律规范之间的适用顺序和效力取舍关系，指引法官正确地选择裁判规范。它既不参与对法律事实的判定，也不参与法官在事实与法律间的目光往返流转，仅作用于法律规范的关系领域，不直接调整当事人的权利、义务关系。因此，它不能独立作为裁判案件的规范依据，必须和一般法律规范相互结合起来才能具有效果，具有间接调整属性。这种间接调整属性包括两重含义：一是规范联结性，即法律适用规则作为联结点和纽带，将不同类型的法律规范联结在一起。法律适用的过程，是一个确定案件事实，寻找大前提，将大前提应用于个案事实的过程。多数情况下，法官将会寻找、发现到与个案事实相互匹配的多个法律规范，这些法律规范来自法律体系的不同部分，同时适用于个案，但是彼此相互独立，如同一盘散沙。法律适用规则则通过明确各种类型法律规范之间的关系属性，将多个法律规范联结起来，形成了一个有序的规范整体。

如果以 N 代表法律适用规则，以 P 表示法律实体规范或程序规范，法律适用规则的联结作用，如下图所示：

P1→N1→P2→N2→P3→N3→P4→N4→P5→N5→P6……Nn→Pn（其中法律适用规则 N1 联结了一般法律规范 P1 和 P2，N2 联结了 P2 和 P3……依此类推。）

二是规范选择性，即依据法律适用规则，在不同类型的法律规范之间进行甄别和选择，以确定应当适用的法律规范。通常情况下，法官所发现的法律规范是多数的，但是，这些法律规范之间相互独立，没有优劣之分，甚至相互冲突，而法律规范本身不能提供取舍和判断的标准。此时，“就需要其他标准以便决定，究竟这些法规范应并行适用，或只应适用其一，何者具有优越地位”[①]。唯有如此，法律适用才能顺利进行。反之，“如果不能成功地从多个规范中，包括相互矛盾的规范中选择某一个是更强的、唯一有效的和权威的法律规范”，那么法律适用就无法进行。而这个标准就是法律适用规则。例如，在一个案件中，法官分别从《民法通则》和《合同法》[②] 中找到了与个案事实有关的法律规范，此时，特别法先于一般法的法律适用规则，首先发挥了规范联结作用，将民法规范与合同法规范联系在了一起，使它们之间具有了一般法与特别法的关系；其次又发挥了规范选择作用，将合同法规范置于更优越的地位，使其成为与个案事实最相匹配的规范，民法规范则成为合同法规范的支持性规范。

## 三、法官的法律选择权

法律适用规则的功能在于指引法官进行法律选择，但法律适用

---

① ［德］卡尔·拉伦茨著：《法学方法论》，陈爱娥译，商务印书馆 2003 年版，第 146 页。

② 作者注：本书为了行文方便，书中所有涉及我国法律均省略“中华人民共和国”几个字，如《中华人民共和国民法通则》简称为《民法通则》；《中华人民共和国合同法》简称为《合同法》；依此类推。

规则与法官的法律选择权规则并不是一回事，法律适用规则应用的前提是法官享有法律的选择权，而法律适用规则在一定程度上规范着法官法律选择权的行使。法官对法律的选择权并不仅与法律适用规则相联系，它有着司法理念、司法制度等深刻背景。

（一）能动的司法观理念

长期以来，无论是法律的运行还是法学研究都是以立法为中心，司法保持克制、被动的姿态。但近些年来，立法中心主义逐渐式微。立法中心主义主要基于两个方面的原因：一是笛卡儿理性建构主义哲学的盛行，人们从宗教神权对人的否定中摆脱出来但又走向了另一膨胀的极端，认为人类的认识能力是无限的，人类完全可以通过立法理性地安排好所有的社会法律生活，这是立法中心主义认识论上的原因；二是西方资产阶级保护胜利果实的需要，人们把教会法和封建世俗法的黑暗统治归咎于缺乏明确的立法和司法的滥用，因此，在资产阶级革命胜利以后，他们强烈的希望通过制定法典把他们的利益合法化，这是立法中心主义的历史背景。反观当今社会，这两个条件都不再成立。“人类理性的有限性，不可能对所有社会问题一一作出设计，并且也不可能及时地对变化的所有社会问题都作出反应，这意味着立法的中心地位受到挑战。”① 当然，第二个条件的变化也是不言而喻的。因此，进入 20 世纪，尤其是利益法学和自由法学、评价法学产生以后，法学研究开始把更多的注意力投向了法律的实现。而法的实现主要是靠法官来进行，他们比立法者更好地在个案中理解法律，甚至需要在特定情况下有限制地创造性地应用法律，立法机关所制定的法，离廾法官的解释适用，法便会失去其存在的价值。当今已经不再是孟德斯鸠时代严格的“三权分立”的时代，法官不再仅是“说出法律的嘴巴”，法官的判决也不再仅是“法律的精确复写”。司法中心主义时代的到来

① 任莹瑛、李秀群：《法律渊源的方法论意义》，载《法律方法》（第六卷），山东人民出版社 2007 年版，第 80 页。

伴随着司法权的扩张的过程。那么，立法中心主义和司法中心主义分别具有哪些特质呢？特别是这些特质对法律适用的研究又具有怎样的规定性呢？具体来说，二者的区别主要体现在以下几个方面：

第一，二者的哲学基础不同。立法中心主义的理论基础是理性主义哲学，而司法中心主义则以经验主义哲学为理论基础。前者推崇立法及法典，试图为人类设计出完美、无缺憾的行为规则；而后者则认为应当从具体的司法实践中推出法律规则，即先例拘束原则。由此，在两种不同的司法哲学的影响下，欧陆法学形成了立法中心的模式，而在英美国家，则认为一切制度应当从经验中获知。①

第二，法官地位不同。在立法中心主义中，法官附属于法律，法官只能严格执行法律，像机器一样充当适用法律的“自动售货机”，只拥有法律规定允许的极少的自由裁量权。在司法技术上，法官只能追寻立法者的原意解释、适用法律。而在司法中心主义中，法官的任务不仅在于执行法律以救济或补偿权利，而且还可以在法律违背正义时对其进行修正或在无法律规定时创造规则以确权。在司法技术上，法官解释和适用法律时无须考察和遵循立法者的原意，“而是问立法者处于他的情况下应当如何处理案件”。②

第三，二者的目的不同。“立法的目的是分配权利义务，而司法的目的是对受侵害的权利给予救济，这是二者最主要的区别。目的的不同，也就使得二者在不同的社会条件下的重要性不同，为二者的立场转换奠定了基础。”包括我国在内的众多国家，大规模的立法已经告一段落，立法的功能已经初步实现。此时，重要的是将这些法律予以适用，法学的研究旨趣也应当是为如何更好地实现这

---

① ［英］佛里德利希·冯·哈耶克著：《法律、立法与自由》（第1卷），邓正来等译，中国大百科全书出版社2000年版，第21页。

② ［英］R.C. 范·卡内冈著：《英国普通法的诞生》，李洪海译，中国政法大学出版社2003年版，第20页。

些法律提供理论指导。现今，“每一次有关法律的重大改革，不是始于立法，而是萌芽于司法”。[①]“案件比规则在更大的程度上迫使我们深思正义、政府权力的适当界限和个人自由的范围等问题”[②]。显然对案件的把握是法官的职责，法官在个案中检视法律，如发现个案中的法律适用经常违背正义，便会成为新法出台、旧法废止或修改的最初推手。例如，孙志刚案、张海超开胸验肺案便推动了强制收容制度的废止和工伤认定制度的修改。

第四，法官对法律的认识不同。在立法中心主义下，法官的视野比较狭窄，通常只有国家立法机关制定的规范性法律文件，才能作为法官的法源，其他任何机关或者习惯、判例等都不能够作为法官判案的依据；而在司法中心主义下，着眼于纠纷的解决，在法官的视野中，法律的范围极为广泛，凡是能够论证自己判决合理、合法的论据，都可以作为法律，在他们看来，国家的制定法与习惯、判例，以及国际条约等，只是判决的引证材料。[③]

在司法能动主义下，法官不再仅是立法者的传声筒，而具有自身的独立性，他一方面创造性地适用法律，另一方面调试着立法的摩擦，甚至弥补立法的漏洞。法院既然是司法机关，确定法律的选择适用当然是司法权的应有之义，法官在选择适用法律上具有充分的能动性。如果法官连选择适用法律的权力都没有，也就无司法权可言。[④]

---

① 任莹瑛、李秀群：《法律渊源的方法论意义》，载《法律方法》（第六卷），山东人民出版社 2007 年版，第 81～82 页。

② ［美］史蒂文·J. 伯顿著：《法律和法律推理导论》，张志铭、解兴权译，中国政法大学出版社 1998 年版，第 28 页。

③ 邓正来：《社会学法理学中的“社会”神》，载《中外法学》2003 年第 3 期。

④ 孔祥俊：《论法官在法律规范冲突中的选择适用权》，载《法律适用》2004 年第 4 期。

（二）从两极到中点：法律选择权的共享

法律不是完美自足的，就单个规范而言可能是有违公平正义的，就整个法律规范体系而言，不可避免地会存在规范冲突以及法律漏洞。这阻碍着人们对法治信仰的实现，为此司法能动主义给予了我们答案，“充分信任法官是最好的方式”，一个运行良好的司法体制，一定是对法官寄予充分信任的司法制度。① 法官对法律体系的运转和统一性，究竟享有多大的权力？法官在遇到规范冲突时，究竟享有多大的权力？是以规范冲突为由拒绝裁判？还是以作出规范选择而不对规范的效力作出评判？还是法官在对规范效力作出评判的基础上选择适用有效的规范？对这一系列问题的回答，不仅关乎司法权的范围，与国家权力的分配也直接相关。但无论在何国，当法律规范存在冲突时，法官拒绝裁判的做法都是备受质疑的，也与法治的要求是背道而驰的，甚至是不为“不得拒绝司法”的宪法原则所相容的。因此，问题的关键是，法官是否有权对法律规范的效力作出评判，能否宣布某些法律规范无效？也就是说，是否具有司法审查权？

法官查找、选择、适用与个案相互匹配的法律规范本就是司法权的固有之义，而将法律规范效力的认定权划给非司法机关，无疑给司法权的正常行使设置了人为的障碍，是对司法权进行的不必要的程序限制。这种忽视司法权的本质含义的做法，在实践中只有两种命运：要么增大司法权与立法权、行政权的摩擦，延长诉讼时间、降低办案效率；要么规则不被遵守，形同虚设，被所谓的司法技巧所抵消，中国的司法实践已经说明了此点。也正因此，哈特通过承认规则理论弥补了这一缺陷。哈特认为，在现代法体系内，承

① 刘治斌著：《法律方法论》，山东人民出版社 2007 年版，第 387 ~ 388 页。

认规则是整个法体系的基础。[①] 它指出某个或某些特征，如果一个规则拥有这个或这些特征，个人和官员就会决定性地把这些特征当做正面指示，确认此规则是该法律体系的规则。[②] 承认规则为识别法律提供了判断标准，决定了什么是法律。但是，承认规则是不可能针对一般民众的，它的实践主体只能是法院。在哈特看来，一个法律体系的存在对一般民众和法院官员有不同的要求，对一般民众而言，他们要做的只是普遍地遵守有效的初级规则，因而一般民众并没有根据承认规则识别有效法律的义务。[③] 但是对法院的官员而言，他们在行使审判权时只应该适用那些能够满足承认规则的规则，依据承认规则识别义务性规则是他们的义务，他们必须使用统一的法体系规定了的承认规则，有效地接受其为公务行为的普遍的公共标准，并批判性地评价他们自己的和互相间的偏离行为。假如一个法官偏离适用那些满足承认规则条件的法律规则的实践，那么，他的行为就是错误的，将会受到公开的有正当理由的批判。因此，承认规则是指向法院官员的，只有他们才是承认规则的主体。承认规则存在并体现于法院确认法律的实践中，只有在法院加以接

① 哈特指出，如果某个社会的生活只依靠初级规则来维持，则这个社会必须清楚地满足两个条件：一是初级规则必须以某种形式包含对滥用暴力、偷窃，以及欺骗之限制。二是相较于接受规则的人，拒绝规则的人只能是少数。

② ［英］H. L. A 哈特著：《法律的概念》，许家馨、李冠宜译，法律出版社 2006 年版，第 89 页。

③ 社会大众的期待和批评形成了法院遵守承认规则的外在压力，构成了法体系稳定的重要力量。因此，尽管一般民众并没有识别和遵守承认规则的义务，但是一个社会的法体系必须存在一致的承认规则，以集中社会压力，使一个社会的法体系能够维持相当的稳定性。通常，官员所使用的承认规则对一般民众有根本的影响，如果一个法体系中官员使用了一致的承认规则，那么社会一般民众所接受的承认规则也是大体一致的。然而当官员们使用的承认规则不一致时，那么必然导致一般民众观察到的效力判准不一致，判断标准不一致，社会压力就会分散，法秩序的和谐与稳定就会受到影响。

受并加以实践，用以鉴别法律和适用法律时，它才能存在。换言之，承认规则是司法性惯习，只有法院的实践行为，而不是一般民众的实践活动，才能使得“承认规则”确立下来，才能决定承认规则是否存在。不同类型的法律规范相冲突时，哈特将法律规范的效力认定权交由法院行使，是司法权本质的回归。法官审查、选择适用某种类型的法律规范，乃至认定某种具体法律规范无效，是司法权的固有含义。

目前，世界上各主要国家都以不同的形式在不同程度上认可了法院的司法审查权。在美国，对法的合宪性审查由各级普通法院进行，包括议会制定的法律是否与宪法抵触以及政府的行政立法是否与法律抵触，如果认为抵触，就拒绝适用。尽管美国法院仅在个案中否定其效力，而实质上这种否定具有普遍性。在英国，基于议会民主理论，宪法与法律制定主体的统一性，认为不存在二者的抵触，因此英国法院不对法律进行违宪审查。但可以对行政立法的合法性进行审查，如果行政立法越权或与上位法抵触，则宣布其无效并拒绝适用。奥地利则由专门的宪法法院统一地对法律的合宪性与行政立法的合法性进行审查。在德国，法律的违宪审查由宪法法院行使，而对行政立法的合法性由行政法院进行。在法国，宪法委员会对即将实施的法律进行预先的合宪性审查，而对行政立法的审查与德国相同，即由行政法院进行。尽管各国的做法不同，但毫无例外的是，法官都享有对行政立法的司法审查权。

在我国，由于立法主体的多元化等原因，我国存在大量的规范冲突现象，严重影响着我国的法制统一。从《立法法》的规定看，当出现规范冲突时应报请相关机关裁决，如“法律之间对同一事项的新的一般规定与旧的特殊规定不一致，不能确定如何适用时，由全国人民代表大会常务委员会裁决”，“行政法规之间对同一事项的新的一般规定与旧的特殊规定不一致，不能确定如何适用时，由国务院裁决”。又如，地方性法规与部门规章之间对同一事项的规定不一致，不能确定如何适用时，由国务院提出意见，国务院认为应当适用地方性法规的，应当决定在该地方适用地方性法规的规定；认为应当适用部门规章的，应当提请全国人民代表大会常务委员会裁决等，对此法官不得“擅权”。可见法官是不得对规范进行效力评价的，更不能直接宣布下位法“无效”。那么，法官在审理涉及规范冲突的案件时，应如何处理？从《立法法》来看，法官应中止诉讼，将冲突情况层报至最高人民法院，再由最高人民法院送报国务院或全国人民代表大会常务委员会裁决。如此来看，法官和司法体系本身显然没有得到应有的信任，这与现代法治要求并不相符。另外，现行的“裁决机制”也许对整个体系的维护而言是有利的，但是其效率十分低下，法院等待裁决的时间往往是十分漫长的，当事人等来的也是一种“迟来的正义”。与《立法法》的制度设计相比，在司法中法官对存在冲突的规范的适用实践要实用得多。据有学者对某中级人民法院的问卷调查，有65%的法官声称遇到过法规抵触，抵触率为2%；对这些规范抵触的案件的处理基本在司法体系内进行（52%请示审判委员会，44%直接判决，17%请示上级法院），而请示政府和人民代表大会的不足5%；而关于自行处理权的性质认为属于司法审查权的有31%，认为属于选择适用权的有67%；在自行判决时有81%的法官采用回避法律规范，径行适用上位法的做法。[①] 虽然这种做法比较实用，能提高司法效率，但也存在判决中法律适用理由不足的缺陷，与目前所倡导的判决书规范性要求相悖。也有法官试图在判决中阐释理由，如李慧娟法官在“种子案”中以河南省人民代表大会制定的《河南省种子条例》与全国人民代表大会常务委员会制定的《种子法》抵触而无效为由拒绝适用前者，遭遇了被停职的职业风险，显示了法官在夹缝中进行司法的窘境。

但是，实际上，我国《立法法》关于规范冲突的“裁决机制”

---

① 彭亚楠：《“自行判决”、“谨慎表述”——对某中级法院法官处理法规冲突案件的实证调查》，载《法学》2007年第3期。

并未排除法官的规范选择权。目前，学界基本上都认为，关于规范冲突的解决，既然《立法法》规定了明确的裁决机关，也就意味着法官便不再具有规范选择权。然而，这一观点是对法官法律选择权的错误理解，同时误读了《立法法》的“裁决规则”。法官的法律选择权与“司法审查权”是不同的：首先，二者适用的范围不同，法律选择权存在于一切法律规范竞合和冲突的场合，即使法律规范之间不存在冲突，法官也不是将这些规范在案件中罗列重叠适用而是选择适用，司法审查权仅存于与法律规范抵触的场合，无抵触则无须司法审查；其次，二者的法律效果不同，法律选择权的运用仅具有个案意义，不具有普遍约束性，而司法审查权的运用具有普遍意义。《立法法》中规定的“裁决机制”实际上发挥着“司法审查”的作用，它与法官的规范选择存在区别，是并行的。另外，《立法法》实际上为法官在规范抵触时法律选择权的运用留有一定空间，《立法法》已经明确规定法律规范之间规定不一致时，在“不能确定如何适用”的条件下，才由相关机关“裁决”。由此可见，法官对这些存在抵触的规定是有选择适用权的，如果法官“能”确定如何适用的，则直接由法官作出选择。对《立法法》中“裁决”机制的正确理解应该是，它并没有排除法官的法律选择权，而仅是排除了法官对规范宣告无效的权力。由此，我们对法官法律选择权不能局限性地界定为“法官有权查明法规是否抵触其上位法，若抵触则排除适用该法规”① 的权力，而应为：关于同一案件事实存在规范竞合和冲突时，法官选择其一加以适用的权力。

法官的法律选择权的实质是一种裁量权，如果该权力适用不当，将导致法律适用的错误，至少是裁判理由的依据错误，在法律冲突的场合下甚至导致判决结果的错误。法律适用规则一方面为法官的法律选择权提供了保障，另一方面也起着规范和约束的作用。

---

① 彭亚楠：《“自行判决”、“谨慎表述”——对某中级法院法官处理法规冲突案件的实证调查》，载《法学》2007 年第 3 期。

而法律适用规则与其他法律规范不同，法律适用规则的效力具有自身的特殊性。

（三）法律适用规则对法官的约束力

法律规范虽然都是以社会关系为调整对象，但法律规范对社会关系的调整是划分成不同的领域进行的，并不是每种类型的法律规范都适用于所有的社会关系主体。法律适用规则规定了法官的法律选择权和法律适用权，为司法活动所专有，是法官职业共同体的内部规则，其适用的主体只能是司法机关（法官），不适用于一般法律关系主体和其他国家机关的职权行为。

法律适用规则对法官具有法律约束力，如果法官违背了这些规则，可能导致法律适用的错误，这也就是“法律适用规则错误适用”。而法律适用规则错误适用，可能直接导致实体法的适用错误。此种情况，就提出了当事人是否享有上诉权的问题。我国实行两审终审制，法律没有事实审和法律审的区别，上诉法院被赋予关于事实的认定和法律的适用问题进行双重审查的职能。所以，对法律适用的错误，当事人不服都是可以提起上诉的。当然，如果是明显的错误，或造成了严重的不合理后果，还可以通过审判监督程序予以纠正。这样做，有利于维护法律适用的合法性，有利于维护法律的权威。

# 第二章 法律体系的统一与冲突

法律体系理应是一个内部和谐一致的无矛盾的法律规范秩序统一体，古语云：法网恢恢，疏而不漏，即是十分形象的描述。法律规范按照等级秩序存在，并且多种规范类型共存，如规则与原则、特别法与一般法、程序法与实体法，后法与前法等。

在正常情况下，身处不同关系中的法律规范，按照法律体系的安排和要求，分工协作，相互配合，具有相容性。但是，法律体系并非总能维持正常。在一个纷繁复杂的规范集合体内，由于立法者理性的有限性，立法技术上的不成熟，以及管辖职能交叉，立法者的目光纵使无数次地在法律体系内往返流转，也难以避免一时的疏忽和不周全；更遑论在分级立法和授权立法的体制下，下级立法机关在领受上位法、前法等的立法意图上总是要打些折扣的；如果再有意地添加一些地方保护主义和部门利益的元素，法律体系内异常状况的出现，即法律规范冲突的发生几乎是不可避免的。

## 一、法律体系内部结构的理论阐述

法律体系，即法律规范体系，[①] 其内部的结构应该是怎样的？

---

① ［英］约瑟夫·拉兹著：《法律体系的概念》，吴玉章译，中国法制出版社 2003 年版，第 54 页。

或言之，它的法律规范之间的关系模式应该是怎样的？[①] 是法学必须回答的问题。对这个问题的回答经历了一个从独立规范到法律规范等级结构，到法律规则等级体系，到法律原则体系，再到法律规范统一体的漫长过程。

（一）独立规范说

规范分析法学派以规范研究为己任，法律规范体系的结构自然成为该学派的重要命题。从奥斯丁开始，即对法律规范进行了研究。奥斯丁只是意在回答一条法律是什么，并无意于处理法律体系的结构问题。但是，奥斯丁关于“一条法律”是“主权者对其臣民所发布的一般性命令”的定义，必然隐藏着一个模糊的法律体系理论。从而暗中承认了法结构的某种内部关系。一是所有的法律都来自主权者：一个人或者一个机构手中；二是下位法与授权它立法的上位法之间的关系。这是一种一个法律与另一个起源于它的法律之间的关系，也可称为遗传关系。例如，前者至少也是后者得以创立的事实之一。然而，由于奥斯丁的法律体系的内部关系并不具有逻辑上的必然性。因此，奥斯丁的理论可以说是一种典型的、依据独立性原则的理论。每一个法律都是一个命令的事实意味着，每一个法律都是一个独立单位，一种独立存在，具有独立意义，甚至其适用也不受其他法律规范的影响。[②] 在奥斯丁那里，法律规范之间并无联系，独立存在、独立适用，法律体系是由以一条条相互独立的、无联系的法律规范组成的一个主权者的命令集合体。尽管奥斯丁只是在一条规范的层面和角度上认识法律规范，不可能建构起一个法律规范秩序统一体的理论系统。但是，他的研究开启了规范

① 一个法律体系的内部结构也就是它的内部关系的具体模式（［英］约瑟夫·拉兹著：《法律体系的概念》，吴玉章译，中国法制出版社 2003 年版，第 29 页）。

② ［英］约瑟夫·拉兹著：《法律体系的概念》，吴玉章译，中国法制出版社 2003 年版，第 30 ~ 31 页。

结构分析的大门。在他之后，凯尔森、哈特、拉兹等人相继深入、系统地分析了法律规范的结构，并建立起各自的法律体系理论。

（二）法律规范等级结构说

与奥斯丁不同，凯尔森认为法律规范并非孤零零、形单影只地存在，而是具有一种等级关系。这种等级关系的形成来源于法律规范的自我创造。他表述了下述重要思想：在体系内，法律调整着自己的创造，“一个规范（较低的那个规范）的创造为另一个规范（较高的那个规范）所决定，后者的创造又为另一个更高的规范所决定”。当然，规范与规范之间的创造并非一个无限循环的过程，它总要追溯（回归）到一个最终的规范，这一最终的规范，是一个“不能从一个更高规范中得来自己效力的规范，”它是整个法律秩序的效力的最高理由，因此被称为基础规范。基础规范“只是一个预定、被预定是一个最终有效力的规范”。然而这种预设对于法律规范体系、法律秩序来说，却是至关重要的。正是有了基础规范的存在，法律体系成为一个以基本规范作为顶峰的、层层委托、层层授权、层层递进的规范等级体系。

凯尔森还解释了金字塔状的规范等级体系得以形成的原理。他说，在法律的自我创造过程中，决定另一个规范之创造的那个规范是高级规范，根据这种调整而被创造出来的那个规范是低级规范。[①] 其中，低位阶的法律规范是高位阶法律规范的展开、具体化。不同位阶法律规范在数量上也不相同，下一层法律规范比上一层多。因此，法律秩序，不是一个相互对等的、如同在同一平面上并立的诸规范的体系，而是一个不同级的诸规范的等级体系。[②] 法律体系是一个呈金字塔状排列的规范等级体系。

---

① ［奥］汉斯·凯尔森著：《法与国家的一般理论》，沈宗灵译，中国大百科全书出版社1996年版，第131页。

② ［奥］汉斯·凯尔森著：《法与国家的一般理论》，沈宗灵译，中国大百科全书出版社1996年版，第141页。

凯尔森的显著贡献在于提出了法律规范等级体系理论，继凯尔森之后，哈特也提出了规则等级体系理论。至此，法律规范间存在的等级关系就变成了理论常识。

（三）法律规则等级体系说

哈特提出的法律规则等级体系理论，与凯尔森的规范等级结构理论相类似，二者都指出法律规范之间具有上、下层级关系，但是，二者的理论基础有很大不同。哈特的法律规则等级体系依赖于他所提出的承认规则。换言之，承认规则塑造了法律规则的等级体系，并确立了上位法规则高于下位法规则的优越地位。哈特首先提出：在成熟的法律体系下，法律是初级规则和次级规则的结合。初级规则设定的义务，涉及的是个人必须去做或者不可以做的行为。次级规则授予权力（公权力与私权力），是关于初级规则的规则，具体包括承认规则、改变规则和审判规则。在这个双重规则体系之中，各种规则相互联系、构成一个整体。其中，承认规则是整个法律体系的基础。

其次，哈特对承认规则与其他类型规则进行了区分。他说：承认规则不同于其他规则，它不是由其他法律的标准所决定的，而是服务于主要的义务规则最终特性的规则。承认规则是识别法律的规则。“它会指出某个或某些特征，如果一个规则拥有这个或这些特征，众人就会决定性地把这些特征当做正面指示，确认此规则是该群体的规则”。[①] 承认规则规定了一条规则要具备法律效力需要的条件，为个人和官员提供了识别其他规则有无法律效力的判断标准，是一国法律体系的效力判准。法律体系中引入承认规则是社会发展的必然结果。因为，在一个规模较大的社会中，仅仅存在初级规则的社会控制就会缺乏“任何可供鉴别的或者共同的共识”而

① ［英］H. L. A 哈特著：《法律的概念》，许家馨、李冠宜译，法律出版社 2006 年版，第 89 页。

存在“不确定性”。[①] 人们没有任何程序来辨识规则或者确定某个既定规则的精确范围，不管是诉诸权威性的文本，或者是对此具有权威的官员。[②] 引入承认规则，对这种不确定性进行补救，是解决这一问题最简单的方法。

显然，决定什么是法律的是承认规则。但是，承认规则以多种不同的类型存在，这取决于一个法律体系中的法源的种类。在一个有各种不同的法的“渊源”的已发展的现代法律制度中，鉴别法律的标准是多重的，承认规则也相应地具有多种类型，通常包括：一份成文的宪法，立法机构通过的法规、习惯以及司法的裁判先例。现代法律制度中的承认规则遵循着这样的规则。不同类型的承认规则彼此间一定有一种最高判准类型。因为，当存在数种类型的承认规则时，承认规则中也会包含安排优先顺序以解决规则间可能发生之冲突的规定，而在现代法律制度中习惯总是受制于立法机构颁布的成文法的，因此，通常我们会让成文法优于习惯或者判决先例，使前者成为法律之“较优越的渊源”。[③]

更为重要的是，制定法型的承认规则具有一整套判准，具有层级结构，各判准间有优先层级，处于下位的判准可以被上位的判准鉴别推导出来，而在判准是依照相对从属和优先的地位排列顺序的

---

① 哈特认为，仅有初级规则的社会存在三种缺陷，一是不确定性。规则只是一批个别独立的标准，没有任何可供鉴别的或共同的标识。二是静态性。规则的成长和衰落是自发的，不存在一种有意识的活动废除旧规则和引入新的规则。三是“无效性”。这种社会缺少权威性的决定，缺少专门性的职能机关，社会压力将是无效的。对这三种缺陷的补救办法就在于以不同的次级规则补充初级规则，引进承认规则补充不确定性，引进变更规则补救静态性，引进裁判规则补救无效性。

② ［英］H. L. A哈特著：《法律的概念》，许家馨、李冠宜译，法律出版社2006年版，第87页。

③ ［英］H. L. A哈特著：《法律的概念》，许家馨、李冠宜译，法律出版社2006年版，第89~90页。

地方，宪法将是最高的。[①] 依此，如果对国务院批准的较大的市、经济特区所在地的市、省会所在地的市的人民代表大会制定的一个地方性法规是否有效发生疑问，就可以诉诸“该法规的制定没有超出授予该地方性人民代表大会立法权的某个法令的规定”；如果对某省、自治区、直辖市人民代表大会制定的一个地方性法规是否有效发生疑问，可以诉诸“该法规的制定没有超出授予该地方性人民代表大会立法权的某个法令的规定”这个上位判准。进而，前述所有法规的效力，都可以进一步诉诸“授予制定该法令的法律是全国人民代表大会颁布的”这个判准，并最终诉诸“全国人民制定的宪法”。至此，如果我们无法再找到另一条可以提供判准来衡量这项规则的效力，那么关于效力的探询必须终止，而“全国人民制定的宪法”这个判准就是制定法型承认规则中的最高判准。

无疑，承认规则具有层级秩序，上位承认规则优越于下位承认规则，而这种优越或者从属关系的安排，在于当我们说某个“判准”是上位的或者最高的时，如果通过它被鉴别出来的规则，与通过下位判准所鉴别出来的规则相冲突时，我们仍然会承认它是法体系内的规则；相反地，那些通过其他下位判准所鉴别出来的规则，如果与通过上位或者最高判准所鉴别出来的规则相冲突时，我

① 对于哈特所提出的承认规则的终极性，有两种解读，一是承认规则只能是一条终极的规则，只有最高效力判准才是承认规则，其他的效力判准都是裁判规则。二是并非所有的承认规则都是终极规则，作为判准的承认规则之间也有优先层级。在国内研究承认规则的成果中，持有后种观点的有史惠萍，其观点可参见论文《承认规则刍议》，载《湘潮》2008 年第 2 期。笔者也赞同后一观点，因为，哈特认为：“裁判规则”同“承认规则”的关系也极为密切。因为当法院对规则是否被违反的事实做出权威性决定时，这些决定不可避免地会被当成“规则是什么”的权威性决定，因而这些决定可以成为法律的渊源，而赋予法院做出此种权威性决定的规则也成了一条“承认规则”。可见，在哈特看来，某些裁判规则同时又是承认规则，承认规则绝不是只有一条，承认规则存在层级结构。

们就会拒绝承认它是法律体系内的规则，宪法成为判断某特定规则是否具有法体系成员资格的最后标准。

可见，与凯尔森相同，哈特也认为法律体系内部存在等级关系。但是，显然，无论是凯尔森还是哈特，他们的法律等级体系理论都是不全面的。因为，他们的理论只呈现了上、下级法律之间的关系。

（四）法律原则体系说

德沃金是自然法学派的杰出代表，尽管自然法学派关注自然法及其与实证法的关系，[①] 绝大多数自然法学者对法律规范体系内部的结构分析不感兴趣。[②] 但是德沃金对此给予了关注。

德沃金是较多论述法律规则体系内部结构的自然法学家，他明确提出了“法律原则体系”的理论，认为法律是一个由法律原则主导的严密的网络状结构，各个原则在整体性的政治道德原则之下，得到融合和协调。在此基础上，德沃金具体阐述了对法律体系结构的多方面观点。一是法律原则体系包括了一个“抽象的原则和具体的原则相结合的体系”，[③] 这个体系是像一个按照区分法律

---

① 在自然法学派眼中，存在普遍的、永恒的自然法，自然法高于实在法，是衡量实在法标准；实在法统一于自然法，不得违反自然法。“二战”之后兴起的人权保护浪潮，以及当代国家普遍性的人权入宪，即是对这种观点的回应。

② 自然法学者中，富勒曾提出了法律的一致性原则。这项原则要求立法者避免法律与法律之间的自我矛盾。在富勒看来，在立法过程中，有时会出现法律的自相矛盾，但是这仅仅是一个逻辑问题，解决这一问题的公认原则是寻求可能协调互相冲突的方法。参见［美］朗·富勒：《法律的道德性》，转引自沈宗灵：《现代西方法理学》，北京大学出版社 1992 年版，第 58 ~ 62 页。又参见吕世伦主编：《现代西方法学流派》（上卷），中国大百科全书出版社 2000 年版，第 66 ~ 69 页。

③ 德沃金是这样来界定原则的：“我把这样的一个准则称为一个‘原则’，它应该得到遵守，并不是因为它将促进或者保护被认为合乎需要的经济、政治或者社会形式，而是因为它是公平、正义的要求，或者是其他道德层面的要求。”（参见［美］德沃金：《法律帝国》，李常青译，中国大百科全书出版社 1996 年版，第 367 页。）

权威的层次来定位的垂直坐标，上位原则可以控制下位的原则。例如，宪法原则对于下级部门法律原则具有约束效力；而各个部门法律原则表现为一种水平关系。二是宪法是原初的、基本的法律文件。① 司法审查决定必须建立在对宪法本身的阐释上，阐释性意图必须建立在政治道德基础上——博爱的、以平等关怀和尊重为核心的政治理想，这是法律原则中最高的、最根本的原则。三是原则优于规则。德沃金区分了原则与规则，认为，原则是法律规范的重要组成部分，与规则相比较，在法律的整体中原则居于更高的地位。每一个法律规则都有一条或者几条法律原则来支持。在立法中，立法者运用法律原则立法；在司法中，法官适用法律原则做出决定；法律的变迁也取决于支持法律规则的各原则的分量。甚至法律规则也是原则冲突的妥协的结果。他说："我在法律规则和原则之间做出区分的理由之一，就是要表明规则如何经常在对立的原则之间以这种方式表现出一种妥协，如果我们漫无边际地谈论规则和原则的冲突，这一点就丢失了，或者被淹没了。"② 因此，在原则与规则之间存在法律冲突的情况下，原则优于规则的特性，使之能够起到替代规则、软化规则体系的僵硬性的作用。

总之，在德沃金看来，法律是一个内部为"整体性"的结构。作为整体的法律是由一套前后一致的、与正义和公平有关的原则和诉讼的正当程序所构成。③ 在部门法律出现冲突时，各个部门之间有一致的整体性原则来解决冲突。法律各个部门内部和各个部分间是联系的整体，它们统一于宪法。

---

① Ronald Dworkin, A Matter of Principle, Harvard University Press, 1985, p. 35.

② ［美］德沃金著：《认真对待权利》，信春鹰、吴玉章译，中国大百科全书出版社 1998 年版，第 110 页。

③ ［美］德沃金著：《法律帝国》，李常青译，中国大百科全书出版社 1996 年版，第 217 页。

相较于凯尔森和哈特，德沃金的贡献在于他看到了法律体系内部是一个由法律原则主导的“整体性”的结构。但是，由于德沃金以原则立论，这就注定了其理论上的局限性，他没有明确规则与规则之间的关系。考虑到不论是作为法律体系的组成要素，还是在具体案件的法律适用中，规则都是法律规范的绝对主体，因此，德沃金对规则的忽略就使得在德沃金眼中十分清晰的法律原则体系，在实证分析法学派看来并不是那么的清楚。

### （五）法律规范统一体说

站在凯尔森和哈特的高度上，拉兹说：“法律体系应该被看做是相互联系的法律之间的错综复杂的网络”。[①] 他又进一步解释道，首先，法律之间的生成关系形成了法律的上、下位结构。生成关系，即一个法律与授权它产生的另一个上位法律的关系，生成的因素具体包括：（1）创造法律的具体时间。（2）创造法律的机构的权威和职能。（3）创造特定法律的机构的特殊权威之性质。（4）在具体案例中，可以论证创造新法的那些理由。（5）决定修改或废除法律具体方式的那些法律。（6）修改或废除法律的现实或事实。其次，整个法律体系可以划分为许多相对独立的法律，它们构成法律体系的结构单元，法律体系就是由诸多法律构成的结构化体系。“法律不能被认为一大堆零散东西的组合，而是一种合理的组织良好的不同法律类型的结构，其中各个部分都以正当的标准的方式相互联系起来”。[②] 法律通过规范之间的联系来系统地实现指引社会成员的功能。

拉兹对规范之间联系的确认，完成了实证分析法学对法律体系内部结构的宏观观察和描述。至此，自凯尔森以来的法律是一个纵

---

① ［英］约瑟夫·拉兹著：《法律体系的概念》，吴玉章译，中国法制出版社 2003 年版，第 219 页。

② ［英］约瑟夫·拉兹著：《法律体系的概念》，吴玉章译，中国法制出版社 2003 年版，第 267 页。

向的规范等级体系的理论，就被法律是一个相互联系的法律规范的秩序统一体理论所取代了。正是在这种法律规范统一体的法律体系观的基础上，通过分别对法律规范之间各种关系进行深入、系统的分析，理清上、下位法之间是如何划分的，规范关系都具有哪些类型，各种关系类型分别具有何种规定性，才能全面了解法律规范体系对法律适用提出的各种要求，从而明了法律适用必须遵循的具体规则，并在此基础上，建构起法律适用规则体系。

### 二、以人民主权的国家权力为标准划定的实定法位阶

在立法实践上，法律位阶体系的形成根源于一国的宪政分权体制，它是主权国家宪政制度的产物，是国家机关权力分配在法律上的反映和结果。近代宪政国家，均以“人民主权”，即人民是国家的主人这一政治伦理，作为国家的政治组织原则和国家成立的基础，并认为法律是人民意志的载体，制定法律的权力属于人民，制定法律的目的是保护人民的权利。为此，在“国家”方向上，人民主权通过“组织和程序保障”和“制度保障”功能，拥有了直接针对国家机构的效力，并要求国家形成最有利于保障人民主权的各项立法制度，如分权制度、等级制度等。可见，法律的制定是以人民主权为基础的国家权力作为后盾的，法律的背后蕴涵了国家权力，即人民意志。这样，权力就与法律结下了不解之缘，权力成为将法律体系组织起来的脉络，成为划分法律位阶制度的恰当标准，国家权力体系成为法律位阶体系的决定力量，换而言之，法律体系的位阶与国家权力体系的位阶是大致相同的。大体上，国家权力体系以如下分层结构决定了法律体系的位阶。

第一，表达“人民主权”的宪法高于其他所有规范性法律文件。现代民主国家，均以“人民主权”作为国家成立的基础。但是，具体到不同的意识形态，人民主权的内涵有较大差别。资本主义国家的宪政理论起源于卢梭的“社会契约论”和孟德斯鸠的“三权分立思想”，人民主权是指人民为了保护生命、自由、财产

等权利而让渡一部分权力，组成国家。因此，国家的权力来自人民自然权利的让渡，国家只能是自由的人民自由协议的产物，它是一切国家政权建置的基础，也是一切国家机关行使职权的合法来源和依据，这个协议就是宪法。社会主义国家的宪政理论则立基于马克思、列宁的无产阶级人民民主专政理论，一切国家权力属于人民，人民则通过宪法表述全体人民意志，用以确定国家机关的活动形式及权力界限，并使这些机关能够最终受人民控制。可见，无论在哪一种意识形态下，作为人民主权的法律表达方式，宪法都当然地居于至高无上的地位，居于法律位阶体系的顶端，一切国家机关所制定的规范性法律文件都不得与宪法相抵触，"合宪性"成为在其之下的法律规范的基本要求。

第二，立法权力优位，代表机关制定的法律居于行政等其他机关制定的规范性法律之上。对于任何现代民主国家而言，法律产生的管道都不可能是一个单一的机关或集团，而是多元的。立法机关制定法律，行政机关制定行政法规，都是国家法律的常态。立法机关专司法律制定权，是代议制民主经典宪政观下的产物，是国家权力分工的结果，也是专业事务要求专业立法的体现。

行政立法之所以产生、存在，则是社会发展和政治运动的客观需求。英国成立于1929年的大臣权力委员会，所提出的支持行政立法的六大理由，在技术层面揭示了社会发展的这种客观需求：(1) 议会受时间的限制，必须将具体的法律细节交由行政机关加以规范；(2) 立法事项的专业化特点使拥有大量专业人才的行政机关立法更为适宜；(3) 议会对难以预见的情况很难制定有效的规范；(4) 立法需要一定程度的灵活性；(5) 行政立法灵活且容易修改，适宜于社会改革实验；(6) 紧急状态下的行政立法更加不可或缺。[①] 在政治层面上，它是代议制民主衰微的结果。代议制民主寄托着人类的政治理想，但是，在长期的实践中，其弊端显露

---

① 戚渊著：《论立法权》，中国法制出版社2002年版，第155页。

无遗。在人性的小团体式的贪婪、自私与人民利益抗衡的长期的实践中，议会由神圣走向世俗，议会至上原则也日趋式微。民众对代议制这种间接民主的形式产生了怀疑，对议会代表人民的合法性以及议会立法的公正性提出了质疑。在此情形下，人民面临两种选择：或是将立法权回归自身；或是依托于其他国家机构。与此相适应，“立法方式上产生了两大趋势，或者通过‘公民倡议立法’、‘全民投票’和‘公民复决’等途径由公民直接参与立法；或者采取行政机关立法方式”。①

显然，国家在扩大直接民主的同时，鉴于直接民主的成本之高，兼采行政立法作为发展民主的可能途径，也是有益的选择。但是行政机构毕竟是非民选机构，因此，行政立法需要解决合法性的问题。对此问题，在理论上是通过宣示人民主权的如下含义加以解决的：只要立法取得民主的支持，便应该具有合法性。于是，在从人民——议会——政府的二链结构中寻求其民主的合法性依据的基础上，② 现代国家又在行政立法过程中注入大量民主元素。首先是在行政理念上的民主化上：“服务行政”观念的确立意味着行政机关不仅必须做到不非法侵犯公民个人的权利，还必须为着社会公共利益、社会发展和公民的福祉而积极有效地作为。其次是兴起了以行政程序法典化、民主化为代表的直接民主，设置各种具体的民主

---

① 朱维究：《论中央行政立法权限》，《行政法学研究》1995 年第 3 期。

② 所谓人民——议会——政府的二链结构民主，意指在民主制度下，人民控制由选举选出的民意代表，再由这些代表监督行政权的行使。因此，在政府各部门，最主要也是最终极的权力来源仍是国会。行政权不过是一种媒介，其主要的任务就在于实现立法者经过集体选择所制定的政策，而其权限行使的正当性，也就视其是否从立法者那里获得授权而定。简单地说，所谓二链结构民主，也就是通过相关的中介，传递人民的意志，使其在社会生活中能得以具体实施。表示为：人民（宪法）—全国人民代表大会及其常务委员会（法律）—国务院（行政法规）—国务院工作部门（部门规章）—地方行政机关（地方规章）。

制度。其中，情报自由制度，为公民参与行政立法过程提供了先决条件；听证制度，为公民切实参与行政立法提供了制度保障；而说明理由制度则反映了行政立法过程中各种利益的平衡、妥协。这些制度的设计，在一定程度上保证了行政立法的民主性，支持了行政立法的合宪性，与人民主权的原则和精神相吻合，行政立法因而具有了正当的权力基础，具备了合法性和正当性。

尽管创制法律规范的权力可以在立法、行政、司法权力中加以分配。但是，立法权并非与行政权、司法权居于同一个层次，而是属于国家的最高权力。因为："人民主权"是现代宪政国家的基石，国家权力分配本身也是以"最高权力的存在"为预设的，"分权"只能是职能上的分权，而不是对主权的分割，不论代议制民主如何被诟病，人民意志的强弱始终是衡量各种国家机关所制定的法律的位阶的唯一标准。直接、强势表达人民意志的机关制定的法律位阶一定高，反之，表达人民意志较弱的机关制定的法律位阶一定低。就各机关而言，立法机关始终是"人民主权"的"看守机关"，是专门为了直接、集中表达人民意志而设立的机关。而国家公务人员非经选举产生，以及首长负责的制度设置都淡化了行政机关中的人民意愿。因此，议会立法优位，高于行政机关立法。再者，人民主权要求一切国家机关及其公职人员都必须依法办事，行政机关、司法机关都必须依照法律规定的标准、程序行使权力。这意味着其他机关所制定的规范性法律文件要么是源于法律的授权而制定，即授权立法；要么是对法律内容的补充与细化，即执行或者实施法律。从这个意义上说，立法机关制定的法律优位，其他机关所制定的规范性法律文件在法律位阶的排列中必须居于法律之下。也因此，立法机关制定的法律，就成为宪法之下、众法之上的第二位阶顺序的法律文件。

第三，同类权力具有等级性，上级机关制定的规范性法律文件高于下级机关的规范性法律文件。在现代民主国家，在横向上，国家权力一般分为立法、司法、行政等不同类型。在纵向上，同种性质的国家权力又按照从高到低的顺序进行分配，形成了同质权力的等级秩序。

同类权力的等级秩序，在立法问题上，表现为中央立法权与地方立法权的分离。这种纵向分离的意义在于：同质的上、下级权力主体之间制定的法律文件具有位阶关系，中央机关制定的规范性法律文件高于地方机关制定的规范性法律文件。总之，权力的等级性造就了国家机关在立法权限上的差异，由此相关的法律文件也就形成不同的位阶序列。[①] 就我国而言，同质权力的等级性型塑了规范性法律文件的多重位阶序列：在代表机关立法层面上，位阶序列从高到低依次为：全国人民代表大会及其常务委员会制定的法律→省、自治区、直辖市人民代表大会及其常务委员会制定的地方性法规、自治条例、单行条例→较大的市的人民代表大会及其常务委员会制定的地方性法规、经济特区法规、自治州的自治条例→自治县的自治条例和单行条例。在行政立法层面上，位阶序列从高到低依次为：国务院制定的行政法规→国务院各部委制定的行政规章/省、自治区、直辖市和较大的市的人民政府制定的地方性规章。

第四，授权立法的位阶应以被授权机关的地位为判断标准，与被授权机关制定的规范性法律文件居于同等位阶。

出于客观情势所需，现代民主国家也普遍采用了授权立法的形式。所谓授权立法，即国家立法机关依据实际需要，将特定事项的立法权授予其他国家机关组织行使，并由被授权者制定相关法律规范的活动。授权立法最早起源于古希腊，“大多数希腊城邦的习惯都是委托异邦人来制定本国的法律”。[②] 近代意义上的授权立法以1834年的《英国修正济贫法》为标志，兴起于19世纪，是为了弥

---

① 胡玉鸿：《试论法律位阶划分的标准——兼及行政法规与地方性法规之间的位阶问题》，载《中国法学》2004年第3期。

② ［法］卢梭著：《社会契约论》，何兆武译，商务印书馆1980年版，第55~56页。

补立法机关的不足而形成的一种辅助性立法形式。在现代社会，随着现代经济和科技的迅猛发展，日益复杂的社会、经济问题，越来越多地要求国家的宏观手段来进行干预和调整。但是议会却由于时间不足，难以应对和处理社会对法律在技术性、灵活性以及应急性上的要求。[①] 因此，下移立法权，也即授权立法就成为议会明智的选择。当今世界上许多国家都对授权立法作了专门的规定，授权立法成为必不可少的立法方式。英国大臣权力委员曾经在一份报告中指出“授权立法现在是不可或缺的。事实上不论是好是坏，这种办法的发展是不可避免的”。[②] 当然，这同时也导致了其他国家机关权力的大幅度扩张，令人不得不担忧立法权日趋式微将会对国家治理和人民民主产生怎样的后果和影响。

授权立法是对代议制民主的有益补充。但是在授权立法形式之下，制定法律的权力来自上级授权机关，而实际制定法律的却是被授权机关。因此，该规范性法律文件究竟在法律位阶体系中应该居于何种位置就引发了理论争议，是以授权机关所处的权力位阶为依据？还是以被授权机关所处的位阶为根据？对此，有观点认为，授权立法的位阶应以授权机关的地位为判断标准，与授权机关制定的规范性法律文件的地位相同。这种观念认为授权立法类似于民法中的委托代理制度，试图以民事代理制度解释授权立法。他们将授权立法中的授权机关视做被代理人，将被授权机关视做代理人。由于在民事代理制度下，如果代理人在代理权限内，以被代理人的名义实施了民事法律行为。那么，被代理人对代理人的代理行为，视为代理人本人的行为，要承担民事责任。因此，授权立法权应被看做授权机关所享有的立法权限的组成部分，被授权机关制定规范性法律文件的行为及其效果，应该由授权机关承担。换言之，被授权机

① 王名扬著：《英国行政法》，中国政法大学出版社 1987 年版，第 110 页。

② 戚渊著：《论立法权》，中国法制出版社 2002 年版，第 155 页。

关制定规范性法律文件的行为应该被视同为授权立法自身的立法行为，被授权机关制定的规范性法律文件的位阶与授权机关制定的规范性法律文件的地位相同。依此观点，凡是国家机关授权其他机关立法制定的规范性法律文件，均是该国家机关立法的组成部分。例如，就国务院的授权立法，周旺生认为："应该肯定国务院根据全国人民代表大会及其常务委员会的授权行使的立法权高于行政法规立法权，划清行政法规与行使授权立法权所立之法的界限，明确规定国务院行使授权立法权所立之法同法律具有同等效力。"① 但是，用民法代理解释授权立法是不准确的。因为，授权立法与民事代理制度在性质上是不同的，在代理中，被代理人是以代理人的名义从事民事法律行为，而在授权立法中，被授权机关制定规范性法律文件却不是以授权机关的名义进行的；在代理中，被代理人对代理人的代理行为，要承担民事责任，而在授权立法中，被授权立法者的责任并非由授权机关来承担。

至于那种将授权立法的位阶视做介于授权机关立法与被授权机关立法之间的一种新的规范性法律文件的观点，其理由为：授权立法与职权立法之间具有不同的属性，如授权立法具有"试行"或"暂行"的"准法律"的性质，其立法程序也与职权立法有差异，需要授权机关的批准或备案。这种观点是令人怀疑的，因为审查或备案的监督程序并不对授权立法产生法律效果，二者之间并没有联系，从审查或备案的监督程序或者立法实验的功能并不能说明授权立法的位阶。显然，将授权立法的位阶置于授权机关立法与被授权机关立法之间是一种折中。但是，这种折中导致的结果是：无论在国家权力的等级体系中，还是在法律位阶体系中，授权立法既与授权机关脱离了关系，又与被授权机关失去了联系。授权立法没有国家权力基础，悬空于法律位阶体系之中，可见，这样的一种折中只能令法律秩序变得混乱，是不可取的。立法主体是国家机构体系中

① 周旺生著：《立法论》，北京大学出版社1994年版，第395页。

的一环，授权立法的制定是其行为的结果。授权立法位阶的确立也必须纳入国家机构组织系统中，授权立法位阶必须与授权立法主体或被授权立法的制定机关的地位相一致，符合国家机构组织系统的等级有序原理是确定授权立法位阶的内在依据。只有确定授权立法的位阶与授权立法制定机关地位相统一，才能保证建立以等级有序的国家组织机构系统为依托的统一的法律体系。

认为授权立法的位阶应与被授权机关的地位相适应，即与被授权机关制定的规范性法律文件的地位相同的观点，是以立法权转移说为依据的。这种观点认为："授权立法是立法权性质因授权而依法转移到另一个无此项法定立法权的国家机关，另一个国家机关就获得了该项权限，该项权限此时成了接受授权的机关的权限的组成部分了。所以授权立法改变了法定立法权限的性质和立法主体属性，产生了转移，改变了法定立法权的划分。"① 因此，授权立法的位阶与被授权机关的地位相同。依此观点，海南省人民代表大会常务委员会依全国人民代表大会常务委员会的特别授权决议制定的《海南省经济特区外商投资条例》与依宪法制定的《海南省计划生育条例》在法律位阶上是相同的。授权立法的位阶与被授权机关的地位相同的观点，其支持理由还有：在效力来源上，授权法，是指授权机关将立法权授予被授权机关的法定文件，在授权立法理论中，授权法与授权立法关系是明确的，授权立法是授权法派生出来的，故被授权机关制定的法规范的地位从属于授权法，显然，从属性的授权立法不能违背其来源法——授权法。在法律审查上，当今各国都对授权法与授权立法规定了不同的法律审查原则，当授权法与授权立法冲突时，议会对不适当的授权立法有权审查并将其撤销，但对自身的立法则采取修改或废除的方式。因此，授权法在法律体系中的位阶高于授权立法，授权立法的位阶理应与被授权机关的地位相同。英国的司法实践，澳大利亚、日本等国家的立法实践

① 张根大等著：《立法学总论》，法律出版社1991年版，第217页。

都作了相似的规定。

## 三、法律规范的类型及其关系规定性

法律必然以体系而存在，法律规范之间应当互相衔接，不因内在矛盾而自己推翻自己。任何一条法律规范都是法律整体中的一个组成部分，[①] 归属于一定的类型，并因这种类型归属，而与其他法律规范之间产生各种联系，具备各种关系性，即一个规范是另一个规范存在的条件，或者一个规范严重影响另一个规范的意义和适用。在法律规范秩序统一体内，共存着多种规范类型，包括规则与原则、程序法与实体法、一般法与特别法、后法与前法，以及国际法与国内法等。

### （一）原则与规则二分及支持与限制

法律由规则和原则等组成。法律规则，是指规定法律上的权利、义务，责任的准则、标准，或是赋予某种事实状态以法律意义的指示、规定。[②] 规则缔造社会秩序，它由不同的类型组成。法律规则可以与社会规则相对称，也可以与习俗和惯例相对称。其适用方式一般比原则更为明确、细致。

法律原则是法律的基础性真理或者原理，为其他规则提供基础性或本源的综合性规则或原理，是法律行为、法律程序、法律决定的决定性规则。[③] 它体现着法的本质和根本价值，是整个法律的指导思想和出发点，构成法律体系的灵魂，决定着法的统一性和稳定性。[④] 法律原则是社会一般法律意识和道德意识的产物，是社会成

---

① ［英］约瑟夫·拉兹著：《法律体系的概念》，吴玉章译，中国法制出版社2003年版，第19页。

② 张文显主编：《法理学》，高等教育出版社2003年版，第91页。

③ See Black's Law Dictionary, West Publishing Co., 1983, p. 1074.

④ 张文显著：《法学基本范畴研究》，中国政法大学出版社1993年版，第57页。

员的共同的根本的道德价值和标准的法律化或法律形式，是法律的公理或者法律的教义、信条，是从广泛的社会现实和社会关系中抽象出来的纲领性规则，它深深根植于一个道德共同体的“经久的社会舆论”和经济、政治、文化之中。

法律原则因为调整社会关系的广义和狭义程度不同，可以分为基本原则和具体原则。这也即德沃金所说：法律原则体系包括了一个“抽象的原则和具体的原则相结合的体系”。①基本原则是法律对各种社会关系进行调整时所依据的最基本的准则。②它反映了一个国家法律的本质以及在法律问题上的基本精神和价值取向，一般规定在一国宪法当中，其适用范围及于整个法律体系。例如，自由、平等、法律至上等原则。具体原则是在某一特定法律领域实施的法律原则，它以法律的基本原则为基础，是基本原则在具体部门和制度中的应用。具体原则是基本原则的下位原则，受上位基本原则的控制，也即受宪法原则的约束。具体原则的适用必须以基本原则为指导。在大多数情况下，在司法中直接发挥作用的是具体原则。通常所说的法律原则对司法所具有的漏洞补充、解决法律冲突

① Ronald Dworkin,“Models of Rules I”, in his Taking Rights Seriously, Cam－Bridge：Harvard University Press，1978，p. 67.

② 法律原则不同于法律原理，前者是法律规范的构成要素；后者简称法理，是对法律上之事理所作的具有说服力、权威性的阐述，是法律的公理或法律的教义、信条。法理构成法的非正式渊源，并在被实在法接受时，变身为法律原则。例如，“平等原则”，未被法律正式承认之前，只是法理，被法律确认之后则是法律原则。

等作用，主要指的是具体原则。[①]

1. 规则与原则的区分基准。在规范之下，规则具有完整的逻辑结构，[②] 原则却不具备，这是规则和原则得以区分的最基本依

① 之所以不同的法律有不同的原则，就在于不同的法律调整不同类型的社会关系，而不同类型的社会关系的性质各不相同，因此，对法律调整的原则、方法和技术模式的要求也各不相同。例如，民法调整民事交往活动，而民事交往活动在本质上是一种自由竞争的行为，因此，民法理应以自由，而非以命令和服从作为其原则，否则，必然会把每个人的自由交往行为变成了强制命令行为。那样，失去了自由的民事交往也就不再是现代意义上的民事交往了。具体原则可以细分为部门法原则、法律文本原则和法律制度原则。部门法原则是组成各独立法律部门的法律规则所共同遵循的准则，如民法中的诚实信用原则、等价有偿原则；行政法中的合法性、合理性等原则；刑法中的无罪推定原则、罪刑法定原则以及罪责刑相适应原则等。部门法原则是法的基本原则在民事、刑事、行政等法律部门中的体现，它们渗透在该部门法所调整的某一类社会关系当中。在部门法原则之下还可以区分出法律文本原则和法律制度原则。法律文本原则是蕴涵在各个具体的法律文本当中，内容更具有针对性，表述更加细致的具体原则，如婚姻法的男女平等原则、婚姻自由原则、一夫一妻原则。法律制度是指在同一部法律文件中或者几部内容相关的法律文件中那些性质相同或功能相同的若干法律规则所组成的一个局部整体，如存在于行政法律部门中的听证制度等。组成这些制度的法律规则也有一定的根本准则，我们可以将之称为法律制度原则，如听证制度中的公开听证原则。

② 在规范与规则的关系上，存在三种观点：一是将规范视同于规则，二者不加区分，可以换用。二是将规范视为与规则互不相属的两个概念。例如，在凯尔森眼里，立法者创制的是规范，规范是规定性的。法律科学表述的是规则，规则是描述性的。三是将规范作为规则的上位概念，认为法律规范包括法律规则和法律原则两种规范形式。例如，拉兹提出，法律规范包括一般性法律规范与特殊法律规范，其中一般性法律规范包括了法律规则和原则。有关规范与规则的关系尽管有种不同的说法，不过自哈特与德沃金以来，“法律是由规则与原则组成的规范体系”这一认识，已经得到广泛认同。哈特提出法律是一个由第一性规则和第二性规则组成的规则体系，但是，哈特没有注意到法律原则，忽视了法律原则的客观存在。德沃金弥补了这一缺陷，提出法律是一个由原则和规则组成的“无缝之网”，即使没有明确的准用规则，法官也必须借由一般法律原则得出一个唯一正确的答案。确实，法律规则与法律原则作为法律规范的两种不同表达方式，共同组成了法律规范体系。

据。其中，规则由完整的法律规范所组成，包括事实构成与法律后果两部分。[①] 一条典型的实体法规则如《商标法》第二十九条规定，两个或者两个以上的商标注册申请人，在同一种商品或者类似商品上，以相同或者近似的商标申请注册的，初步审定并公告申请在先的商标；同一天申请的，初步审定并公告使用在先的商标，驳回其他人的申请，不予公告。此规则包括了两个法律事实和法律效果，具体可以分解为：（1）法律事实构件 F1：两个或者两个以上的商标注册申请人，在同一种商品或者类似商品上，以相同或者近似的商标申请注册的；法律事实构件 F2：两个或者两个以上的商标注册申请人，在同一种商品或者类似商品上，以相同或者近似的商标申请注册，同一天申请的。（2）法律效果构件 C1：初步审定并公告申请在先的商标，驳回其他人的申请，不予公告。法律效果构件 C2：初步审定并公告使用在先的商标，驳回其他人的申请，不予公告。（3）隐含的“应当”构件：O。因此，此规则的构造又可图示为：R：如果 F→那么 C。

大多数规则包含了复数个法律事实和法律效果，有时一条规则本身就由数个法条构成，所以规则所涉及的事实和评价通常不会是单一的；法律事实可能由数个相互关联或独立的事实（F1、F2、F3…）组成，相应地，法律评价也可能包含了复数个法律效果（C1、C2、C3…）。因此，规则的一般构造是：R：如果（F1、F2、F3…Fn）→那么（C1、C2、C3…Cn）[②]。

法律原则的构造本身则不预设任何具体、确定的事实状态，也

① ［德］魏德士著：《法理学》，丁晓春、吴越译，法律出版社 2005 年版，第 62 页。

② See David M. Walker, The Oxford Companion to Law, Oxford: Clarendon Press, 1980, p. 1093.

未指定任何具体、确定的法律效果,[①] 其所拥有的并非纯粹的事实，只是一些体系内与法律效果相联系的某些特有的“主导性评价标准”，以资裁判者参照。这些特有标准，并不指明需验证的具体事实，而是指向对事实的评价，指向一种“事实/价值的综合体”。[②] 如《民法通则》第四条规定，民事活动应当遵循自愿、公平、等价有偿、诚实信用的原则。诚实信用这一原则，单凭经验观察，裁判者显然无法查证或者厘清诚实信用所指示的判断标准。因此，在裁判之际，他不仅要考量个案事实，更重要的是，他还必须依据诚实信用的标准对个案做出评价。

2. 规则与原则的分离。在理论上，规则与原则的分离，经历了两个阶段，第一个阶段，是法学家将法律规则与法律自身相区分。此阶段始自于实证分析法学对法律规则进行的理性、系统的分析。英国法学家奥斯丁被公认分析实证主义的创始人。他提出了法律理论史上著名的“法律是主权者的命令”的命题，并在此基础上建立了一种初步的法律规范理论。在奥斯丁的分析中，命令分为两种，其中一种是具有普遍约束力的命令，它就是法律。而“法”这一术语就其普遍的和严格的理解来说，可以认为是一个理性存在为约束另外一个理性存在而制定的规则，它们都是一类命令。[③] 因此，奥斯丁对命令的分析，实际上包含着对规则的分析。但是，毕竟奥斯丁分析的是命令，而不是规则，规则在奥斯丁那里并没有受到重视。奥地利法学家凯尔森使用法律规范来指称法律，并提出了法律也是规则的观点。他说“法是人的行为的一种秩序。一种

---

① See Roscoe Pound, Social Control Through Law, New Haven: Yale University, 1997, p. 46.

② See Julius Stone, "Form Principles to Principles", 97 The Law Quarterly Review, 1981, pp. 228 – 232.

③ [英] 约翰·奥斯丁著:《法理学的范围》，刘星译，中国法制出版社 2002 年版，第 13 ~ 17 页。

‘秩序’是许多规则的一个体系。法并不是像有时所说的一个规则，它是具有那种我们理解为体系的统一性的一系列规则”。[①] 而规则并不指一个单独的、不重复发生的事件，而是指一整批同样的事件。“规则的意义是，当某种条件具备时，某类现象就发生，或应当发生，总会或几乎总会发生。”可见，凯尔森主要是在自然法（规律）的意义上界定“规则”一词，将其视为具有客观性和必然性的自然规律和科学定理等。这种意义上的规则当然难以在法律中取得中心地位，因此，凯尔森认为，“规范”才代表了法律的基本特点，而“规则”则不尽然。[②] 奥斯丁虽然提出了法律规则的概念，但是，规则仍未受到足够的重视。然而，这种情况在英国法学家哈特那里发生了变化。哈特提出了法律规则说，将规则视为法律的中心，从而将规则的地位提到了前所未有的高度。哈特批判奥斯丁的法律命令说，指出，这一研究的最主要缺陷就是缺少“规则”的观念，而缺少这一观念，我们就没有指望去阐明哪怕是最基本形式的法律。[③] 在此基础上，哈特对法律规则作了分类描述。他说，法律是基本的或第一性规则和依附的或第二性规则（对前者来说）相结合的规则体系。按照第一性规则，人们被要求去做或不做某种行为，而不管他们愿意与否；第二性规则规定了人们如何引入第一性规则，废除或修改旧规则，或者以各种方式决定它们的作用范围或控制它们的运作。第一性规则设定义务，第二性规则授予权力（公权力或私权力）。它是为了补救第一性规则的缺陷出现的，法律是义务性规定和授权性规定的结合，承认规则是法律的核心因素

---

① ［奥］汉斯·凯尔森著：《法与国家的一般理论》，沈宗灵译，中国大百科全书出版社 1996 年版，第 1 页。

② ［奥］汉斯·凯尔森著：《法与国家的一般理论》，沈宗灵译，中国大百科全书出版社 1996 年版，第 40、44 页。

③ ［英］哈特著：《法律的概念》，张文显等译，中国大百科全书出版社 1996 年版，第 82 页。

之一。一些社会法学家和自然法学家们也从规则的角度认识法，对法律规则进行解释，如达班认为，法律是“在公共强制的制裁下，文明社会为了在人们之中实现一种秩序而制定的行为规则的总和”①。富勒就直接以规则来给法律下定义，即“法律是使人的行为服从规则治理的事业”。② 自然法学与分析法学是站在不同的立场来认定规则的，所以他们对规则的理解与分析法学有一定的差别。分析法学重视的是规则的含义，社会法学重视的是规则与社会的关系。自然法学主要是用自然正义来理解规则是否与正义相一致。

法律规则是我国法学研究的基本概念之一。但是法学者们对法律规则有不同认识：张文显先生认为，法律规则可以分为广、狭两种含义。广义上的法律规则可以被看成与法律大体同等的概念，它们的内涵和外延没有实质的不同。狭义上的法律规则则是法律的基本要素之一，是法律中明确赋予一种事实状态以法律意义的一般性规定。③ 张恒山先生对法律规则进行了深入、系统的研究，他提出：法律规则是国家以语言、文字等方式表述的、主要来自社会共同性意见的、对人的行为提出约束性要求的信息，这种信息的内容就是预约性地指出，在一定的条件下，人们应当做或应当不做某种行为（义务规定），或者，人们可以做或可以不做某种行为（授权规定），以及当人们实际上做出了违反义务的行为时应当承受的不利后果。④ 谢晖、陈金钊也表达了他们对法律规则的看法，所谓法律规则，就是人们所熟知的在法律上的能够给主体具体地分配权

① 吕世伦主编：《现代西方法学流派》（上卷），中国大百科全书出版社2000年版，第33页。

② 徐大同主编：《20世纪西方政治思潮》，天津人民出版社1991年版，第396页。

③ 张文显主编：《法理学》，法律出版社1997年版，第60页。

④ 张恒山著：《法理要论》（第2版），北京大学出版社2006年版，第35页。

利、义务的那些具体规定，或者尽管不分配给主体具体权利义务，但能够对具体的法律主体或法律客体，进行法律定义的那些法律规定。[①] 尽管国内外的法学家们对法律规则的定义并不一致，但时至今日，法学家们对法律规则的地位已经达成了共识，即法律规则不是法律的唯一要素，但是，它是构成法或者法律的基本细胞，法或者法律是在一定的价值、原则统摄下，由众多的法律规则构成的规则体系。

在法律规则与法律自身区分开后，法学家又将原则从规则中分离出来，确定了法律原则在法律中的独立地位。同规则一样，法律原则在法律中的地位的确定，在法学理论上，也经历了一个过程。较早地把法律与原则联系起来的是法学家庞德。他是在批判分析法学派的法律就是规则这一学说时提出这一观点的。他认为，如果法律仅仅是由规则构成的，就难以承担起实现社会正义的神圣任务。他说："法律比之许多法规的集合体有更多的东西，这使法律成为正义的活工具。"这是因为，"法律的功能在于纠正各方面的人群关系，而一切人群关系又错综百出，国家必不能预先制定一部规则，使法院以之御繁应变于无穷。故法律的本身必不是单纯的一部规则。换言之，少数规则可以用条文记载，但法律不尽限于条文。在任何法系，法律本体实为原理；原理蕴蓄于条文内之字里行间。必有原理，法吏乃能有所依据，复由类推方法而求出新例。然后可以御繁，可以应变。由此观之，法律的界说，与其称为一部规则，毋宁称为一部规则及原理"。[②] 这就是说，庞德认为法律的构成不仅有规则，而且有原则，法律原则是法律的构成要素。

德沃金也坚持原则相对于规则的独立地位的观念，并且认为原

① 谢晖、陈金钊著：《法理学》，高等教育出版社 2005 年版，第 101 ~ 107 页。

② [美] 罗斯科 · 庞德著：《法理学》（第 2 卷），封丽霞译，法律出版社 2007 年版，第 348 ~ 349 页。

则具有法律属性，属于法律的一部分。在德沃金的法的概念中，法律不仅仅包括规则，原则和政策也属于法律的疆域，规则是法中的常数，原则和政策是变数。德沃金是在两种意义上使用“原则”这一术语的：其一，它指向法律规则以外的所有（行为）准则，其中包括政策。其二，它是在与政策的比较中得以应用的，政策是围绕着特定的经济、社会或者政治问题展开的，它是目的指向的；与之相反，法律原则却是由于其符合公平、正义或者其他道德面向的要求，进而获得遵守。[①] 在原则的适用上，法官虽然有一定的主观性但并不是随心所欲的，要受到社会的政治目标、经济目标、道德、文化、理想等因素的制约，法官并没有强势的自由裁量权。可见，德沃金的法律原则理论和政治道德原则是紧密地联系在一起的。法律原则在某种程度上直接来源于政治道德原则，如个人权利至上的原则就是自由主义道德原则在法律原则理论中的直接体现。在他的法律原则理论中，德沃金最终为人们设立了一个“原则社会”——一个立基于“整体性美德”政治道德原则基础上的社会模式。该模式为法律帝国提供了政治道德基础。

自此，经过了哈特的法律是规则体系，以及德沃金的原则立论之后，原则与规则是法律规范的两种不同表达方式，原则区别于规则，独立于规则这一认识，已经成为法学理论上的共识。

3. 原则与规则间的两类关系。规则与原则之间具有一定的关系，这种关系可以从两个方面来理解。一方面，原则支持规则的适用。原则表征着一个社会人们普遍认可的政治理想和道德观念，它构成法律的核心精神，在对事及对人的覆盖面上，法律原则较宽，法律规则较窄，法律原则有更大的宏观指导性，为规则的制定提供了基础和出发点，某一原则常常成为一群规则的基础。例如，无罪推定成为众多诉讼规则的出发点和基础。因此，原则支持着规则的

① Ronald Dworkin, “Models of Rules I”, in his Taking Rights Seriously, Cam - Bridge: Harvard University Press, 1978, p. 22.

适用，增强了规则适用的正当性和说服力。其支持作用主要有三：第一，规则来源于原则，规则背后必有原则的支持，适用规则实际上就是适用其背后的原则。第二，原则限制着规则的适用，不使规则的解释溢出合理的范围。第三，原则的弹性，也使得规则的适度扩张解释能够等到其支持。另一方面，原则具有独立适用性，生成新规则作为审判的依据。规则的僵硬，使其难以应对不断变化的社会现实。在出现法律漏洞，以及规则与原则相冲突的时候，法律原则与具体案件的结合，可以在原则的羽翼之下，创造出新的规则，并直接作为断案依据，以纠正严格规则可能带来的不公。

（二）程序法与实体法的分离及保障与限制

实体，是哲学中的一个重要范畴，一般指万物的基础。唯物主义者把它作为物质，唯心主义把它作为精神。在法学领域，“实体”的含义与其哲学含义大相径庭，是指法律的内容。法律对人们行为的调整是通过设定权利和义务来实现的，权利和义务是法律的内容。因此，以具体的实体权利和义务为内容的法律是实体法。程序，大体上属于哲学中形式的范畴。形式是事物存在的形状样式和表现方式，是包括内容、结构在内的事物实体的运行方式。在法律上，程序是从事法律行为、作出某种决定的过程、方式和关系。它具有以下特点：第一，它是针对特定的行为而作出要求的，如狱讼、立法等。第二，它是由时间要求和空间要求构成的。时间要求包括时间上的先后顺序和所占用时间的长短，空间要求包括空间关系和行为方式。第三，程序具有形式性。它是一种伴随时间而经过的活动过程和活动方式，并具有某种仪式性、象征性。法律程序有明确的法律依据，即程序法规范。因而，法律程序是规范性法律调整，不同于民俗习惯、宗教典礼、社团仪式，具有国家意志性、强制性。它作为一种行为模式是被反复适用的，任何机关和个人均不得违反，否则就应该承担相应的法律后果。[①] 因此，规定人们遵循法定的时限和时序并按照法定的方式和关系进行法律行为的法律是程序法。按照法律行为的内容及其性质的不同，程序法规范可以分为立法程序、行政程序和审判程序（在司法中大致分为民事审判、刑事审判和行政审判三种）、调解与仲裁程序，私人交往的社会程序等，此外诸如公共问题决策程序、公司董事会决策程序等法律程序类型在现代社会活动中也具有普遍性。

1. 程序法与实体法的鉴别标准。实体规范和程序规范与法律文本的关系有两种，一种是某种类型的程序或者实体规范被集中规定在某一个专门的法律文件中，并被称为某程序法或者某实体法，如民事诉讼法、刑事诉讼法、行政诉讼法等；又如民法、刑法、行政法等。这是形式上的程序法或者实体法。另一种是实体规范与程序规范混同规定在同一个法律文件中，从而出现一个法律文本中既有实体性规范，也有程序性规范的现象。这个法律文件可能被称为某实体法，也可能被称为某程序法，如涉及私人交往关系之程序性的规范，就经常与实体性规范混同地被规定在同一部法律文件中，如婚姻方面的实体权利与义务和缔结婚姻的程序，都共同地规定在婚姻法这一实体法当中；再如在继承方面、在合同缔结方面等，也都是如此。

对此，就必须明确程序法与实体法理应采取何种区分标准。换言之，就是程序法与实体法的概念究竟应该如何界定。实际上，对程序法与实体法的区分，应该以法律规范性质为标准，而不应该以法律文本为标准。因为，程序法律规范并不会因其存在于不同的法律文件中就改变其程序规范的属性，无论其被规定在实体法律文件中，还是规定在程序法律文件中，它始终都是程序性规范。如果以法律文本作为区分标准，其结果，必然是将某些程序性规则排除在

---

① 孙笑侠：《程序法的法理》，中国社会科学院研究生院 2000 年博士论文，第 8 页。

程序法之外，或者是将某些实体法法律规范排除在实体法之外，这无异于是说，处于实体法律文件中的程序规范不是程序规范，处于程序法律文件中的实体规范不是实体规范，这显然是十分荒诞的。无论是程序法还是实体法，都绝不能因其所处的法律文本不同就给予差别待遇。因此，程序法与实体法的区分应以规范性质为标准，而不是以法律文本为标准。基于此，所谓程序法是指全体程序法规范的总和，而非指专门的程序性法律文件的集合体；实体法是指实体法律规范的总和，而非指专门的实体性法律文件的集合体。

必须关注的法学研究中的一个问题是：近年来，我国学者在对程序法与实体法的冲突问题进行研究中，习惯于以法律文本作为区分标准，探讨程序法与实体法冲突的解决方案。但是，这种探讨实际上是个伪命题。因为，研究者们所提出的程序法与实体法的冲突问题，实际上是程序法律规范与规定在实体法中的程序法律规范之间的冲突问题，这种冲突实质上仍然是程序法与程序法的冲突，是新的程序法与旧的程序法的冲突，而不是程序法律规范与实体法律规范之间的冲突，对此冲突的解决应该适用的是新法优于旧法规则，而不是程序法先于实体法。

2. 程序法与实体法的分离。在法律表现形式上，从西方法律发生史上看，程序法与实体法的生成相互对应、相伴而至，且互为产生前提的，二者的关系如此密切，“就像植物的外形与植物的联系，动物的外形与血肉的联系一样”。① 很难说谁先谁后。当然，在法律发展的早期，法律程序得到了足够的重视，这是宗教仪式对早期法律产生的巨大影响使然，如古代法特别注重设立契约时附着在仪式上的言语和动作。一方面，如果一个形式被遗漏或用错了，则誓约不能强行；另一方面，如果所要求的仪式已经完全正确进行，即使以“允诺是在受到威胁或者欺骗之下作出”为辩解也属

① ［德］马克思、恩格斯著：《马克思恩格斯全集》（第1卷），人民出版社1971年版，第178页。

徒劳。[1] 也正因此，英国法学家梅因断言：罗马法和中世纪英格兰的普通法都被“程序的思考”所主宰着。[2] 但是，随着罗马帝国的衰落，尤其是在《查士丁尼民法大全》编撰之后，在整个的中世纪，以及随后的更长的时间里，程序法长期受到贬抑，以至于：“世界各地成千上万与世无争的平民仅由于多嘴的邻居的道听途说而半夜三更被从床上拖出来，在污秽的地牢里关上几个月或几年，眼巴巴地等待既不知姓名又不知身份的法官的审判。没有人告诉他们罪名与指控的内容，也不准许他们知道证人是谁；不许与亲属联系，更不许请律师。如果他们一味坚持自己无罪，就会饱受折磨，四肢都被打断。别的异教徒可以告发他们，但要替他们说好话却是没有人听的，最后他们被处死时连遭到如此厄运的原因都不知道。”[3] 程序法的缺失、简单或者粗暴必然影响实体法的实现，使实体法的实现大打折扣。没有程序法的保障，生命、自由、财产权都无所归依，被任意侵犯也就成为常态，而对人权的维护是人类的本性，程序法的衰微同时也就孕育着程序法的发展，从 1215 年的英国《自由大宪章》，到 1628 年的《权利请愿书》，直至 1787 年的《美国宪法》，英美法系确立了正当法律程序思想。而从 19 世纪开始，受英美法系正当法律程序思想的影响，大陆法系国家普遍开始重视程序的作用，并且制定了详细的民事诉讼法典和刑事诉讼法典。至此，实体法与程序法完成了法律文本形式上的分离。

在西方法学理论上，实体法与程序法的分类最初是由英国法学家边沁提出的。他认为：法律从总体上区分为两大部分，实体法直

---

① ［英］梅因著：《古代法》，沈景一译，商务印书馆 1959 年版，第 172 页。

② ［英］梅因著：《早期的法律和习惯》，第 389 页。转引自［德］K. 茨威格特、H. 克茨：《比较法总论》，潘汉典等译，贵州人民出版社 1992 年版，第 342 页。

③ ［美］亨德里克·威廉·房龙著：《宽容》，迮卫、靳翠微等译，生活·读书·新知三联书店 1985 年版，第 136 页。

接体现了主权者的意志，并通过对社会成员行为的明确禁止、要求和惩罚来调整社会关系，在实施社会控制方面起着首要作用，“其唯一正当目的，是最大限度地增加最大多数社会成员的幸福”。程序法是为了提供一种达到真实的手段并为执法官员实施实体法创造条件的次级或附属法，“程序法的最终有用性要取决于实体法的有用性……除非实体法能够实现社会的最大幸福，否则程序法就无法实现同一目的”。[①]

凯尔森也提出，法律应该分为两类：实质法或者实体法以及形式或程序法。其中，形式规范决定着机关的创造以及它们所必须遵循的程序，如刑事诉讼的程序刑法等。实质规范决定着机关的司法与行政的行为的内容，如刑法等。[②] 哈特则提出了主要规则和次要规则说，其中，主要规则是行为的标准方式，这种方式强制社会成员为或不为某种行为，它构成一种义务，用以保证一种满意的生活方式来满足维系社会的需要。这实际上就是反映实体权利、义务内容的实体法。次要规则的特征是：第一，这些规则有助于用某种权威的方式来鉴别法律制度中的有效的规则。第二，这些规则对旨在改变主要规则的正式的、系统的程序加以规定。第三，这些规则通过建立详尽的审判与执行程序来保证主要规则的实施。实际上，次要规则主要是程序法，它使得主要规则得以生效。[③]

自然法学派的富勒和德沃金等法学家也对程序法与实体法的关系进行了研究。富勒将自然法分成实体法与程序法。实体法是法律的外在道德，是有关法律的实体目标；程序法是法律的内在道德，

---

① Gerald Postema：The Principle of Unility and the Law of Procedure：Bentham's Theory of Adjudication Georgia Law Review（1997）. Vol. 11.

② ［奥］汉斯·凯尔森著：《法与国家的一般理论》，沈宗灵译，中国大百科全书出版社 1996 年版，第 146 页。

③ 沈宗灵著：《现代西方法理学》，北京大学出版社 1992 年版，第 186～190 页。

是指法律的解释和执行的方式，是一种特殊的扩大意义上的程序问题。德沃金是位程序中心主义者。德沃金坚持程序法重于和先于实体法的观点。他强调指出，“在普通法国家中，所有的诉讼都直接或间接地涉及个人权利的问题。法官根据什么标准判决案件，实质上是他们根据什么标准，赋予哪一方以权利的问题”。[①] 换言之，诉讼的核心问题是当事人怎样通过一定的程序获得法院的救济，“无正当程序就无公正，无权利”。同时，他也提出了两个公平诉讼的原则。首先，诉讼中任何政治性的决定必须对每个公民平等对待，也就是说平等地赋予对个人关怀和尊重的权利。其次，如果一个政治的决定服从第一条原则，那么对该原则的平等地适用也就不是什么新鲜的政治决定了。他要求采用适当程序严格地适用和遵循前者。而这条原则诉求于公平地服从于得到公认并执行的社会承诺。德沃金举例说，当各方都接受用掷硬币的方法来决定争端时，就应当服从结果。[②]

此后，罗尔斯提出了程序正义论。罗尔斯把程序正义作为一个独立范畴来加以研究，将程序价值定位于纯粹的正义，体现了一种程序本位主义的价值观，深化了人们对正义和程序问题的认识，也赋予了程序独立价值，将程序置于不可或缺的位置上，从而在价值层面上，使程序法与实体法的划分成为必需。

3．程序法与实体法的两种关系。程序法与实体法的关系可以从两个方面来理解，一方面，程序法对实体法的实施起着保障作用。这是程序法对实体法的工具性价值，为人们正确评价程序法提供了一项重要的价值标准。程序法的正当目的之一，是最大限度地实现实体法，只要程序本身的设置是合理的，国家专门机关和诉讼

---

① 信春鹰：《罗纳德·德沃金与美国当代法理学》，载《法学研究》1988年第6期。

② Ronald Dworkin, A Matter of Principle, Harvard University Press, 1985, p. 87.

参加人遵循这些程序进行法律行为，原则上就能保证实体法的正确适用。另一方面，程序法相对于实体法也具有独立性。程序法具有自身独立的价值和功能，不是附属法，而是不可或缺的、可以决定实体法正义的实际约束力量。这种独立性主要体现在两个方面：第一，在刑事法外，程序法可以创制实体法，以此弥补实体法的不足。第二，在特定情况下，程序法可能限制实体法的实施。换言之，实体法的实施可能因为程序法的规定而相对化，程序法固有的规范可能导致实体法发生变化。这包括：一是程序法固有的规范可能导致实体法内容无法实现。在司法实践中，程序法对选择适用某项实体法律规范起决定性作用，即遵守或者违反程序法律规范引起的相应的实体法律规范的适用或者排除。例如，根据非法证据排除规则，如果搜集证据的程序违法，那么其所获证据的有效性将不被承认。其结果，因为不存在犯罪的证据，实际有罪的被告人可能被宣告无罪。这就是程序规则的运用导致实体法内容的落空。二是程序法固有的规范也可能导致实体法内容的变化。三是程序法对形式公正性的强调，本身有助于纠纷的一次性解决。[①]

（三）一般法与特别法的分离、鉴别及关系

一般与个别是事物存在的普遍状态。个别是指单个事物、过程，它是客观事物的现象、属性、联系中独特的、区别于他事物的方面、因素，同单一、个性的含义具有共同性，具有“一般”无法比拟的具体性、特殊性、丰富性。一般是指客观事物、现象、属性、联系中共同的方面、因素，表现为一种“类同”、具有“共同点”的规定，具有抽象性、普遍性。一般与个别之间具有辩证统一的关系，彼此联系、相互依存。但是，个别不同于一般，个别始终是第一性的。因为，个别的东西是独立存在的，它们是世界存在

① 万毅：《程序法与实体法关系考辨》，载《政法论坛》2003 年第 6 期。杨建顺、刘连泰：《试论程序法与实体法的辩证关系》，载《行政法学研究》1998 年第 1 期。

的基础和主体，没有个别的东西，就不会有其他东西。世界万物的这种个别脱离于一般，一般存在于个别之中的存在状态，必然对法律产生作用。这种作用表现在法律上，就是一般法与特别法的区分。

当代法治国家普遍认同特别法与一般法的区分，但是，对特别法与一般法的概念并没有一个统一的界定。因为，二者的概念是与二者的识别标准连为一体的，是借助于二者的识别标准得以表达的。

1. 特别法与一般法的分离。法律是社会关系的调节器，在法律体系的建构上，必须尊重和反映客观规律。特别法与一般法的分离是特别与一般关系在法律上的反映。

法律包括一般法与特别法两种类型。有关此点，早在罗马法时代就已被论及，罗马法学家保罗说："个别法是立法当局为某些功利而引入的违背法的一般规则的法。最突出的个别法就是那些在某些情形中适当软化对一般原则的严格适用的照顾性条款，这种例外形成一个广泛的范畴，被称为'照顾'"。[①] 这里所说的个别法就是特别法，即"对某个一般规范加以变通的个别规范，也就是由于特殊原因而表现为一般规范的例外的个别规范。而在狭窄的例外范围之外被适用的一般原则（规则）的法就是一般法。"[②]

萨维尼也论述道："同一国家内的不同属地法被冠之以特别法，以区别于该国的普通法；这些不同的属地法的存在形式可能为实在法则，也可能是习惯。此类特别法有时存在于整个省，有时存在于该省的一部分，而更主要的是存在于特定的教区。它们出现于城市中——有时甚至存在于同一城市的不同区域中。作为特别法，

---

① ［意］彼德罗·彭梵得著：《罗马法教科书》，黄风译，中国政法大学出版社 1992 年版，第 10 页。

② 孔祥俊著：《法律规范冲突的选择适用与漏洞填补》，人民法院出版社 2004 年版，第 267 页。

他们与罗马的普通法相对应。更为广泛和重要的是在中世纪在几乎意大利各个城市形成的城市法，这些城市法作为特别法，不仅与罗马法形成对照，也与伦巴第人的法律形成对比，后两者均被视为普通法。”① 拉兹则是从特别法存在的合理性的角度论及的，他说：特别法（尤其是法律指令）应该受到公开、稳定、明确和一般原则的指导。只要法律具有稳定性和明确性等，就不反对特别法律指令。当然，特别法律指令多用于政府机构将执法的灵活性引入法律时。尽管这种即时特别法在较为长久一般法设置的框架范围内被制定，这将限制由特别法引入的法律不可预测性，那么也就克服了这一困难。两种一般规则为特别法的制定创制了框架：授予制定有效指令的必要权力的法律和施加义务于掌权者以指导它们如何行使权力的法律，这两种法律在为特别法令的制定创制稳定框架方面具有同等重要意义。显然，类似的考量因素也适用于不具有稳定性的一般法律规章。它们也应当被限定于稳定的框架之内。②

法律划分为特别法与一般法，既是事物存在状态的客观反映，同时也是人类社会进步和法律文明发展的结果。随着社会关系日益复杂，一类社会关系分离为若干独立的领域，这在法律上表现为法律调整日益细密，调整同类社会关系的法律被分割为若干独立的组成部分，它们分别针对不同的社会关系，具有一定的特殊性而分立，并获得相对的独立性，发挥着相对独立的作用。但是，它们所牵连的社会关系又始终是一个有机统一整体的一个部分，因此，它们又始终只是法律的有机组成部分，处于同一位阶，构成特别法与一般法的关系，如民法由合同法、担保法、专利法、商标法、著作权法、婚姻法、继承法、海商法、票据法、公司法、保险法等部分

---

① ［德］卡尔·冯·萨维尼著：《法律冲突与法律规范的地域和时间范围》，李双元等译，法律出版社 1999 年版，第 10 页。

② ［英］约瑟夫·拉兹著：《法律的权威——法律与道德论文集》，朱峰译，法律出版社 2005 年版，第 188 页。

组成。

2. 特别法与一般法的鉴别及关系。由于法律规范是体系性的存在，时间、空间、事项、规范主体、立法机构等交互作用于规范之上，规范之间有着各种关系。因此，有关特别法与一般法的区分标准并行着多种观点。其一，按照法律文件之间的关系，或者法律文件内部的编撰体系关系来划分。前者如，将《民法通则》看做一般法，将《合同法》看做特别法。后者如，将《民法通则》总则看做一般法，将其分则部分看做特别法。① 这种区分方法简单易行，但是，这种方法预设了一个前提条件，即不同的法律文件之间存在明确的一般与特别的关系，或者法律文件是依照总则、分则体例编排，并且待裁的两个法律规范分属于总则和分则两个部分。否则，这种方法就会失去效用。但是，实际上，在多数时候，确定法律文件之间是存在一般与特别关系本身就是一个难题，此种情况下，也就无从鉴别法律规范是一般法还是特别法了。显然，这种方法的缺点是十分明显的。

其二，按照法律规范的效力范围来划分。此鉴别标准又具体分为三种观点：(1) 以法所调整的空间范围、主体范围以及事项范围为标准。一般法是指适用于一般情况的法律规定；而特别法是指法律对于特殊地区、特殊人员、特殊事项作出的专门规定。② (2) 以法所调整的空间范围、主体范围以及时间范围为区别标准。此种划分标准以时间因素取代了事项因素，因此，“特别法是与一般法不同的适用于特定时间、特定空间或特定主体的法律规范”。③

---

① 孔祥俊著：《法律规范冲突的选择适用与漏洞填补》，人民法院出版社2004年版，第276～278页。

② 曹康泰著：《中华人民共和国立法法释义》，中国法制出版社2000年版，第202页。

③ 张娜：《学习立法法把握适用规则——访中国社会科学院法学所研究员李步云》，载《人民法院报》2001年7月1日第2版。

（3）以法所调整的空间范围、时间范围、主体范围以及事项范围为划分标准。一般法，是指在法律的“主权”范围内，具有普遍效力的法律。换言之，是指在一个国家主权范围内，不论针对何种事项、主体、时间或者区域，只要一种社会关系受该法律之调整，该法律都对其能有效调整，这样的法律就是一般法。相应地，特别法是适用于特定主体、特定事项，在特定时间和特别区域范围内的法。其中，一项法律符合上述四种情形中的一种，或者同时符合上述两种以上的情形，都将被判定为特别法。①

前述三种划分标准，区别在于特别法适用范围的具体对象不同，第一种和第二种所使用的具体对象有三类，第三种则涉及四类，即空间范围、时间范围、主体范围以及事项范围。实际上，法律调整的四类对象分别都是划分一般法与特别法的标准，无论是空间、时间，还是主体以及事项要素，都是判断一般法与特别法的依据。详言之，空间范围，即属地效力，是指法适用于哪些地区，在哪些地域有效力。不同的法律适用的地域各不相同，有些法律在一国范围内有效，有些法律只适用于特定的区域。借此，可以将法律划分为一般法与特别法，前者如“宪法”，后者如“香港特别行政区基本法”，前者是一般法，后者属于特别法。时间范围，即时间效力，是指法律何时开始生效、何时终止效力，以及法律对其颁布以前的事件和行为是否有溯及力的问题。法律的效力都被时间因素所决定，但是，有些法律适用的时间范围比较宽泛，只有生效时间之规定，并无失效时间之规定，这些法律通常被称为一般法。有些法律则被明确限定了时间效力范围，只适用于特定的时间范围，当此一时间范围过去之后，则意味着和该时间范围相关的法律也失效

① 这种观点可参见汪全胜：《特别法与一般法之关系及适用问题探讨》，载《法律科学》2006 年第 6 期；卓泽渊主编：《法学导论》，法律出版社 2003 年版，第 44 ~ 45 页；谢晖：《法律哲学》，湖南人民出版社 2009 年版，第 173 页。

了。当然，这样的法律在颁布之时，对其生效时间和失效时间，都会做出明确的规定，这些法律通常被称为特别法。可见，法的时间效力是一般法与特别法的划分的标准。主体范围，即属人效力，是指法对哪些人产生作用力。法的作用对象范围有大有小，有些法律适用于一般性的主体，有些法律只适用于某一类人。前者如"民法通则"，对一切民事主体进行平等保护。后者如"妇女权益保障法"、"未成年人保障法"，只为法定范围内的主体类型设定特别的权益及其保障机制，提供特殊保护。前者是一般法，后者即特别法。有鉴于此，从法的作用对象角度也可以判断法属于特别法还是一般法。事项范围，即属事效力，是指法对什么样的行为有效力，适用于哪些事项。例如，《合同法》第二条就规定了属事效力，"本法所称合同是平等主体的自然人、法人、其他组织之间设立、变更、终止民事权利义务关系的协议。婚姻、收养、监护等有关身份关系的协议，适用其他法律的规定。"法律并非都适用于一般事项，有些法律适用于特定事项，这既包括适用于通常情况下"特定事项"的法律，如合同法、物权法等（相较于民法通则），也包括适用于非常情况下"特定事项"的法律，如紧急状态法、戒严法等，这些法律在国家宣布处于紧急状态、进行戒严时发挥作用，克减正常情况下公民或其他主体的权利、自由。显然，法律在属事效力方面也有一般法与特别法之区分。

由此可见，无论是时间、空间、主体以及事项范围，都提供了鉴别一般法与特别法的标准。[①] 但是，这种方法仍然是有缺陷的。

---

① 其中，有些法，无论是从对人、对事、对时间、对空间哪个角度看，都属于一般法，如刑法、民法、刑事诉讼法、民事诉讼法等；或是都属于特别法，如戒严法。更多的法则兼有一般法与特别法两重性，在这种意义上属于一般法，在别种意义又属于特别法。例如，高等教育法对教育法而言是特别法，对具体规定高等教育领域各方面或有关问题的法律而言，又是一般法（张文显主编：《法理学》，高等教育出版社 2003 年版，第 81 页）。

因为，只有当法律规范在时间效力、地域效力和对人效力存在差别时，这种鉴别标准才是可行的。而当两个法律规范的这三种效力相同时，要分辨“特定事项”和“一般事项”就是比较困难的。可见，依靠这种方法不能解决所有问题，仍然需要寻求更加妥当的解决方法。① 而由于特别法与一般法的区分，最终表现为两种法律规范间的一般与特别的逻辑结构关系。因此，鉴别一般法与特别法的最终任务就落在了法律规范之间的一般与特别的逻辑结构关系上。

在逻辑结构上，一般法与特别法的鉴别标准有两点：第一，两规范在事实构成上存在包容和被包容的关系，即一规范的构成要件要素为另一规范所全部具备，且该另一规范进一步具有前一规范所没有的构成要件要素。其中，包容者是特别法，被包容者是一般法。该种规范关系如下例所示，设有两个法律规范 F1 和 F2，其中规范 F1 的事实构成要素为 a、b、c 和 d，规范 F2 的事实构成要素为 a、b、c、d 和 e，则法律规范 F2 的构成要件包含法律规范 F1。其中，F1 是被包容者，是一般法；F2 是包容者，是特别法。

之所以有如此要求，是因为在此情形下，假若一个法律事实充分该另一规范的构成要件，则它必能同时充分前一规范的构成要件，于是该另一规范所规制的案型必然全部为前一规范所包含；反之，能充分前一规范之构成要件的法律事实却不必然能同时充分该另一规范之构成要件。②

第二，该两规范在法律效果上相互排斥，在性质上不能并存。在构成要件上存在包容与被包容关系的两个法律规范，在规范效果上会出现两种后果：其一是两法律规范的法律效果彼此相容，在性质上可以并行地存在。例如，《商标法》中的部分规范与《反不正

---

① 杨登峰著：《新旧法的适用原理与规则》，法律出版社 2008 年版，第 216 页。

② 黄茂荣著：《法学方法与现代民法》，中国政法大学出版社 2001 年版，第 172 页。

当竞争法》的部分规范。在此种情况下，两种规范可以同时得到适用，鉴别、区分特别法与一般法，并无任何意义。实际上，它只是一个如何解释法律的问题。因此，法律效果相容不能构成鉴别一般法与特别法的标准之要素。其二是系争规范在性质上互相排斥，已经不能并存，则当然两个规范之中便只有一个能够受到适用。在此种情况下，法官必须决定，两者之中哪一个应该让步，应该选择哪一个。[①] 例如，因欺诈行为而签订的合同的效力问题，《民法通则》认为该合同无效，而《合同法》认为该合同可撤销，法官必须在适用《民法通则》或者《合同法》之间做出抉择。可见，“只有当法效果互相排斥时，逻辑上的特殊性关系才必然排除一般规范的运用”。[②] 在此情形下，一般法与特别法的区分才有意义。从而，法效果的相互排斥，构成了一般法与特别法鉴别标准的另一个要件。

综上，两个法律规范之间在事实构成上具有包容与被包容关系，同时在法效果上相互排斥，是区分一般法与特殊法的鉴别标准。显然，以此为鉴别标准，一般法与特别法的分类，其相对性比之其他法的分类更为明显。特别法可以产生于法律的不同等级和层次，从最狭窄的场所范围，并且随着其适用范围的不断扩大而一直到该国的普通法。[③] 这也就是说，特别法与一般法的区分，在理论上可以存在于多个不同的层面，既可以存在于异位法之间，也可以存在于同位阶法之间，还可以存在于同一部法律中的不同条款之间，如总则条款（一般条款）与分则条款（特别条款）。但是，需要澄清的是，实际上，不同位阶的法律之间，并不存在特别法与一

① 黄茂荣著：《法学方法与现代民法》，中国政法大学出版社 2001 年版，第 171 页。

② ［德］拉伦茨著：《法学方法论》，商务印书馆 2003 年版，第 147 页。

③ ［德］卡尔·冯·萨维尼著：《法律冲突与法律规范的地域和时间范围》，李双元等译，法律出版社 1999 年版，第 12 页。

般法的划分问题。也就是说，对特别法和一般法的划分和界定，不能打破法律的效力层级秩序。因为，上、下位法适用关系强于一般法与特别法的适用关系。不同位阶的特别法与一般法划分及其关系，完全可以依据上位法与下位法间的关系原则进行处理，并且只能依据上、下位阶关系进行处理。那种在上、下位法之外，同时又区分一般法与特别法的做法，没有任何益处，徒增混乱而已。这样，一般法与特别法的划分就只存在于两个层面上了，即于同一部法律中的不同条款之间，以及相同位阶的法律之间。所谓同位阶法是相对于不同位阶法而言的，意指同一机关制定的法律，在地位上平等，没有上、下等级之别。① 此层含义，已经被我国《立法法》第八十三条所确认。

（四）新、旧法的分离及三种关系

新法与旧法，系指共存于同一个法律体系内，具有法律效力，但是在颁布、生效实施的时间顺序上前后有别的法律类型划分。那种以新颁布实施的法律文件代替原有的法律文件，原有法律文件废止的划分方法，由于旧有法律已经失去了法律效力，退出了现有法律秩序，不再是现行有效的法律体系内的成员，因此不再属于法律发现和法律适用的渊源和范围，不属于我们此处所指的新法、旧法。

---

① 同位阶之间的特别法与一般法的关系有两种情形：一是同一位阶同一部门法中的特别法与一般法的关系，即同一机关在法律、法规中作出了一般情况下的规定，又在同一部门法的其他法律、法规中作出了特别规定（特别法）。二是同一位阶但不属于同一部门法的特别法与一般法的关系，即同一机关针对一般情况与特别情况分别制定了法律、法规。如由全国人民代表大会常务委员会制定的《产品质量法》、《药品管理法》和《食品卫生法》，虽然都有关于产品质量的规定，但比较而言，《产品质量法》是一般法，《药品管理法》和《食品卫生法》则属于特别法，即在涉及药品质量以及食品质量时，应适用《药品管理法》和《食品卫生法》（参见汪全胜：《“特别法”与“一般法”之关系及适用问题探讨》，载《法律科学》2006 年第 6 期）。

1. 新法与旧法的分离。“法律必须是稳定的，但不可一成不变。”[①] 法律以社会关系为调整对象，社会生活是丰富多彩、不可穷尽、不断变化发展的。但是人的认识能力是有限的。这意味着，立法者不可能将所有的社会生活都纳入到法律调整的范围，不可能一劳永逸地制定出永不修改的法律。同时，立法者对事物的评价需要不断进行修正，法律必然是要不断变化的，杰斐逊甚至宣称：每一部宪法和某一部法律在到了第 19 个年头的时候也就自然失效了。[②] 可见，法律都有时间效力范围，旧有的法律规范需要适时废止、修改或者重新制定和颁布。新的法律生效之后，旧法终止失效。这样，在调整对象相同的法律之间区分新法与旧法就是再自然不过的事情了。

对新法与旧法区分的阐述则包含在新法效力不溯及既往的理论流变中。柯克宣称：“新法只能约束未来，而不是过去。这是议会立法的法律和规则。”[③] 霍布斯提出：在行为发生之后所制定的任何法律都不使之成为罪行。这行为如果是违反自然法的，那么法便成立在行为之前，至于成文的法则在制定之前无法让人知道，因之也就没有约束力。[④] 威廉·布莱克斯通指出：被处罚者不可能预见到，一种行为，按照行为完成时的法律是无罪的，却被后来的法律修改成有罪，但是，当事人是不可能预见其行为的后果的，所以他没有任何避免此行为的动因，因而所有对这种行为的处罚都是残暴

---

① ［美］罗斯科·庞德著：《法律史解释》，邓正来译，中国法制出版社 2002 年版，第 2 页。

② Letter to James Madison, September 6, 1789, Jefferson's Writtings (Ford's edition) Vol. 115 – 116, 121. 转引自［美］斯科·庞德著：《法律史解释》，邓正来译，中国法制出版社 2002 年版，第 19 页。

③ Elmer E. Smead, The Rule Against Retroactive Legislation: A Basic Principle of Jurisdiction, 20 Minn. L. Rev. 775, 777 (1936).

④ ［英］霍布斯著：《利维坦》，黎思复等译，商务印书馆 1985 年版，第 229 页。

且不公正的。因此，所有的法律都应当向未来发生效力，且应当在施行之前必须予以公布。[①] 萨维尼则将新法不应具有溯及力公式化。而在富勒、拉兹和菲尼斯的法治理论中，规则的“可预期、不溯及既往是法治最基本的原则”。[②] 因为，法律使用规则来调整人类行为，其功效多着眼于未来，若以明天制定的法律来惩治人们今天的行为，那可能是荒谬的。可见，新法不溯及既往是一项基本理论原则。新法不溯及既往，意味着新法不能规制和调整过去的情势，过去只能属于旧法的效力范围。也因而，前法与后法被明确地区分开来。

2. 新法与旧法的鉴别标准。新法与旧法的区分并非总是简单明确的，判断两个法律规范间是否存在新法、旧法关系，须从三个方面进行考量：

（1）新法与旧法的区分以法律的实际生效时间为判断标准。在法律文本中，经常可以见到法的“施行”“公布”、“生效”等法律术语，这些术语都与法律的时间效力相关联。因此，对这些术语的解读也是区新法与旧法的前提。关于法的“施行”与法的

① ［英］威廉·布莱克斯通著：《英国法释义（第一卷）》，游云庭、缪苗译，世纪出版集团上海人民出版社 2006 年版，第 58 页。

② 富勒的法治八项原则中，第三项为：“法律的溯及力，即法律只面向未来，不面向过去。”（参见严存生主编：《西方法律思想史》，法律出版社 2004 年版，第 388 页。）拉兹所列举的法治八项原则中，其中第一项就是：“法律必须是可预期的、公开的明确的。这是一条最根本的原则。”［Joseph Raz, The Authority of Law: Essays on Law and Morality, Clarendon Press, 1979, p. 214, 转引自夏勇：《法治是什么？——渊源、规诫与价值》，载夏勇主编：《公法》（第 2 卷），法律出版社 2000 年版，第 12 页。］菲尼斯也在他的法治原则中说：规则是可预期的、不溯及既往的。［John Finnis, Natural Law and Naturl Rights, Clarendon Press, 1980, p. 270, 转引自夏勇：《法治是什么？——渊源、规诫与价值》，载夏勇主编：《公法》（第 2 卷），法律出版社 2000 年版，第 13 页。］

"生效"之间的关系。有观点认为，二者是两个不同的概念。"生效"应该指法律获得其效力，以法律的"公布"为准；"施行"则应该指法律发挥其调整社会秩序的作用力，以法律规定的日期为准。[①] 就我国而言，我国立法中较多使用了"施行"，一部法律的附则中往往有："本法自×年×月×日施行"的条款。法的"施行"实际上与法的"生效"并无差别，均指法开始发生约束力。法的"公布"是指由有权机关或人员，在特定的时间内、采用特定方式将法公之于众。[②] "公布"是法"生效"的前提，只有将法公之于众才能对其加以实施。许多时候，实在法的颁布日期与生效日期并不相同，[③] 如规定在颁布后一定时期或某个特定的日期生效，这就可能造成颁布在前的法律反而生效在后的情况，在此种情形下，由于生效日期才是法律效力的始期，所以法律的新、旧关系应当以该法律规范的实际生效之日为准。[④]

但是在确定法律生效的时间时，如何确定法律生效的具体时间点还是一个问题。对此问题，如果法律中没有规定具体的时间点，一般情况下，法律应该从特定一天的最早时刻开始生效、运行，即该日的凌晨。此外，如果法律没有规定施行时间或生效日期，对此，一般认为应推定为立法者意欲立即施行该法，该法应立即生效。

---

① 杨登峰：《何为法律的溯及既往？在事实或其效果持续过程中法的变更和适用》，载《中外法学》2007年第5期。

② 孙晓红著：《法的溯及力问题研究》，中国法制出版社2008年版，第6页。

③ 法的"公布"与法的"施行"通常有三种情况：一是法在公布的同时生效，如芬兰、新加坡。二是法在公布后经过一定时间后生效，如意大利规定法在公布后的第15日生效。三是法在公布后按法到达期间计算生效时间。（周旺生主编：《立法学》，法律出版社2000年版，第326页。）

④ 秦季芳：《法律规范竞合关系的再思考》，载《玄奘法律学报》2005年第3期。

(2) 新、旧法关系存在于不同法律的法律规范之间，不存在于同一法律的不同法律规范之间。同一法律中任何经过修正或增加的规范，对其他规范都不构成新法与旧法的关系，因为其他规范虽然未经修正或增加，但它被容许与修正或增加后的规范仍在同一法律内部共存的事实，意味着立法者无意因后者的修正或增加而否定其效力。①

(3) 新、旧法关系存在于同一机关制定的法律之间。一般而言，新、旧法律关系的构成不仅需要两个法律规范处于同一空间位阶，而且它们应当是同一机关制定的，即“不得废除他人之法”。例如，国务院财政部和商务部制定的规章虽然是同位法，但不出自同一部门，其规章的效力和适用范围要取决于各自的职权范围，因而在法律效力上不具有新与旧的可比性。② 我国《立法法》第八十三条限定了此条仅用于解决“同一机关制定”的新法与旧法之间的冲突，即是此意。

3. 新法与旧法的三种关系。新法与旧法的划分是因为调整同一对象的法律在制定时间上前、后有别，因此，新法与旧法的关系表现在三个方面：

一是在总体上，新法与旧法的调整对象领域具有大致上的承续性，但是具体到每一个法律问题，或者每一条具体规范，却可能有较大不同。旧法之所以被重新制定、颁布，说明旧法中的绝大部分法律规范已经不能起到有效调整社会关系的功能。因此，与调整相同问题的旧法律规范相比较而言，新法律规范会有很大的变化。这

---

① 黄茂荣著：《法学方法与现代民法》，中国政法大学出版社 2001 年版，第 172 页。当然，同一法律不同规范的修正或增加无疑可以构成对同一事项认定的不同法效果，而立法者也可能因为疏忽造成技术上的漏洞，所以规范修正的先后顺序在司法实践中也是一个复杂的问题。

② 孔祥俊著：《法律规范冲突的选择适用与漏洞填补》，人民法院出版社 2004 年版，第 271 页。

种变化既可能是在构成要件上，也可能是在法律效果上；既可能是构成要件的增加，也可能是减少；既可能是法律效果上的不相同，也可能是相互抵触、矛盾或冲突。

二是在时间上，新、旧法在效力上的相互排斥性。在整体上，新法与旧法的关系是：新法效力排斥旧法效力，即新法生效就是旧法失效之时，新法替代旧法。通常，新法中在规定新法施行时间的同时，旧法也会通过不同的方式被明示废止。[①] 例如，2002 年颁布实施的《著作权法实施条例》第三十八条规定："本条例自 2002 年 9 月 15 日起施行。1991 年 5 月 24 日国务院批准、1991 年 5 月 30 日国家版权局发布的《中华人民共和国著作权法实施条例》同时废止。"但是，如果立法者制定新法却没有在新法中宣布废止旧法，也没有通过其他方式明示废止旧法，对旧法存废的态度不明确。此时，新法与旧法并存，就会大量地发生同一个问题被两个不一致的规则加以规定的现象，这造成了法律体系的失序，并导致法律适用的困难。此时，解决的办法就是推定或者默许新法废止旧法，直接认定立法者默许地废止了旧法，不论立法者事实上是否明确意识到他有这样的意思。[②]

三是在时间效力上，新法的法律效果可能提前，旧法的法律效果可能延续。法律要调整社会关系，在复杂的社会关系面前，新法与旧法的交织缠绕成为常见现象。具体存在两种特殊关系：第一，新法效力的提前，即新法生效之后，新法中特别规定，对其生效之

---

① 法的废止方式有明示废止和默示（推定）废止。明示废止，是指立法者通过法律文件明确终止某个法律文件或者某法律规范效力的意志行为。明示废止可采用三种形式：第一，用专门的法令废止旧法。第二，在新法律文件中规定新法的施行时间同时宣布废止旧法。第三，自行废止，即法律自身规定的废止条件成就时自行终止效力的方式。这种效力废止方式一般适用于限时法和临时法。

② 杨登峰著：《新旧法的适用原理与规则》，法律出版社 2008 年版，第 203 页。

前发生和存续的法律事实以及法律效果具有效力，产生影响，此也即所谓的新法效力的溯及既往。例如，2008 年 1 月 1 日施行的《劳动合同法》第九十七条规定：施行前已依法订立且在本法施行之日存续的劳动合同，继续履行；施行前已经建立劳动关系，尚未订立书面劳动合同的，应自本法施行之日起一个月内订立。《劳动合同法》要求其实施前已经建立的未订立书面劳动合同的劳动关系，须在该法施行一个月后订立书面合同，表明劳动合同法溯及既往的效力，有利于保护弱势群体的利益。法律秩序内允许新法溯及既往，原因是多方面的：首先是有利于人权保护原则。在新法对人权保护更为有利的情况下，新法溯及既往与不溯及既往原则有着一致的价值目标，不会对公民权利及信赖利益造成侵害，此时允许新法溯及既往是各国通行的做法。我国《立法法》规定法律、法规不溯及既往的同时，也明确指出“为了更好地保护公民、法人和其他组织的权利和利益而作的特别规定除外”。其次是公共利益保护原则。公共利益保护原则构成法律溯及既往的重要根据和基础，是因为公共利益与个人利益的划分虽然在一定程度上具有相对性，但是二者仍会存在某种对立。鉴于公共利益关涉到国家、社会和大多数人的利益，因此，如果公共利益保护较公民权利保护有价值优先性时，公共利益就可以成为限制个人权利的理由。此外，新法溯及既往也是漏洞补充的措施之一。第二，旧法效力的延续，即新法生效之后，新法中会特别规定旧法对某些“新发生”的法律事实或者已经存在的法律效果具有效力，旧法效力具有延续性。此种情况也可以称为旧法效力溯及今后。例如，1991 年 4 月 9 日制定的《外商投资企业和外国企业所得税法》第二十七条规定：“本法公布前已设立的外商投资企业。依照本法规定，其所得税税率比本法施行前有所提高或者所享受的所得税减征、免征优惠待遇比本法施行前有所减少的，在批准的经营期限内，依照本法施行前法律和国务院有关规定执行；没有经营期限的，在国务院规定的期间内，依照本法施行前法律和国务院有关规定执行。具体办法由国务院规定。”显然，该规定采用了从旧原则，即所得税税率在适用法律上“从旧”，从而阻断了新法的效力。这样，依照旧法获得的法律效果在新法生效以后仍然得到了延续。法律秩序内允许个别旧法溯及今后，不仅有利于人权保护和公共利益保护的需要，而且是保护信赖利益的需要。

（五）国际法与国内法的鉴别及一元论下的协调关系论

整体的法律可以分为国内法与国际法。此处的国际法不同于国际公法。国际公法是对国家在它们彼此往来中有法律拘束力的规则的总体，这些规则主要是支配国家的关系。[①] 而此处的国际法是宏观国际法，是相对于国内法而言的。国内法是指由一国有权机关制定并颁布生效的，适用于一国领域内的全部法律的总称。与此相应，国际法是指反映国家间意志的协调，调整一切国际关系（不仅仅限于国家之间的政治关系）的具有法律约束力的法律规范的总和，国际法律规范是多种多样的，它们涉及国际社会生活的各个方面，有着各种不同的内容和形式。[②] 国际法具体包括以下几种类型：（1）适用于全世界的国际法规范，此即国际法的强行法；（2）在特定地区适用的国际法规范；（3）在世界各国适用的国际法规范；（4）仅适用于两个国家的双边条约。[③]

1. 国际法与国内法的鉴别标准。通行的观点认为，国际法与国内法是以它们调整的社会关系为标准进行划分的。其中，国内法调整一国国界之内的各种社会关系。就主体而言，国际法调整国家与国家，国家与国际组织，不同国家国民、经济组织之间关系的法律。其调整的是“超出一国范围”的社会关系，即具有国际因素的国际社会关系。也就是说，是社会关系的三要素涉及两个以上的

---

① ［英］詹宁斯、瓦茨修订：《奥本海国际法》，中国大百科全书出版社1995年版，第3页。

② 黄进著：《宏观国际法学论》，武汉大学出版社2007年版，第10页。

③ 黄进著：《宏观国际法学论》，武汉大学出版社2007年版，第7页。

国家或者两个以上国家的法人和自然人而形成的社会关系。

但是，调整对象标准是不能完全将国际法与国内法区分开的。因为，国内法与国际法的调整对象相互交叉。具体而言，以社会关系的主体要素为考察点，可以发现，国内法的主体包括国家公权力机关，以及各类私人主体。若以主体为划分标准，国内法调整的社会关系包括：国家公权力机关和各类私人主体之间以及他们相互之间的各种关系。而在私主体之间，又可以细化为内国私人之间的关系和跨国私人之间的关系。而国际法律关系包括国家、国际组织、不同国家的法人和自然人，如果以其主体作为划分的标准，国际法调整的国际关系可以分为国家间关系、国际组织间关系、国家与国际组织的关系、不同国家的法人间关系、一国法人同外国和国际组织的关系、不同国家的自然人间的关系、一国自然人同国际组织和外国及其法人的关系。① 其中，前三种是国家间关系，后四种调整的是非国家间关系，即跨国私人关系。

由此可见，在国家与国家关系领域，国际法与国内法的分界是十分清楚的，只由国际法自身调整，国内法与之无涉。但是，在非国家关系领域，二者就很难分清楚了，国内法和国际法同时调整涉及本国的国际私人关系，如在涉外民商事领域等。

显然，必须引入新的标准，以划清国际法与国内法的界限。这就是：两类法律规范的形成方式不同，国内法是一国国内立法机关

① 黄进著：《宏观国际法学论》，武汉大学出版社2007年版，第7页。

制定的法律。国际法则是通过国家间的“合意”[①] 和共同实践而形成的法律。[②] 实际上，正是因为在形成方式上的差异，才有了国际法与国内法的区分。在这一标准之下，国际法与国内法之间界限分明，没有交叉之处。

2. 国际法与国内法关系的传统理论。国际法与国内法的关系是一个争论不息的问题，传统上，有一元论与二元论之分，其中，一元论又分为国际法优先观和国内法优先观。进入 20 世纪以后，联系论获得了较多的支持。

（1）一元论的国际法优位观。其思想来源是康德哲学。在 20 世纪第一次世界大战以后，为许多西方学者，如菲德罗斯、劳特派特、塞尔、孔慈以及凯尔森等所倡导。学者们的理论解释不尽相同，但是都持有如下基本观点：国际法作为法律与国内法属于同一法律体系，这种法律体系最终都是以个人之间的关系为调整对象。在同一法律体系中，国际法的地位高于国内法，国内法从属于国际法，国内法的效力是依赖国际法而存在的，至于国际法的效力则最终依靠于一个最高规范，这个最高规范可以是“约定必须信守”，

---

① 国家间的合意，是国家之间意志的协调。所谓协调肯定是有两个或者两个以上的国家。换言之，参加国际立法活动的主体是两个或者两个以上的国家。并且这种国家意志的协调是以国家主权原则和平等互利原则为基础的，这就表明，一方面，参加国际法立法活动的各国以独立的主权者的身份来表达自己的意志，不容任何外力的干涉和强迫；另一方面，参加国际法立法活动的各国的主权是平等的，它们必须互相尊重，特别是尊重各自的利益，不容任何强权国家凌驾于其他国家之上。为了共同需要的正常国际交往和其他利益，彼此协调，达成协议，以便建立相对稳定的国际法律秩序，求得和平共处。（黄进著：《宏观国际法学论》，武汉大学出版社 2007 年版，第 6 页。）

② ［德］沃尔夫刚·格拉夫·魏智通编：《国际法》，吴越、毛晓飞译，法律出版社 2002 年版，第 2 页。

或者是“国际社会的意志必须尊重”等。[①]

国际法优先说意味着国际法律秩序对国内法律秩序的最高命令，意味着主权国家是被国际法律秩序委托部分的法律秩序，意味着在单一国家的法的金字塔之上站着国际法律秩序。[②] 这种理论肯定了国际法与国内法具有内在的密切联系，国际法不可能超脱国内法而单独存在。但是，这种学说忽视了国际法与国内法的不同，认为国际法与国内法的调整对象都是个人之间的关系，而简单地将国际法与国内法统一在一个法律体系中，实际上也就否定了国际法作为国家之间的法律的性质。将法律体系分为不同的等级层次，使国际法超越于国家之上，国际法在某种程度上成为“世界法”，国内法成为国际法的下位法和具体化的国际法，显然是过分强调了国际社会的共同意志，而弱化了国家意志。其逻辑结果必然否定了作为国家根本属性和国际法基础的国家主权这一客观事实。[③] 可见，国际法优先说有片面和欠妥当之处。

（2）一元论下的国内法优位观。19 世纪末 20 世纪初，在黑格尔的国家理论，即国家绝对主权理论的影响下，耶利内克、佐恩、考夫曼和文策尔等学者主张的一元论国内法优先说盛行一时。他们首先承认国际法是法律，与国内法属于同一法律体系。但是，他们又认为，在这同一法律体系中，国际法与国内法的地位是不平等的，国内法的地位高于国际法，国际法是次一级的法律，是从属于国内法的。这种学说认为，国家的意志是绝对的，它的表现就是国内法。国家的一切活动范围，即使在国际方面，也是依其国内法而

① 邓正来主编：《王铁崖文选》，中国政法大学出版社 2003 年版，第 176 页。

② See Antonio Cassese, International Law, Oxford University Press, 2001, p. 165.

③ ［奥］阿·菲德罗斯等著：《国际法》（上册），李浩培译，商务印书馆 1981 年版，第 12 ~ 13 页。

定的，所以国际法是国内法派生出来的，国际法的效力来自国内法。因为它是国家的主权意志的“自限制”的表现，只有依靠国内法，国际法才有法律的效力。佐恩、文策尔等人甚至将一国的国内法分成“对内公法”和“对外公法”两部分，而国际法只相当于其中的“对外公法”。这种学说是在19世纪末德国国家主义思潮下产生的。它的作用在于否定国际法的性质和地位，取消国际法的效力和存在价值，通过国内法支配国际法，从而将德国的国家意志强加给国际社会，为德国的侵略扩张提供理论依据，最终实现德国对世界的统治。

一元论下的国内法优先说，主张国内法优于国际法，其实质是每个国家都可以通过它的国内法支配国际法。但是它无法说明国际法对国家具有约束力的事实，实际上等于否认了国际法的真实法律性质，否定了国际法存在的价值，从而背离了国际社会的普遍法律实践，未能全面说明争论的问题。

（3）二元论。几乎与一元论的国内法优先说同时期，在19世纪末叶以后，二元论学说也出现了。这一部分是因为绝对主权国家理论的形成，另一部分是伴随着法律实证主义的形成。其倡导者主要有德国学者特里佩尔和意大利学者安兹洛蒂，并被著名国际法学者奥本海推向巅峰。与一元论学说根本不同的是，二元论认为：国际法与国内法都是法律，都是国家主权意志行为的体现。然而它们各自发生法律效力，彼此独立地运行和存在，没有隶属关系，是两种独立的法律体系。相互之间永远没有交点，也不发生规范冲突。至于原因，依照特里佩尔的见解，在于两者的法律渊源、所调整的社会关系的根本不同。国内法的渊源是有关国家境内形成的习惯和立法机关所制定的法律，而国际法的渊源是国家之间形成的习惯和它们所缔结的造法性条约。这两种法律除了可以互相参考之外，其他毫无关系。

二元论认识到国际法和国内法是两个不同的法律体系，但是过分强调了它们之间的不同，否认国际法与国内法的内在联系，以至造成两者的对立。在现代世界各国，如果说一个国家，其国内法在整体上和国际法无所关联，几乎是不可能。显而易见，二元论背离了国际社会国际法和国内法关系的普遍实践。

（4）联系论。进入20世纪以后，随着国际交往与合作关系日渐密切，国际法的调整范围不断扩张，与国内法发生联系的事项和领域也越来越多。在国际法与国内法的关系问题上学者们提出了联系论，即国际法与国内法是两个相互联系的法律体系的理论。

依照该理论，国际法与国内法不是孤立存在，二者之间存在密切联系。但是，国际法和国内法是以二元方式存在，分属于两个独立的法律体系。在性质上，国际法和国内法分别在不同的领域对不同的对象发生不同的作用，具有本质上的不同。同时，也不因国际法在国内的实施而改变国际法的性质。这种理论认为：尽管国际法要依据宪法的规定被国家“纳入”或者“转化”后，才能在国内实施。包括经行政机关公布，或者部分国际法需得到立法机关批准。但是“纳入”与“转化”的批准和公布都不能改变国际法的性质，不能将国际法变成国内法。因为立法机关的批准并没有制定出一件新的国内法律用以替代国际法，而只是授权国内法院适用国际法。实际上，国内法院适用的仍然是国际条约或者国际惯例，而非某件国内法律。行政机关的正式公布也不能使国际法变成国内法律。因为公布的目的只是使国际法的执行有所依据，公布既未赋予国际法以法律效力，也不改变国际法基于国际法规则自身发生法律效力的事实。美国宪法规定制定法和条约都经总统的公布，但是国会制定的法律和条约同样为国家的法律，各自具有独立的法律效力。在中国，法律自公布之日施行或在特定日期施行，但其效力却是依法律自身的规定。同样，条约自公布之日起施行，但是条约的效力也是依条约自身的规定。实际上，条约在施行之前即已经具有法律效力，公布既然不能赋予条约以法律效力，条约当然不能因公布而变成国内法律。有鉴于此，国内法同化国际法是不可能的，国际法无论作为整体还是其各部分都不能进入国内法之中。国际法与国内法之间“很难做到整体的直接同一，而主要是规范的和谐存在”。①

3. 一元论下的协调观。实际上，关系始终是观察角度的问题。如果从整个国际社会的角度看国际法，从具体国家的角度看国内法，国际法与国内法无疑是两个法律体系；如果从法规范的形成方式上看国际法和国内法，二者也属于两个法律体系。这也就是上述的二元论主张的理论起点。但是，上述观察角度，对于法律适用而言，即对于国内法院而言，却是不相适宜的。因为，法院适用的是在一个主权国家境内实施的全部法律，从这个角度而言，国际法和国内法同样都是法院法律适用的对象。因此，国际法与国内法的关系是：一元论下的协调论。该理论包括两层含义。

第一，国际法与国内法同属于一个法律体系。国际法与国内法在很多方面都有显著不同，但是，在一国的最高法——宪法看来，宪法是国家的根本法，它是制定一般法律的依据，国内法律是宪法的下位法，有关此点自不待言。同时，宪法也规定了国家机关缔结条约、承认国际惯例的权利，并且还规定了宪法自身与国际法的关系。这就是说，国际法在一国内实施并非是强加于该国的，而是出自于该国宪法的规定。由此，宪法是国际法的基础规范，没有宪法也就没有国际法。在一国法律体系中，任何国际法规范的效力均不得高于宪法。② 这样，站在一个国家的立场上，对一国及其国民具有拘束力的不仅是国内法，而且还有国际法。在一国宪法之下，国家的法律包括两部分：国内法和国际法。其中国际法负责调整一国境内具有国际因素的社会关系，国内法主要调整一国境内的国内社会关系。二者相互协调，共同构成一个国家的完整法律体系。

---

① 李龙、汪习根：《国际法与国内法关系的法理学思考——兼论亚洲国家关于这一问题的观点》，第二届亚洲法哲学大会论文，第5页。

② ［德］沃尔夫刚·格拉夫·魏智通编：《国际法》，吴越、毛晓飞译，法律出版社2002年版，第4页。

第二，国际法与国内法不是孤立存在的，而是具有密切联系。二者间的联系首先归因于国际法与国内法在调整领域上的互相渗透。20世纪以来，在国际法领域，国际交往空前频繁，调整除国家关系以外的其他国际关系的国际法律日新月异，出现了国内法国际化的趋势。国际法的触角渐渐深入国家主权的保留范围。例如，战争权、国籍、关税及贸易、产品责任、反倾销、反垄断、私人关系以及人权问题等传统上由国内法规范的问题，已受到各种国际条约以及国际惯例的规范。[①] 出现大量的调整非国家间经济关系的国际经济关系的法律；调整国际民事关系和国际民事诉讼关系的法律；并且在国际社会，还可以看到一些直接规定法人和自然人权利和义务的法规。其中有国际公约的规定，也有双边条约的规定。另一方面也出现了国际法国内化的趋势。大量传统上属于国际法范围的问题纳入国内法解决范畴。例如，外交特权与豁免、领事特权与豁免、领海与毗连区、引渡问题以及司法协助等问题，原来都属于国际法解决的问题，而现在许多国家通过国内立法加以重述，或者结合本国的具体情况作出更加具体的规定。国际法已经成为当代法律体系中不可缺少的部分，而不再是游离于一国法律秩序的外来者。这些都导致国际法与国内法重合的部分急剧扩大，二者间的联系愈发密切。其次，从技术的角度上看，一些共同存在于国际法和

---

① 黄进著：《宏观国际法学论》，武汉大学出版社2007年版，第16页。

国内法之中的因素，[①] 成为将国际法与国内法联结起来的纽带，使得它们之间不可能不发生联系。国际法与国内法之间的联系，依照王铁崖的见解有三种：第一种联系是互相制约、互相牵连。国际法受国内法制约，因为国家主权神圣不可侵犯，国家内政不容干涉，国际法不能干预国家主权范围内的事务，不能干涉国家的内政。例如，人权的享有首先是一国国内法上的权利，并不是国际法规则可以随便干预的。反之，国际法对国内法也有制约。国家制定的法律不能任意违反国家所承担的国际义务，国家不能以内国法为理由，不遵守或者违反国际义务。第二种联系是互相补充的关系。国际法的一些原则、规则必须由国内法加以补充、落实，没有国内法的协调和配合，国际法往往不能得到有效的实施。例如，我国在加入WTO后，修改和制定有关的法规以有效履行 WTO 规定的义务。又如，2003 年《联合国反腐败公约》所确立的控制腐败犯罪的国际法规范对成员国的国内法有直接影响，促进了相关国家控制腐败犯罪的国内法规范的形成和统一。一些领域的国内法规范要有效实施，也需要国际法规范的配合。例如，国际法中的引渡制度就是为了使国内刑法得到有效的实施。第三种联系是互相采用的关系。国际法与国内法互相采用、吸收、借鉴对方法律体系内的概念和制度。一些国际法的内容取自于国内法。例如，国际法中的“政治

---

① 这些主要的共同要素有：一是国家。国家制定国内法，又参与制定国际法。不论是国内法，还是国际法，其产生及形成都是以国家的存在及其意志活动为前提，因此，能为国家所接受的国际法规范必然与其国内法规范具有内在的联系。国家是国际法与国内法联系的最重要纽带。二是国家职能及政策。国内法与国际法分别是国家行使对内或对外职能、制定对内或对外政策的结果，国家职能及政策上的分工与协作的特点因此成为国内法和国际法联系的基础。三是社会。国际法主要依存和适用于国际社会，国内法则主要依存和适用于国内社会。国际社会与国内社会，虽各有特点，然而却具有千丝万缕的关系。国家间交往越频繁，国际社会和国内社会的联系就越紧密，这种联系无疑成为国际法与国内法相互联系的基础。

犯不引渡”原则，该原则最早规定于1793年的《法国宪法》，其第一百二十条宣布：“法国给予为了争取自由而从本国流亡到法国的外国人以庇护。”1833年，比利时制定了第一个禁止引渡外国政治犯的法令，并于次年与法国签订了引渡条约，明文规定政治犯不引渡，后来这一原则逐渐被世界大多数国家接受，成为国际法中的一条重要原则。又例如国际法上的“承认”概念来源于国内法。同样的，国内法的一些内容也源于国际法，如国内法上的有关大陆架、专属经济区的概念和制度原本是国际法上的专有概念。[①] 总之，国际法与国内法之间具有复杂的密切联系，而且这种联系不是一成不变的，其相互联系的形式、内容、范围和程度不仅受到不同时代的经济、政治、文化等多种因素的影响，在同一时代的不同法律部门之间国际法和国内法的联系也呈现出多样性和复杂的表现形态，具有多样性的发展不平衡的特点。

## 四、法律冲突

法律体系的统一性，是法律人心中的永恒追求。如果立法者能够制定出一个内部和谐一致、逻辑完美无缺的法律统一体，那么，法官只需要严格按照三段论逻辑推理，把事实和规范联结在一起，就可以获得正确的裁判结果。但是实践证明，法律体系的统一性只是法律人的一个美梦，无论一国的法治多么成熟，立法技术多么发达，都不可能完全避免法律冲突。

### （一）法律冲突含义的界定

法律冲突通常被等同于法律规范冲突。[②] 长久以来，对法律冲

① 邓正来主编：《王铁崖文选》，中国政法大学出版社2003年版，第182页。

② 严格说来，法律规范冲突与法律冲突是不同的。因为，法律规范是法律的组成要素。所以，法律冲突是指法律与法律之间的冲突。而法律规范冲突只是法律冲突的一种类型。

突的研究主要是在国际私法领域内进行的，并在冲突法的角度界定和解释法律冲突的概念。但是，法律冲突不是国际私法上的特有问题，国内法中同样存在大量的各种形态法律规范之间的冲突。此种见解，已经伴随着违宪审查制度的建立而被广泛接受，因此，法理学上也将其作为一般问题加以探讨。凯尔森最早提出了法律冲突问题。他不仅最先提出了法律体系的概念，也较早提出了不同层次法律规范之间的冲突问题。他指出：高级规范和低级规范之间的可能冲突问题，不仅发生在制定法（习惯法）和司法判决的关系方面，而且也发生在宪法和法律之间的关系方面。[①] 此后，法学家拉伦茨、恩吉施、阿列克西等也都对其进行了探讨。例如，阿列克西认为，法律规范的抵触具体是指两个法律规范可以适用于同一个具体案件，但是它们会导致不一致的结果，也就是说，它们会产生两个矛盾的或者不相容的具体法律裁决或者决定。[②] 近年来，我国进行了经济、政治的渐进式改革，在改革过程中，立法数量急剧增加，有中国特色的社会主义法律体系初步形成。但是，在多级立法体制之下，法律的新颁布和频繁修订，都导致了法律规范之间的冲突频繁出现，规范性文件与宪法之间，行政法规与法律之间，地方性法规与法律、行政法规之间，规章与法律、法规之间以及各类规范性法律文件互相之间的冲突，交织缠绕、普遍存在。实践中，法律规

---

① ［奥］汉斯·凯尔森著：《法与国家的一般理论》，沈宗灵译，中国大百科全书出版社 1996 年版，第 173～182 页。

② Robert Alexy, A Theory of Constitutional Rights, trans. Julian Rivers, Oxford University Press, 2002, pp. 48－49. And Robert Alexy, "On The Structure of Legal Principle", in Ratio Juris, Vol. 13, No. 3, September 2000, p. 295. 转引自王夏昊著：《法律规则与法律原则的抵触之解决——以阿列克西的理论为线索》，中国政法大学出版社 2009 年版，第 87 页。

范冲突事件大量发生，频繁的上书事件即是代表,[①] 法律规范冲突几乎已经到了忍无可忍的地步。由此，我国法学界开始关注法律冲突问题，在初步研究中，学者们提出了几种不同的法律冲突的概念。其一是概括地将其称为法律规定之间有冲突、法律规定之间不一致、法律规定相互抵触。[②] 其二是提出，应将法律冲突界定为同一法域的法律规范之间的矛盾、不一致、相抵触。[③] 其三是提出，法律冲突是由于法律产生的原因和条件不同而导致的对同一调整对象有管辖权的法律之间内容的不一致，法官或有关机关认为适用不同的法律将会产生不同法律后果的社会现象。[④] 其四是认为，所谓法律冲突，是指针对同一问题的多个合法有效的法律规范在内容上彼此不一致，在效力上相互排斥的情况。[⑤] 其五是认为，所谓的法律冲突，是指不同法律规范的法效果不能兼容的情形，它既包括规则之间、原则之间，也包括规则与原则之间的冲突；不仅包括不同位阶规范间的冲突，也包括同位阶规范间的冲突。[⑥] 综观上述观点，观点一显然过于简单，内涵空洞。观点二将法律冲突限制于一

---

① 上书事件中，以孙志刚案件为典型。2003 年 5 月，在孙志刚案件进入司法程序的同时，三位法学博士和五位法学家先后联名以公民身份“上书”全国人民代表大会常务委员会，要求对《城市流浪乞讨人员收容遣送办法》进行合法性审查。此举开中国公民上书建议法规审查之先河，从此，向全国人民代表大会常务委员会上书要求审查法律文件合法性的信件不断。

② 刘莘著:《国内法律冲突与立法对策》，中国政法大学出版社 2003 年版，第 3 页。

③ 刘红：《法律冲突的概念辨析》，载《湖北社会科学》2009 年第 8 期。

④ 董皞:《法律冲突问题研究》，中国社会科学院 2004 年博士后论文，第 1 页。

⑤ 严存生、宋海彬:《“立法冲突”概念探析》，载《法学论坛》2000 年第 1 期。

⑥ 雷磊:《法律规范的冲突、类型》，载陈金钊、谢晖主编:《法律方法》第 7 卷，山东人民出版社 2008 年版，第 248 页。

个法域中，无疑缩小了法律冲突的空间范围，国际法与国内法的规范冲突，内国法与外国法间的规范冲突将无法被包含在内。观点三和观点四将法律冲突界定为合法有效的法律规范之间的冲突，有意将立法错误排除在外，未能真实地反映出法律冲突的实质和样态。而最后一种观点无疑克服了前述几种观点的弊端，充分、全面地反映了法律冲突的本质，亦为笔者所赞同。这一概念具有下列特点：

1. 法律冲突具有反秩序性，也就是说只有违反了法律体系统一体秩序的冲突才能构成法律冲突，那些立法安排的合乎秩序性的规范“冲突”不是法律规范冲突。法律体系中，法律规范冲突大量存在，但是，并非所有的规范“冲突”都能构成法律冲突。其中，有些冲突是法律秩序有意为之，这种类型的“冲突”不是法律秩序着力避免而未能避免的结果，反而是“故意和有意”创造出来的，是法律秩序对社会关系矛盾运动的理性体现。有意的“冲突”合乎法律体系统一体秩序的要求，此类冲突中，法律规范之间尽管互相抵触，但是都具有法律体系成员资格，都具有法律效力，如下位法对上位法所作出的变通或例外规定。因此，在合秩序性“冲突”中，实际上并不存在法律规范之间的冲突，通常所说的法律冲突不应包含此类冲突。有些冲突则是法律体系统一不允许存在的，违反法律秩序的，但是由于某些原因而没有能够避免的。此类冲突中，规范冲突的一方不具有法律体系成员资格，不具有法律效力，因此，构成了真正意义上的法律冲突，通常所说的法律冲突仅指反秩序性的法律规范间的冲突。

2. 法律冲突具有条文规定不一致性。法律条文与法律规范之间不存在严格的一一对应关系，有时一个法律条文可能构成数个法律规范，有时一个法律规范的要素可能由不同的法律条文来表现。但是在多数情况下，二者之间还是相吻合的。法律条文是法律规范的表现形式，法律条文与法律规范之间是形式和内容的关系。考虑到立法者规定两个完全一致的法律条文毫无必要，因而法律条文之间的同义反复现象基本上是不存在的，法律规范之间在文字表述上的不同，可以说就是必然的。因此，不论冲突的法律规范之一方是否是无效规范，[①] 法律规范冲突一定会表现为法律条文之间的直接的字面意思上的不一致，[②] 否则，如果两个以上的法律条文之间在文字意思上相互一致，法律规范之间就不会存在冲突和抵触。

3. 法律冲突具有规范效力的不兼容性。法律冲突的实质在于，如果将两个或者多个法律规范分别适用于同一个案件中，所获得的裁判结果将是相互矛盾的。因而，在相互冲突的规范之间，法官必须放弃一方，仅保留另一方加以适用。这也就意味着，相互冲突的法律规范不能同时适用于同一个案件中，不能兼容于同一个案件中。换而言之，其法律效力不具有兼容性。

4. 法律冲突并不意味着冲突的规范之一方必然无效。法律冲突情况的出现，有可能是立法者所代表的立场、利益或者所观察的角度不同，也可能是立法过程中出现了疏漏，或者是立法者认为同样的问题在不同的条件中应当有所区别等原因。就法律冲突而言，如果存在法律规范间的冲突，那么，法官只能在相互冲突的规范中选择其一适用。但是这并不表明，必然会有冲突的规范之一方无效。实际上，二者择一的规范适用与规范效力的有无是两回事。因为，某些类型的法律规范冲突，特别是各种反秩序性冲突，会导致冲突的规范之一方无效。例如，在下位法与上位法相抵触的反秩序性冲突中，下位法是不具有法律效力的。而某些类型的法律规范冲突，特别是各种隐性的法律规范冲突中，未被选择适用的规范一

---

① 冲突的法律规范中的一方可能是无效规范。无效规范不具有法律效力。制定法律机关都有其法定的职责权限，只有在自己职责权限范围制定规范，才是合法有效的。一个规范的无效归根结底是由于立法者没有立法权或者擅越立法权造成的。因为无论是规范内容不合法，还是立法程序不合法，抑或是立法权限冲突，最终都可归结于法律所规定的事项没有立法依据或者超越了立法权限而无效。

② 不同法律规范之间在立法精神或立法目的上的抵触，首先表现为法律规范之间在文字表述上的不相同。

方，仍然是法律体系的一员，具有法律效力并可以适用于其他案件中。

5. 法律冲突具有多层次性。法律冲突包括很多层次，一是国际法律规范与国内法律规范的冲突，简称国际法与国内法的冲突。理论上，凯尔森将国际法律规范作为国内法律规范的上位法概念来解决二者间的冲突问题。事实上，国际法与国内法的关系在实践中十分复杂，解决规范冲突的具体技术与方法也复杂多样。内国法律规范与外国法律规范的冲突。这是传统国际私法研究的重要议题，解决二者间冲突的规则，即所谓的冲突规范。二是一国法律体系内部法律规范的冲突。这种冲突不仅表现为主权国家内各法域之间的冲突，如我国大陆法、香港法、澳门法、台湾法相互之间的法律规范冲突。还表现为不同规范性法律文件之间的冲突，如各种规章、地方性法规、行政法规、法律与宪法之间以及他们各自之间和相互之间的冲突。也表现为，不同法域内部的各类规范间的冲突，如规则与原则、上位法与下位法、一般法与特别法、程序法与实体法、后法与前法之间的法律规范冲突等。

6. 法律冲突既包括显性（形式）冲突，也包括隐性（实质）冲突。显性冲突显现于法律规范的文字表述上，无须分析法律规范的目的、精神，凭借文字表述就可以做出法律规范之间抵触与否的判断。隐性冲突很难通过法律规范的文义分析发现，规范之间在字面表述上尽管不相同，但是却似乎是“协调一致”的。只有在具体的法律关系中，具体的案件中，出现了相互抵触的法律效果，规范冲突才能显现出来。

### （二）与“冲突”相关的法律术语：“不一致”与“抵触”

1. 不一致。“不一致”即不相同，是相对于“一致”而言的，表示事物之间的差异、不融贯、不和谐等状况，抵触和冲突是其中的极端形态。世界上没有两片完全相同的树叶，不一致是世间万物存在的基本形态。因此，任何两个个别事物都是“不一致”的。但是万事万物都不能孤立存在，事物之间又存在一定的联系，反映为某些共性，并依此而类型化，在这种意义上，事物之间又存在着“一致”性。

“不一致”是对两个以上的事物的比较和鉴别，比较是为了达到某种目的和获至某种结论，有比较才有“一致”与“不一致”之区分。被比较的事物之间必须具有一定的关联度，也即具有比较点，才有比较的可能和必要。没有比较点，事物之间既无所谓“一致”，也无所谓“不一致”。比较点的确定，决定于比较的目的；比较点的确定，也决定了被比较的两个以上的事物在某些方面是“一致”的还是“不一致”的。

在我国法律上，“不一致”有两种用法，作为普通用语，它是指在某一个方面，两个法律规范作出了不同的规定。但是，我国《立法法》对不一致的使用具有特定寓意，是一个专用法律名词和术语。检索我国立法法对该词的使用情况，可以发现，《立法法》第八十三条、第八十五条、第八十六条、第八十七条中都出现了“不一致”的措词。分析这些条款，可以发现，我国《立法法》是在如下诸条件下使用“不一致”的。一是法律规范的“不一致”发生在同一调整事项上；二是“不一致”发生在同位阶或者位阶不明的法律之间；三是法律规范之间的“不一致”，只是意味着“不一致”的法规范之一不能应用于某个具体的个案之中，但是并不影响该规范的法律效力，以及其在整个法律体系中的身份和成员资格。可见，所谓不一致，实际上就是同位法在调整同一事项时作出了不同规定，并且这种不同规定是合乎法律秩序要求的。在冲突的角度上，即孔祥俊所指出的：不一致是指同位法具有可协调性的冲突，即同一位阶的法律在客观上仍然是冲突的，但是这种冲突一般是立法者有意安排的，反映的是立法机关在一般规定与特别规定之间的不同调整的有意选择，其本质上是相容的，不存在相抵触的问题。[①] 法律规范之间的不一致，必须通过法律适用规则给予解决，以维护法律秩序的和谐统一。

2. 抵触。“抵触”即冲突，含有违背、违反、反对、相反、矛盾之意，是两个事物之间的一种“有你无我、有我无你”式的不相容状态。

在我国法律上，通常情况下，“抵触”泛指两个以上的法律规范之间存在矛盾和冲突。但是，在我国《宪法》和《立法法》上，“抵触”是一个法律术语，具有特殊的含义。我国《立法法》第七条、第六十三条、第六十四条、第七十八条、第八十八条、第九十条、第九十一条中使用了“抵触”一词，这些条款共同对“抵触”做出了如下限定：一是不同位阶的法律之间，才存在“相抵触”；二是相“抵触”的法律规范之一，不仅不应被适用于个案之中，而且不具有法律效力，不具有法律体系的成员资格。可见，“抵触”是指在不同位阶法律之间，也即下位法与上位法之间发生了反秩序性的法律冲突。“相抵触”所解决的是客观上不一致的法律规定能否相容，即如果法律规范之间的“不一致”是允许的，可以并行不悖，就属于不抵触；如果不允许其不一致，就属于相抵触。[②]

3. “不一致”与“抵触”。比较《立法法》中所使用的“不一致”与“相抵触”，有观点认为：抵触与不一致是不同程度的冲突。抵触是下位法违反宪法或者法律的基本原则和精神等“质”的问题上的不一致，是最严重的冲突。不一致是下位法与上位法在法律调整的范围、幅度、数额等量的问题上的差别，是较轻程度的法律冲突。不一致又可以称为“差别”。法律差别是不同的立法者

① 孔祥俊著：《法律方法论——法律规范的选择与适用》，人民法院出版社2006年版，第157～158页。

② 孔祥俊著：《法律方法论——法律规范的选择与适用》，人民法院出版社2006年版，第159页。

在各自的管辖范围内根据调整对象的实际情况分别做了不同的具体规定。这些规定从不同的角度看，或在不同的环境中，或在不同条件下都有其一定的合理性，应当根据不同的情况选择适用不同的规定。[①] 但是，这种观点并没有看到二者的本质不同，由于不一致包含了冲突这一种情形，因此二者之间并非是冲突的质和量上的差别。二者的差异是本质性的，是人类理性对事物本质属性的认识、反映的问题。凡是人类理性准确认识了事物间的不一致并将其如实反映为法律规范的，就是不一致。不一致之所以不一致，乃是因为社会关系内容之间本来就不一致，法律规定间的不一致只不过是人类对社会关系间的不一致的正确认识和如实反映。因此，不一致是法律秩序允许的，是合乎法律秩序的，不能构成法律冲突。而凡是或者因人类理性无法准确认清、把握客观社会关系的规定性，或者虽然已经认清社会关系的客观内涵，但是因为某种原因，保护地方的利益或部门利益等，因而无意或故意地对客观社会关系做出了错误规定的，是“抵触”。抵触是客观社会关系被人类认识有意或无意歪曲的结果，是人为错误，违反了法律秩序，不容于法律秩序统一体中，构成法律冲突之一类，即上、下位法之间的法律冲突。

（三）法律冲突的构成要件

法律冲突的发生是多种因素共同作用的结果，一个法律冲突必须具备下列条件。

1. 同一法律问题由两个以上的法律规范竞相调整。法律冲突的第一个要件，就是必须有明确的需要作为判定对象的两个或者两个以上的法律规范存在。如果某一个法律问题有且仅有一个法律规范调整，或者纯粹没有法律规范调整，就不可能存在法律规范之间

---

① 董皞：《法律冲突问题研究》，中国社会科学院2004年博士后论文，第98~99页。

的冲突，也无须作法律冲突的判定。[①] 这说明，发生法律冲突的，是针对“同一个问题”的两个或者多个法律规范。

法律规范由行为模式和法律后果构成，其中，行为模式中有假定部分，主要规定该法律规范的适用应当具备的条件或法律事实，包括事实和行为。要判断某一个法律问题是否受某一法律规范的调整，只需要判断某一个法律问题是否满足法律规范的假定部分。如果某一个法律问题同时满足了两个以上的法律规范的假定部分，那么就一定有两个以上的法律规范竞相调整同一法律问题。

2. 相冲突的法律规范调整“同一个法律问题”。两个或者多个相互冲突的法律规范将同一个法律问题作为调整对象是构成法律冲突的基础。所谓“同一个问题”，是指在多个法律规范共同的效力范围内，同一条件、同一情况下的同一事项。[②] “同一个问题”把相冲突的法律规范联系在一起，没有“同一个问题”的存在，相冲突的法律规范之间不会相遇，它们之间即使规定不一致，也不可能发生适用上的冲突，不具有可比性。而当“同一个问题”有相冲突的法律规范同时调整时，才有可能发生法律冲突。[③]

3. 相冲突的法律规范在字面表述上有差异。字面表述不相同是法律规范之间存在冲突的基本前提。如果两个以上的法律规范在文字表述和字面含义上完全一致，则可以判定两个法律规范没有差别，法律冲突就无从发生。只有当法律规范在字面表述上不相同，对规范含义的理解才可能出现不一致的情况，也才可能发生法律冲突。但是，这并不是说凡是字面表述有差异的规范都能构成法律冲

① 董皞：《法律冲突问题研究》，中国社会科学院2004年博士后论文，第93页。

② 严存生、宋海彬：《“立法冲突”概念探析》，载《法学论坛》2000年第1期。

③ 董皞：《法律冲突问题研究》，中国社会科学院2004年博士后论文，第94页。

突，或者只要字面表述不一致就是法律冲突。法律规定表述不同是否构成法律冲突，要根据具体情况加以判断。两个以上法律规范之间表述不同，或许是规范间的基本原则和精神不同；或许是虽然基本原则和精神相同，但在范围、幅度、数额方面存在着程度上的差别；或许是其原则、精神甚至内容含义完全相同，只不过是表达方式的区别。实际上，法律冲突是多种因素共同作用的结果，绝不仅仅是法律规范字面表述不一致造成的，法律规范字面表述不一致只是构成法律冲突的要素之一。①

4. 法律适用后果不同。法律适用所获得的裁判结果是诉讼当事人追求的利益之所在，也是法律追求的目的和效果。无论是两个以上的法律规范调整同一个法律问题，还是法律规范之间在字面表述上的差异，它们只有指向不同的个案裁判结果，才具有构成法律冲突上的意义。在法律规范冲突的各要素中，法律适用后果不同是法律冲突的实质。

法律规范的逻辑结构包括两部分，因而，适用后果的不同也可以通过两种途径达成。一是法律规范的行为模式部分不一致，即两个以上的法律规范对法律关系当事人的行为指向不一致，因而导致当事人所实施的某一行为的法律后果的安排不同；二是虽然两个以上的法律规范对当事人的行为指向相同，但是对当事人的同一行为安排了不同的法律后果。可见，只要两个以上的法律规范，在行为模式和法律后果上有一项不相一致，就可能造成法律适用后果的不同。

法律适用后果不同，即指法律适用的结果只能在“是”与“非”之间选择。例如，损害赔偿之诉中的“赔偿”与“不赔偿”。还包括法律适用后果程度上的不一致，如赔偿数额的差异，刑期的不同等。2001 年 5 月份的河南种子案即属于此种情形，依

① 董嗥：《法律冲突问题研究》，中国社会科学院 2004 年博士后论文，第 88、96 页。

照《种子法》，原告可以获得60万元的赔偿额，而依照《河南省种子条例》的规定，原告只能获得2万元的赔偿额。由于适用两个法律规范所获得的裁判结果在赔偿数额上不相同，因此，两个法律存在冲突，不能同时适用于种子案中。

（四）法律冲突的实质：法律规范间的效力冲突

法律冲突总要以各种形态表现出来，法律规范以文字内容为表达形式，以法律效力为存在的依据和理由，因此，法律冲突也表现为法律规范效力上的冲突。

1. 上位法与下位法间的相“抵触”（冲突）。“冲突”即“抵触”，二者之间并无本质区别。上、下位法之间的规范冲突，我国立法习惯上称之为“相抵触”，[①] 是指发生冲突的两个以上的法律规范，在效力等级上具有隶属关系或者垂直关系，即上、下位法关系的法律冲突。

上、下位法的划分来源于法律的效力等级体系，我国法律的效力等级体系依次为：宪法、法律、行政法规、省级人民代表大会制定的地方性法规和国务院各部门制定的部门规章、省级人民政府制定的地方政府规章、较大城市的人民代表大会制定的地方性法规和人民政府制定的政府规章。[②] 因此，上、下位法相抵触就表现为上述不同效力等级的法律之间的规范效果抵触或矛盾。例如，1980年全国人民代表大会制定的《个人所得税法》规定的个人收入所得税的起征点是800元，而1986年国务院发布《个人收入调节税暂行条例》规定，个人收入所得税起征点为400元。

---

① 《立法法》第七、六十三、六十四、七十八、八十八、九十条，以及第九十一条都使用了“相抵触”的提法。从这些法条可以看出，“相抵触”用于描述上、下位法之间的反秩序性冲突，而且《立法法》对于抵触的情形是一律禁止的。

② 蔡定剑：《法律冲突及其解决的途径》，载《中国法学》1999年第3期。

在法律秩序统一体中，原则上，下位法是上位法的具体化，除了上位法允许下位法作出的“例外”和“变通”规定之外，下位法不应与上位法相抵触或者矛盾，否则无效。为了保证法律规范体系的纯洁，实现个案裁判结果正义，各国法律通常要求：法官适用法律时，下位法不得与上位法相抵触，此即不抵触原则。

所谓下位法不得与上位法相抵触，系指下位法既不得与上位法的精神和基本原则相抵触（间接抵触），也不得与上位法的具体规定相抵触（直接抵触）。[①] 这包括两层含义，一是在上位法有明文规定时，下位法不得与上位法的具体规定相冲突和矛盾；二是在上位法没有规定的领域和事项上，下位法在法定职权内，可以根据具体情况和实际需要，先行制定，以因地制宜、因时制宜地解决不宜由上位法解决或者上位法暂时不能解决的问题，但是不能与上位法的基本原则和精神相抵触。

之所以要求下位法不得与上位法的明文规定相抵触，是因为基本原则和精神流于抽象，在理解上伸缩性很大，在绝大多数情况下无法提供独立的判断标准，而明文规定更具有可察性，能够提供独立、具体的判断标准。之所以要求下位法不得违反上位法的基本原则和精神，是因为上位法有可能没有明文规定，无法提供判断标准；之所以以上位法的明文规定为判准，是因为在绝大多数情况

---

① 对于下位法与上位法“不抵触”的理解，十多年来，学者们颇多争论，大致有三种观点：一是将“不抵触”理解为不与上位法的精神和基本原则相抵触。即使地方立法作出了与国家立法不一致的规定，甚至是新的规定，也不存在抵触问题（参见沈关成：《对地方立法权的再认识》，载《中国法学》1996 年第 1 期）。二是将“不抵触”理解为下位法既不得与上位法的精神和基本原则相抵触（间接抵触），也不得与上位法的具体规定相抵触（直接抵触）（参见周旺生主编：《立法学》，法律出版社 2003 年版，第 379 页）。三是将“不抵触”理解为必须有上位法作为立法依据。“在中央未予立法的事项上，地方立法不得先行涉足。地方立法不得先于中央”（参见李林：《走向宪政的立法》，法律出版社 2003 年版，第 221 页）。

下，具体规定能够实现形式正义，足以过滤掉绝大多数的个案不正义。之所以以基本原则和精神为依据，是给极端情况下的个案实质正义的实现留下了空间。

因此，在以上位法的明文规定辅之以其基本原则和精神为判准的情况下，法官在认定下位法与上位法“相抵触”时，要考察上位法在某一领域是否存在立法。如果有立法存在，就要考察二者的具体规定是否构成抵触。如果下位法与上位法的具体规定构成了直接抵触，那么，下位法就可以直接被宣布为无效，没有必要再去考虑该下位法是否还与上位法构成精神、原则上的抵触。如果下位法与上位法的具体规定没有构成直接抵触，那么，就有必要去考察该下位法是否同上位法的精神和原则构成间接抵触，如果构成抵触，也可以宣布该下位法是无效的。

也因此，在以上位法的明文规定为冲突判准的情况下，法官可以根据分解的冲突认定标准对下位法作出冲突判定。对于这些冲突认定标准，我国很多法学者从各个角度进行了分析，归纳起来，包括：(1) 上位法允许的行为，下位法予以禁止的；(2) 上位法禁止的行为，下位法予以允许的；(3) 上位法规定必须的行为，下位法作出了任意的规定；(4) 下位法扩张（增加）上位法授予权利的条件，限制了权利主体取得权利的范围或者增加了取得权利的难度的；(5) 下位法扩大上位法授予的权利范围，且违反授权性质或者上位法授权意图的；(6) 下位法减少上位法授予权利的条件，致使扩大权利主体获取权利的范围有悖于上位法限制权利范围的意图的；(7) 下位法对上位法赋予的权利进行了剥夺或者限制；(8) 下位法增加设定义务的条件，并违背上位法设定义务的意图的，构成抵触；(9) 下位法扩展义务主体的范围而与上位法相抵触的；(10) 下位法扩大、缩小或变更上位法规定的执法主体、执法主体的执法权限或执法程序；(11) 下位法减少上位法规定的违法行为构成要件而产生抵触的；(12) 下位法扩大或者缩小违法行为的范围；(13) 下位法扩大或缩小上位法准予其设定的处罚行为、种类和幅度的范围；（14）下位法扩大或缩小上位法准予其设定处罚的权限范围，变更或者增加处罚条件或者手段、幅度等；（15）下位法在追究法律责任的时效上与上位法相抵触，如《行政处罚法》第二十九条第一款和《海关法行政处罚实施细则》第八条第三项间的冲突；（16）扩大或缩小特定术语的内涵、外延，以致引起不同的法律后果；（17）没有法律依据，即对于《立法法》第六十四条所授予的地方先行立法权而言，如果超出了地方自主权的范围，行使了中央专属的立法权，即构成抵触。①

2. 特别法与一般法间的冲突。特别法与一般法之间的冲突，是指发生冲突的两个以上的法律规范，在法律位阶上相同，此即特别法与一般法的冲突。通常所说的同位法之间的冲突即指此种冲突。特别法与一般法的冲突主要表现为法律之间、行政法规之间、地方性法规之间、自治条例之间、单行条例之间、国务院部门规章之间、地方政府规章之间的规范冲突。例如，《中华人民共和国全民所有制工业企业法》和《中华人民共和国公司法》是两个同位阶的法律，调整实质内涵相同的企业形态，但是这两部法律在组织形式、成立条件、管理机构的规定上都存在较大差异和冲突。

特别法与一般法间的冲突，是反秩序性冲突。我国《立法法》中所规定的特别法与一般法的“不一致”，在一般情况下，是立法者有意设立的，系属于合秩序性冲突，并非此处的法律规范冲突。

---

① 我国法学者对法律规范冲突具体标准的分析和归纳，可以参见孔祥俊著：《法律方法论（一）——法律规范的选择与适用》，人民法院出版社2006年版，第222～241页；李步云、汪永清主编：《中国立法的基本理论和制度》，中国法制出版社1998年版，第232页；蔡定剑：《中国人民代表大会制度》，法律出版社2003年版，第291页；刘莘：《行政立法研究》，法律出版社2003年版，第68～69页；杨小君：《行政法律规范的冲突》，载《国家行政学院学报》，2006年第3期；苗连营：《试论地方立法工作中“不抵触”标准的认定》，载《法学评论》1996年第5期等。

由此产生的“特别法先于一般法”的适用规则，也并非是用于解决特别法与一般法在异常秩序下，即法律冲突情况下的适用规则，而是用于解决特别法与一般法在正常秩序下，即法律秩序统一体的情况下的适用规则。但是，对特别法与一般法之间的“不一致”也应当分别不同的情况，绝大多数“不一致”确实是立法者有意安排的例外，但是有些情形则并非如此，而是“这些规定相互矛盾甚至互相抵触”。把特别法与一般法的“不一致”，都当成有意设立的冲突，是基于对立法者理性的过高估计。事实上，立法者是人，不是神，立法者也会因为立法水平的限制、认识能力的局限以及疏忽等原因，导致对特别法与一般法间的不一致的设定违背法律秩序的要求。所以，在将“冲突”定性为反秩序性冲突的前提下，特别法与一般法之间发生的法律冲突，是确实存在的，此即意味着特别法作出了不适当的特别规定。具体言之，这或者是因为对本不该做特别处理的作了特别规定；或者是因为对本该做如此特别规定的，做了别样的特别规定。

在实践中，对特别法与一般法间是否存在法律冲突作出判断不是一件容易的事情。在特别事务特别处理，特别法本就应该规定特别事务的定性思维下，在某些冲突的情况下，特别法的特别规定是否不适当，法官可以依据经验、常识、事实、逻辑等知识加以解析和判断。但是在冲突的大多数情况下，“不适当”与否无法通过对规范条文的考察和分析而获知结论，只能通过个案考察进行判断。也就是说，如果适用特别法导致了个案结果的极端不正义，那么就可以断定特别法的规定不适当，特别法与一般法之间发生了法律冲突。由于这种法律冲突是反秩序性的，而违反秩序性的法律冲突必须加以矫正，矫正的方式是以一般法替代特别法适用，此即一般法优于特别法。

3. 规则与原则间的隐性冲突。法律由规则和原则组成，原则指导规则，规则是法律原则或理念的和价值的具体化和详细化，规则必须符合原则。除能够导致法律冲突产生的一般原因之外，法律规则与法律原则间不可避免的抵触还另有其他特殊原因。一是在规范角度上，法律原则作为最佳化命令要求在每一个案件事实中得到实现，只不过在不同的事实情况下，它实现的程度不同；也就是说，即使存在有法律规则的情况下，法律原则也要得到不同程度的满足。另外，法律规则是特定法律原则或者某些法律原则的显示或具体化、确定化、详细化，因此，该法律规则适用于特定案件事实，实质上就是该法律规则背后的那个或那些法律原则在该案中得到满足，但是，这并不能完全排斥其他法律原则在该案中也要得到不同程度的满足，这是由于法律原则具有分量或重要性的面向或者维度。[①] 二是规则与原则各自所代表的社会价值是互有差异甚至经常冲突着的。规则追求的价值目标是合法性，强调规则得到不折不扣的执行；原则追求的价值目标是合目的性，着重法律适用的结果必须具有正当性，符合社会的公共利益和秩序。众所周知，在形式法治之下，合法性与合目的性之间常常存在剧烈的冲突，那就是：规则所针对的是一般情况，所代表的是一般正义，而原则却将目光对准了规则未予覆盖或规制的特殊情形，其代表了法的个别正义。三是原则是规则的基础和出发点，原则的价值观决定了规则的价值取向。但是，原则变化的速度快于规则，它们之间在所反映的价值观念上存在一段不小的“时差”，新旧价值之间不可避免地会发生一定的碰撞，这是规则与原则间存在冲突的深刻的社会根源。[②] 由此，法律规则与法律原则在特定案件事实中必然存在内在的冲突与不和谐。

规则与原则之间的法律冲突具有特殊性，规则与原则之间不存在显性的规范冲突，只存在隐性的结果冲突。因为，首先，规则与

① 王夏昊著：《法律规则与法律原则的抵触之解决——以阿列克西的理论为线索》，中国政法大学出版社 2009 年版，第 87 页。

② 李可：《原则和规则的若干问题》，载《法学研究》2001 年第 5 期。

原则的逻辑结构不同,[①] 二者之间不可能在规范表述内容上产生明显的冲突。只有当二者适用于同一个案，获得了不同的、截然相反的结果时，二者之间的冲突和矛盾才会凸显出来。其次，由于规则总是以一个或者多个原则作为价值和精神后盾，因此，规则与原则的冲突并非直接发生于规则与背后支持它的原则之间，而是发生在规则与不支持它的原则之间。并且，其冲突的实质是支持该规则的原则与其他原则之间的冲突。

疑难案件是规则与原则之间发生冲突与碰撞的重要场所。“正是由于在疑难案件中原则和规则的不一致性才产生这样的问题。”[②] 例如，泸州遗赠纠纷案正是一起疑难案件，它的疑点就在于“第三者”是否有获得遗赠人财产的权利。由于《继承法》第十六条对“法定继承人以外的人”没有限定，使这个概念的外延极其模糊、宽泛，所以，“第三者”也属于“以外的人”。从形式上看，遗嘱合法、有效。然而，遗赠人将个人财产遗赠给“第三者”的行为又违反了《民法通则》第七条规定的“民事活动应当遵守社会公德……”的基本原则，所以遗嘱又是无效的。在规则与原则之间的冲突面前，法官最终选择了原则，依据《民法通则》第七条规定的原则认定遗嘱无效。

4. 新法与旧法间的冲突。新法与旧法的冲突，又称后法与前法的冲突，即法律规范间的时间效力冲突。法律创制的时间不同是新、旧法律冲突的主要原因。法的安定性是法律的基本特征之一，

---

① 法律规则直接将案件事实与规则的行为模式和法律后果相连。与此相比，法律原则不预先设定明确的、具体的假定条件，更没有设定明确的法律后果。它只对行为或裁判设定一些概括性的要求或标准，但并不直接告诉人们应当如何去实现或满足这些要求或标准。它是由一些“波段宽度”不定的规范构成的，是一些“弹性条款”或仅具象征、宣示功能的法律规定，内容比较笼统、模糊。

② 信春鹰：《罗纳德·德沃金与美国当代法理学》，载《法学研究》1988 年第 6 期。

也是现代法治的评价标准之一。法律一经依照法定程序制定，就应当保持相对的稳定性，但是法律的稳定性又是相对的。一旦作为法律基础的社会生活发生了变化，法律也必须随之变化。但是，当当事人因信赖已经制定的法律而对其生活做出合理安排时，即使法律必须变更，也应当保护当事人的信赖利益。法律秩序统一体的机理是，“法律的每个条款，必须在准确而富有远见地洞察到它对所有其他条款的效果的情况下制定，凡制定的法律必须能和以前存在的法律构成首尾一贯的整体”。[①] 新法与旧法之间不应该存在冲突。但是，保证法律秩序的和谐与统一并非易事，无论是就现代国家法律群的数量上，还是在立法技术的难度上，以及立法的工作量上，都对立法者处理新法与旧法之间的关系带来了巨大的挑战。而通常，新法与旧法之间总是存在这样或那样的法律冲突。

这种冲突存在于下列两种情况：一是在调整对象、调整范围以及调整方法上相同的领域，新的法律文件全盘替代旧的法律文件而引起的法律冲突。当与旧法调整同一社会关系领域的新的法律文件颁布生效以后，旧的法律文件随即失效。例如，颁布实施“新刑法”以替代“旧刑法”；颁布实施《合同法》以代替此前的《经济合同法》、《涉外经济合同法》以及《技术合同法》。因此，原则上，新法与旧法之间并不存在冲突。但是，当新颁布的法律做出了在某些情形中适用旧法的规定时，就出现了对于同一调整对象，同时存在新法与旧法两套法律规范的现象，新法与旧法之间产生了法律冲突。二是在调整对象、调整范围以及调整方法上不同但是存在交叉的两个或者多个法律文件之间，在后实施的法律规范与之前实施的法律规范都有效力，两者间存在冲突。例如，我国1999年颁布的《合同法》第五十四条，规定了对于由于欺诈、胁迫或乘人之危，使对方在违背真实意思的情况下与之订立的合同，受损方有

---

① ［英］密尔著：《代议制政府》，汪瑄译，商务印书馆1984年版，第76页。

权请求人民法院或仲裁机构予以变更或撤销。而《民法通则》第58条，则规定其为无效合同。从而造成了新法与旧法之间的冲突。

5. 国际法与国内法间的冲突。国际法与国内法属于同一法律体系，但是调整的领域既有不同，也有交叉。在国际法的特有调整领域，国家之间的关系上，国际法与国内法不会发生冲突。但是，在运作相同的领域，即跨国私人关系领域，国际法与国内法律的调整范围有所重合、交叉。尽管，由于国家同时是国内法的制定者和国际条约的缔结者，国家缔结条约或者制定法律时，宜参照过去已经订立而继续有效的条约并考虑国家的立法政策，因此，条约与国内法律在同一事项上的规定理应是一致的，不致发生冲突。然而，国际社会和主权国家的利益总有差异，缔约者以及立法者们也会有无意间的疏漏，因此，还是常会出现就同一事项，条约与国内法律有不同或相反规定的情形，[①] 这导致了规范冲突的存在。

（五）法律冲突不可避免

在任何统一的法律体系内部，都存在法律规范之间的冲突现象。下列原因决定了法律规范之间的冲突在一定意义上讲是不可避免的。[②]

首先，人类认识理性的有限性。17世纪、18世纪的法学家们相信人类能够建立起逻辑自足、完满无缺的法律规范体系，并为此持续不断地努力了几个世纪。然而，事实证明，在变动不居的社会现实面前，人类的认识理性是有限的。人类在制定或者发现法律规范，调整社会关系的过程中，总会出现这样那样的问题：认识不深，认识不全、认识不清、认识不足、认识片面、认识错误等，使

① 需要说明的是，与国内法发生冲突的条约只能是可直接纳入在国内适用的条约，对于那些需要转化成国内法适用的条约，由于其本身并不能为国内司法和行政机关所直接适用，只能间接通过制定相应国内立法适用。因此，只有在采用直接纳入的方式时，才会产生国际条约和国内法冲突的问题。

② 李林著：《良法论》，武汉大学出版社2001年版，第219页。

得法律规范不能够恰当反映甚至背离它所调整的社会关系。因此，一个没有任何法律漏洞、法律冲突的法律规范体系是不存在的，尽管显性的法律冲突可以通过各种方法加以减少，但是法律冲突的存在是无法消除的。尤其是随着社会发展、社会关系日益复杂多变、法律调整的范围更为宽泛、法律体系更为庞杂，法律冲突现象将显著增多。

其次，语言的模糊性。法律离不开语言，“一切法律规范都必须以作为‘法律语句’的语句形式表达出来，可以说，语言之外不存在法。只有通过语言，才能被表达、记载、解释和发展法”。[①] 然而，语言具有多义性、模糊性、不确定性，在意义的边缘地带，尤其如此。而以语言为载体的法律，尽管对很多法律概念、名词、术语的内涵与外延进行精密的界定，也难以逃脱语言所具有的缺陷。“法律在很大程度上曾经是、现在是、而且永远是含混的和有变化的。”[②] 对模糊的法律，不同的人有不同的理解，甚至同一个人在不同的时候有不同的理解，由此而引发法律冲突，也就丝毫不会令人感到奇怪了。

再次，权利（利益）的冲突性。所谓利益，就是人们受客观规律制约的、为了满足自己生存和发展而产生的、对于一定对象的各种需求。作为社会生活的基础，利益是社会生活中唯一、普遍起作用的社会发展动力和社会矛盾根源。[③] 当能满足利益需求的资源的有限性与对利益追求欲望的无限性发生矛盾时，就会产生利益冲突。不同历史时期人类社会的各种矛盾和冲突，包括不同个体、群

---

① ［德］魏德士著：《法理学》，丁晓春、吴越译，法律出版社 2005 年版，第 71 页。

② 沈宗灵著：《现代西方法理学》，北京大学出版社 1992 年版，第 333 页。

③ 张文显主编：《法理学》（第二版），高等教育出版社 2003 年版，第 369 页。

体、阶级、民族、种族、国家和地区之间以及它们相互之间的各种复杂的矛盾和冲突，归根到底都源于某种利益矛盾和冲突。[①]

法律对社会的控制离不开对利益的调整，法律以利益为内涵，法律既是利益分配的机制也是协调利益冲突的产物。调整各种各样、互不干涉的利益，构成了现代立法的任务。[②] 法律对利益的调整和对利益冲突的平衡是通过创设权利和义务，即通过将利益要求转化为一定权利（权利主张、自由、特权、权力），并把它们及相对的义务归诸法律主体，同时还要有维护权利和强制义务的补救办法——惩罚、赔偿和制止等来实现的。但是，法律只是保护和肯定某些主体的利益而拒绝承认对其他利益主体的保护。也就是说，受法律所保护的利益是有限的。换言之，法律通过对权利和义务的设定，既有效记录下得到承认和保护的利益，又忠实记录下遭受拒绝和排斥的利益，以及某些利益所获承认的限度。[③] 这样，社会个体间的利益关系、财产关系的对立或者分配有限利益和财富而产生的冲突就表现为这个人、这部分人与那个人、那部分人之间的权利冲突，以及同一个、同一部分人的不同权利需要之间的冲突。[④] 而通过法律调整，作为社会生活常态的利益冲突转化为法律上惯常的权利冲突，并最终表现为法律规范冲突。

最后，法律的局限性与社会变迁的冲突。郝铁川先生认为，法律具有三种局限性，必然与社会变迁发生冲突，而且这种冲突总体上不能事前为人所知、为人所防。第一，法律的保守性与社会变革的发展性相矛盾。法律的变化滞后于社会的变化。例如，我国安徽

---

① 张玉堂著：《利益论——关于利益冲突与协调问题的研究》，武汉大学出版社 2001 年版，“序”第 1 页。

② ［美］麦克斯·丁·斯基德摩、马歇尔·卡特·特里普著：《美国政府简介》，张帆、林琳译，中国经济出版社 1998 年版，第 117 页。

③ 付子堂著：《法之埋在法外》，法律出版社 2003 年版，第 161 页。

④ 韩德培著：《国际私法新论》，武汉大学出版社 1997 年版，第 125 页。

凤阳县小岗村实行包产、包干到户责任制的良性违宪行为，突破了当时宪法的限定。第二，法律规则的僵硬性和社会变革的灵活性相矛盾。法律规则具有普适性，而社会变革往往采取原则性和灵活性相结合的办法来推进。例如，设立深圳经济特区引起的对一般法律的突破。第三，法律的控制性与社会变革的越轨性相矛盾。[①] 法律应当具有稳定性，并因其稳定性而代表着一定的秩序构建，难以想象修订频繁的法律能够带来社会秩序的安定。但是，稳定性是相对的，法律的保守、僵硬性在某种情况下又会成为社会进步与变化的桎梏。稳定是法律发展的前提，变化是法律发展的必然结果。社会在进步，利益格局也在不断调整。正如法律的产生是源于利益分化的结果一样，法律的发展与变化也根源于利益的发展与变化，是为了维护新的利益格局和满足新的利益主体的需要而发生的。然而，当新的利益格局和需要已经形成和产生时，法律制度可能还没有得到全部更新，新、旧法律规范之间发生冲突也就在所难免了。

我国法律体系的规范冲突状况尤其严重，造成这种状况的原因则有其特殊性，既有社会层面上的原因，也有立法制度层面上的原因。社会层面上的原因主要有二，一是社会体制转型。从 1978 年起我国实行改革开放的国策，建设社会主义市场经济，之后我国即进入社会转型期。在这一期间，计划经济尚未退出，继续施行，市场经济逐步形成，国家实行计划经济与市场经济两种体制并行的经济模式。体制与法律的关系是密不可分的，体制的变革必然带来法律的变革。随着市场经济的实行，维护和发展市场经济的法律、法规大量颁布，这样，在一些领域里，就出现了两套法律规范同时调整同一个事物的情形，即调整旧的计划经济体制的法律，与调整新的市场经济体制的法律并存的情形。而市场经济与计划经济遵循着完全不同的交易、组织原则，二者之间在本质上是不相容的，两套

① 郝铁川著：《秩序与渐进——中国社会主义初级阶段依法治国研究报告》，法律出版社 2004 年版，第 28 ~ 30 页。

法律的并行随之产生了法律之间的激烈冲突。例如，1988 年颁布的《企业法》是在计划经济体制下制定的；1994 年颁布的《公司法》建立的则是一套与市场经济相适应的现代企业管理制度。两法之间从立法目的、原则到具体规则的不一致、互相矛盾和抵触，成为了现实中企业管理制度混乱的根源。目前，在经过了 30 多年的发展之后，我国国库充盈，文化进步，2003 年我国人均 GDP 已经达到 1090 美元，正处于社会整体转型期。[①] 但是，这一时期既是黄金的发展期，也是矛盾的凸显期。在这一时期，利益结构多元化、利益差别扩大化、利益对立关系显性化，个体利益矛盾和群体利益突出，尤其由于偏重经济发展而没有充分顾及社会利益平衡和社会公正，我国国民贫富分化严重。基尼系数从 1988 年前的不到 0.3，迅速增大，1988 年达到 0.382，1994 年达到 0.425，到 2005 年，基尼系数已经接近 0.5，大大突破国际公认的 0.4 的警戒线。[②] 而且，这种趋势还在进一步加剧。社会进入急剧动荡期，社会冲突和矛盾不断加剧，法律冲突亦更加频繁。二是地方性的要求以及地方和部门保护主义盛行。我国地域广阔，各个行政区域的物质生活条件不同，政治、经济、文化发展不平衡，地方性法规要回应地方中纷繁复杂的生活问题，法律秩序和规则也必须具有地方特色，对许多相同的内容作出不同的规定，因此，不同行政区域法规、规章的规定往往差别很大，各个不同区域之间的法律发生冲突不可避免。此外，随着我国社会转型的深入，地方、部门保护主义也逐渐抬头。地方人民代表大会、政府、中央各部委在相当程度上扮演着地方利益、部门利益代表者的角色，当这个地区或者这个部门的利益与其他地区或者部门的利益发生冲突时，他们作为利益代表的角

① 赵树坤著：《社会冲突与法律控制：当代中国社会转型期的法律秩序检讨》，法律出版社 2008 年版，第 3 页。

② 赵树坤著：《社会冲突与法律控制：当代中国社会转型期的法律秩序检讨》，法律出版社 2008 年版，第 119 页。

色一面的作用就会凸显出来，而其角色意识也必然在部门或者行业的立法中体现出来，超越法定权限，不适当地强化、扩大本地方、本部门的权力。其后果，一方面会压缩公民个体享有权利的范围，或者通过压制和堵塞公民个体维护权利的途径和方式，达到缩小其权利的目的。这造成了诸如张海超“开胸验肺”式人间悲剧的发生。[①] 另一方面则会加剧地方法规、规章、部门规章与上位法之间以及它们相互之间的抵触。

立法制度层面上的原因主要有三，第一，立法主体多元。当今世界各国，就立法体制上看，大致有三类：一是一级立法体制，即立法权由中央统一行使，地方不享有立法权；二是两级立法体制，即立法权由中央和地方共同行使；三是一元两级立法体制，即立法

① 张海超开胸验肺事件：2009 年 7 月，曾经在河南郑州振东耐磨材料有限公司工作的工人张海超，在已经被多家医院诊断为尘肺病的情况下，仍然不能得到郑州市职防所职业病的诊断证明，最后张海超为了证明自己得了职业病不惜“开胸验肺”。尽管这次事件是多种因素混杂的结果，然而这其中也包含了职业病防治机构的行业利益垄断因素。因为依照《职业病防治法》第三十九条的规定：职业病诊断应当由省级以上人民政府卫生行政部门批准的医疗卫生机构承担。又依照《职业病诊断与鉴定管理办法》第三条的规定：职业病诊断应当由省级卫生行政部门批准的医疗卫生机构承担。职业病的诊断被交给一个垄断的诊疗机构，其他机构无诊断权，即使其他权威医疗机构做出了诊断，也不具有效力。这种明显的垄断经济利益的安排，必然在某种程度上堵塞职业病者维权的途径，因为一旦该唯一的垄断机构不作为或者错误甚至恶意作为，维权者在法律救济上将陷入困境，其结果也就只能是“开胸验肺”般的悲壮了。可见，实际上，在张海超开胸验肺的悲惨事件中，法律难逃干系，甚至可以说，是部门垄断的法律逼迫着张海超不得不开胸验肺。而事件过后河南省卫生厅竟然仍然依此规定下令处分为张海超开胸验肺的医院，大有恶法亦法的意思，殊不知，全社会都已经为此并将继续为此付出巨大的道德成本和法律成本（事件介绍可以参见：工人为证明患职业病坚持开胸验肺，http://news.sina.com.cn/s/2009－07－10/032718191682.shtml，2009 年 7 月 30 日登录）。

权主要在中央，同时允许地方有一定的立法权。我国实行的是“一元、两级、三层次、四分支”的立法体制，立法主体多元而分散，我国的立法主体之多是世界上任何一个国家所不及的，既有权力机关，也有行政机关；既有中央立法机关，也有地方立法机关。[①] 从绝对数量上看，我国的立法主体已经有三百多个。[②] 如此广泛的立法主体，带来了法律、法规数量的倍增。目前，我国已有四百多部法律，近千件行政法规，八千多件地方性法规，数万件部门规章、地方行政规章和条例，如此庞大的法律、法规数量，也带来了法律冲突数量的倍增。第二，立法权限不清。立法权限是立法主体行使权限的界限。《宪法》和《立法法》赋予不同的立法机关享有不同的立法权，其中，全国人民代表大会制定基本法律；全国人民代表大会常务委员会制定和修改法律；国务院制定行政法规；地方人民代表大会及其常务委员会法规不得与法律相抵触等。上述规定看起来似乎清楚明白，各机关各司其职，但是，由于没有界定基本法律、行政法规、地方性法规等的事项范围。因此，实际上，各级立法机关基本上可以在其想立法的领域内制定法律、法规。以

① 我国的立法机关有多种，主要的权力机关有：全国人民代表大会及其常务委员会，省、自治区、直辖市的人民代表大会及其常务委员会，省会所在地的市的人民代表大会及其常务委员会，国务院批准的较大的市的人民代表大会及其常务委员会，经济特区所在地的市的人民代表大会及其常务委员会，民族自治地方的人民代表大会。行政机关有：国务院及其各部、委员会，省、自治区、直辖市人民政府和省会所在地的市的人民政府，国务院批准的较大的市的人民政府，经济特区所在地的人民政府。中央立法机关有：全国人民代表大会及其常务委员会，国务院及其各部、委员会。地方立法机关有：省、自治区、直辖市人民代表大会及其常务委员会和人民政府，省会所在地的市的人民代表大会及其常务委员会和人民政府，国务院批准的较大的市的人民代表大会及其常务委员会和人民政府，经济特区所在地的市的人民代表大会及其常务委员会和人民政府，民族自治地方的人民代表大会等。

② 杨临萍：《法律规范的冲突规范》，载《人民司法》1998 年第 5 期。

致在实践中各立其法、各行其是，造成各种法律、法规、规章在内容上重复、冲突、抵触。第三，法律文件修改不同步。法律是一个秩序统一体，每个法律文件都只是作为体系的一部分，而有机地组合在一起，相互之间通过法律规范而紧密联系在一起。法律文件修改是一项系统工程。修改不仅意味着本法律文件的变动，还意味与本法律文件相关的其他法律文件也要做出相应的调整。因此，当一部法律文件修改时，与此相关的其他法律文件也要同时进行修改，否则，就会出现法律规范之间的矛盾和冲突。在我国，法律文件修改不同步的现象是比较严重的，这是造成我国法律冲突现象的重要原因之一。

尽管法律冲突的存在有其必然性，并且对法律的发展不无裨益。[①] 但是，法律冲突的消极影响是毋庸置疑的，它破坏法律体系的和谐、统一，降低人们对法律的信仰，侵蚀法律权威，混乱行为标准，使社会失谐，是社会冲突的深层根源。

以现行的《宪法》、《物权法》和《城市房屋拆迁管理条例》冲突为例。《宪法》第十三条规定："公民的合法的私有财产不受侵犯。国家依照法律规定保护公民的私有财产权和继承权。国家为了公共利益的需要，可以依照法律规定对公民的私有财产实行征收或者征用并给予补偿。"《物权法》第六十六条规定："私人的合法财产受法律保护，禁止任何单位和个人侵占、哄抢、破坏。"同时

---

① 冲突并非只对法律发展产生消极影响，同时也发挥积极的作用。冲突有着稳定法律结构的功能，法律冲突增加法律结构的灵活性，有利于提高法律系统的适应能力。法律如果没有冲突就会僵化与停滞，甚至可能使法律结构解体或崩溃。而冲突使制度化的法律结构更稳定，整合程度更高。这种法律系统允许对立的要求迅速而直接地表达出来，因此能够通过消除不协调的根源而不断调整自身的结构。它们所经历的多种冲突有助于消除分裂的原因，重建统一。法律系统通过容忍冲突，将冲突制度化，使自身具备了一种重要的稳定机制。（参见范忠信、侯猛：《法律冲突问题的法理认识》，载《江苏社会科学》2000 年第 4 期。）

《物权法》第四十二条对政府征收公民个人的房屋和不动产采取了例外允许、严格限制的态度。该条规定“为了公共利益的需要，依照法律规定的权限和程序可以征收集体所有的土地和单位、个人的房屋及其他不动产”。《物权法》只规定了因为公共利益的需要这一唯一法定的前提，并且确实通过了公共利益审查之后的征收补偿，而不是拆迁补偿。而《城市房屋拆迁管理条例》规定的则是房屋拆迁补偿，二者的冲突是显而易见的。这种冲突已经成为引发诸多社会问题和事件的隐患，并且已经引发了诸多社会问题和事件。

首先，它引起了众多法律业内人士的不满和忧虑。众多法律业内人士频频呼吁修改《城市房屋拆迁管理条例》。继 2003 年杭州多名律师上书全国人民代表大会，建议对拆迁条例进行修改，2007 年 4 月上海浦瑞律师事务所王克健等二十余名律师又联名上书国务院，建议国务院立即修改或废止《城市房屋拆迁管理条例》,[①] 取消强制拆除制度。

其次，它使得拆迁与抗迁都有了合法性，行为缺乏标准，社会失序。对于公民个人而言，当房地产商没有经过征收，去拆《物权法》保护的公民的物权的时候，开发商就是侵权，公民个人抗迁就是依法保护自己的合法财产权；而当房地产商拿着《城市房屋拆迁管理条例》去拆迁的时候，他也是合法的，至少是合乎《城市房屋拆迁管理条例》这部法律的，公民抗迁就是违反拆迁条例的。

最后，在两法相冲突的情形下，对抗双方皆有法可依，法律对抗的结果是社会正义让位于强力，法律规则被丛林生存法则取代。在拆迁关系中，强势利益集团对弱势公民个体的压迫和侵犯已经成为不争的事实，《物权法》像是写在纸上逗人玩的。公民个体要么

① 直接上书温总理，沪律师提出“强制拆迁”应废除，http://news.okfang.com/bbs/13990.htm，2009 年 9 月 20 日登录。

忍气吞声，埋下仇恨的种子，而以自戕或者触犯《刑法》为代价维权也早已不再是新闻，如2009年12月四川成都金华村唐福珍自焚身亡抗拒拆迁；又如2008年4月辽宁省本溪市民张剑在与拆迁人员对峙过程中故意伤害致人死亡一案。① 各地因拆迁集体上访者更是络绎不绝，圈地运动成为危害执政党、政府权威和社会不稳定的最大祸因之一。

同时，法律冲突也必然在司法实践中引发问题：法院应该如何选择适用法律？显然，法律体系必须力求完满，并且也应该因为预计到法律体系的不完满规定解决法律冲突的适用规则，如果每一位法官都可以随自己的喜好任意选择适用，法律适用将失去标准，维系于法律的社会秩序和社会正义将荡然无存，法治的实现就是一个空想。因此，现代国家应规定一套法律适用规则，以迅速、合理地解决法律规范冲突，树立法律权威。这包括：原则优于规则、上位法优于下位法、新法优于旧法等。

① 近年全国强制拆迁恶性事件可见《潘蓉：手持燃烧瓶的“勇敢女人”》一文，载《南方周末》2009年12月3日第4版。

# 第三章　法律适用的一般规则与特殊规则

## 一、在整体性的法律中适用法律

法律适用是法官将发现的法律规范适用于个案事实，从而获得法律规范效果的过程。因此，法律适用的首要任务是发现个案裁判规范，也即法官寻求、发现与个案事实相互匹配的法律规范。但是，法律发现必须在法律体系——整体性的法律中进行。因为，法律是一个在价值统领下，遵循着一定的篇章逻辑结构，[①] 通过法条的联合，而建立起来的法律规范集合体。法条是法律规范的表现形式，是构成法律文本的基本单位，是立法技术的产物。在一个主权国家里，各种类型的立法都要受到各种限制，下级立法必须受到上位法的限制，程序立法与实体立法要相互配合，后法立法理应传承前法，特别法以一般法为前提，规则立法要在原则精神的照耀之下。一方面，毫无疑问，各类立法者都要在上述限制条件下制定法律，各类制定法中也当然应该包含着上述诸多限制条件，并在上述

① 法律内部按照篇、章、节、条的结构布局展开，法律内部的概念、原则、制度不是任意的、杂乱无章的堆砌，而是存在一定的逻辑关系。例如，《合同法》，分为总则和分则，总则各章之间大体按照合同的成立、生效、履行、转让、解除、消灭、责任的顺序排列，每一章内部各节及每节内部各个条文也均依一定的逻辑关系排列（梁慧星著：《裁判的方法》，法律出版社2003 年版，第 89 页）。

各种限制条件下具有法律效力。但是，另一方面，立法者不能也不必要将各种限制条件一一明示于所制定的法律文本中。因为，如果立法者这样做，那么所有的法律都会相互重复。例如，在每一个法律中都规定立法权的权力来源这样的条款。如此一来，法律体系就会变得繁复、臃肿、沉重、不堪重负，并且混乱不堪。为了保持法律体系的简洁、效率，立法使用了法条技术。即通过法条表现法律规范，由法条组成法律规范，并只有法条在一个领导性的价值观点下被组合成一个规定单元后，才能发挥不矛盾的规范功能。[①] 在具体操作上，依照是否兼备了法律规范的逻辑结构为标准进行划分，法条被分成了完全法条和不完全法条。其中，兼备了法律规范构成要件与法律效果的法条是完全法条；那些法律规范构成要件不齐备或者不具备法律效果的法条是不完全法条。[②] 而不完全法条由于不齐备构成要件要素或者不具备法律效果之规定，当然只能被用来进一步说明、限制或引用另外一个法条或者章节，它们只有与其他条文结合起来，才能构成一条完整的法律规范。相应地，不完全法条又可以分为说明性法条、限制性法条、引用性法条以及拟制性法条等多种类型。[③] 通常，几种不完全法条通过下列方式发挥他们的功能和作用。

说明性法条，系指对名词、术语、概念进行定义的法条，因为只单纯地对系争法律用语给予定义性的说明，而不同时赋予法律效果，从而具有不完全性。一般说来，说明性的不完全法条的任务在于进一步比较详细地描述其他法条中的构成要件要素（即该构成

① 黄茂荣著：《法学方法与现代民法》，中国政法大学出版社 2001 年版，第 127 页。

② 法条中不仅可能缺少法律效果的规定，而且在很多情况下，也会缺少对某些构成要件要素的规定，这些类型的法条都可以称为不完全法条。

③ 黄茂荣著：《法学方法与现代民法》，中国政法大学出版社 2001 年版，第 128 页。

要件所使用的概念、类型）或其法律效果，或进一步加以具体化、类型化或加以补充。因此，必须借助于说明性法条的辅助，其他法条的含义或者适用范围才能够清楚和明确。否则，就可能出现适用法律错误的情形。说明性法条将法律体系中反复使用、出现的相同概念或术语的意义统一起来，既免去了立法者对同一词语多次定义的无益的劳作，同时也避免了不对概念、术语进行统一界定而必然产生的理解、解释乃至于适用上的混乱。

限制性法条。系指对某一法条所使用的用语加以限制，以使该法条的适用范围被限于适当范围的法条。限制性法条的作用场所有两种，一是对一个法条中所使用的词语的含义进行限制；二是对一个法条中的构成要件进行限制，以调适构成要件涵盖太广的弊端。其方式是：通过在拟被限制的构成要件增加另一个特征，则本来系于该拟被限制之构成要件的法律效果，便不再有效。可见，限制性法条事实上相当于一个消极的构成要件要素，该消极构成要件要素与被限制法条中的积极的构成要件要素联合起来适用，将在原法条下能够发生的法律效果有效避免或抵消。限制性法条的使命只在于对被限制性法条施加限制，因此，二者的结合就构成了完全法条。① 限制性法条的使用，既可以减轻被限制性法条过度肥胖，不美观的形象，又可以使得被限制性法条更易于被理解和解释。

引用性法条。法条常在其构成要件或法律效果的规定中，引用其他的法条。这种法条被称为引用性法条。引用性法条既有引用其他法条之内容作为法律效果的情形，亦有引用其他法条之内容作为构成要件的情形。在立法技术上，引用性法条的主要功能有两种：一是避免烦琐的重复规定。常见的规范表达为：“适用（关于）……之规定”；“准用……之规定”；“比照……之规定”；

① 黄茂荣著：《法学方法与现代民法》，中国政法大学出版社 2001 年版，第 132～135 页。

"……亦同"；"……有同一效力"等。① 二是避免挂一漏万。其规范表达为："……及（或）其他……"等。

显然，不完全法条的分类充分表明了法条立法技术的必要性和优越性，正是因为不完全法条的存在，立法者不必将所有法条都规定为完全法条，而各个法条也不必一再重复彼此共同的部分，也不必将很多事项都规定在一个条文中。各种不完全法条的共同作用是，立法者通过不完全法条的设计和运用达到了有效避免和克服法律体系规范内容上的重复和臃肿的效果。

更为重要的是，法条提供了法律规范的各构成要件要素之间以及构成要件与法律效果之间相互分离的技术，法律规范的各构成要素可能被分别放置于法律体系的不同位置。既可以被放置于同一部法律、法规的不同章、节之处，也可以被放置于不同的法律、法规之中；既可以被放置在同位法之间，也可以被放置在异位法之间。同时，法条又会以概念、名词、术语为联系因子，通过分散放置的规范构成要件要素或者法律效果要素，在同一部法律的法条之间和不同法律的法条之间建立起逻辑联系脉络。这样，在价值秩序的照耀之下，在章、节、条的法律文本体系内，经由各种法条的牵引，上位法与下位法，程序法与实体法，前法与后法，一般法与特别法，原则与规则被紧密地联系在一起，法条的联合组成了一个法律规范体系秩序。此外，由于法条与法律规范之间具有多重构成关系，即一个法律规范可以由许多条文构建，一个条文也可以同时是几个规范的逻辑要素的组成部分。② 因而，不同的法条可以按照一定的价值取向和调整范围的大小而分别组合成不同的法律规范，从而能够与不同类型的案件事实进行匹配。

---

① 黄茂荣著：《法学方法与现代民法》，中国政法大学出版社 2001 年版，第 134 ~ 135 页。

② 陈金钊著：《法律解释的哲理》，山东人民出版社 1999 年版，第 253 页。

这意味着法律适用具有整体性、体系性。法官必须在整体性的法律中寻找、发现法律规范。法律适用不是对每个具体规范的适用，而是对散布在法律体系内的与个案事实相关的规范的适用。法官寻找的不是适用于具体案件的某个规范的答案，而是整个法律体系的答案。法官裁判案件不能局限于将争议事实仅仅涵摄于某个法律规范的事实构成之中，而是必须将特定的法律规范与整个法律体系作为相互联系的内容与价值评价相统一的整体来适用，必须在法律体系内“瞻前顾后”和“左右逢源”，不能“只见树木而不见森林”，只有在解决具体法律问题时通常依据并维护“法律的统一性”、“宪法的统一性”才能将生活事实涵摄于法律规范的构成要件以求得该当的法律效果。这也就是司法所具有的维护法制统一的特殊功能。[①] 西谚云：“只有理解了整体，才能理解部分”，德国法学家施塔姆勒亦云：“一旦有人适用了一个条文，他就是在适用整个法典。”这话虽然有些夸大，但是它表明了法律体系的统一性原则，没有哪一个规范可以独立存在。因此，在裁判之际，法官必须根据体系思维——法律规范或者法律条文在体系中的地位和相互关系，来确定一条规范的内容及其优先性。在遇有规范效力相互冲突的场合，法官必须进而根据法律规范在法律体系上的“位置”，形式等级脉络上的编、章、节、条、项之逻辑关系，来确定规范的相互间的先后适用次序。[②] 正是由于法律适用的整体性，法律适用可以区分为一般规则和特殊规则，并且分别体现和发挥着不同的功能和作用。

---

① 孔祥俊著：《法律方法论（第一卷）——法律规范的选择与适用》，人民法院出版社 2006 年版，第 195～196 页。

② 陈林林著：《裁判的进路与方法——司法论证理论导论》，中国政法大学出版社 2007 年版，第 114 页。

## 二、“适用在先”与法律适用一般规则

法律适用具有整体性，但是，在法律体系的整体架构下，法官所适用的与个案事实有关的法律规范，包括很多不同的类型，既包括程序法与实体法、上位法与下位法、一般法与特别法，又包括原则与规则，以及后法与前法等多种不同的法律规范类型。法律体系的内部结构要求以及不同规范类型间的关系规定性，为法律适用活动预先设定了一般规则，除非发生了法律冲突，法官都必须遵守。法律适用的一般规则是法律秩序的自有之义，是法律秩序统一体内置的准用性规范，不需要明示规定，不论《立法法》或者其他法律中是否有明文规定，法官都不得违反。

### （一）法律适用一般规则的法理：适用在先

法律适用的一般规则体现和确认的是“适用在先”的原理，意指在两类法律规范之间，一类法律规范“先于”另一类法律规范适用。也就是说，在法律适用中，法官理应先适用前类法律规范作出个案裁判结果，只有在前类法律规范缺乏的情况下，才能适用后类法律规范。

“适用在先”是法律适用上的先后顺序问题，而非规范效力上的互相抵触问题。在法官发现的与个案有关的多种法律规范都同样具有法律效力，不存在一类规范有法律效力，而另一类规范不具有法律效力，是无效规范，因而首先必须进行法律效力识别的情形下，不同类型的法律规范之间并非互相排斥关系。因此，“适用在先”并不意味着某些类型的规范被舍弃不用，而是不同类型的法

律规范协同适用，共同发挥作用。① 法律规范从来就不是独立存在的，其含义的确定离不开其他规范的指引、支持和控制。当原则与规则相一致时，原则为规则提供了适用的价值和精神依托，二者相辅相成，相得益彰。而在特别法与一般法之间，当二者规定相一致时，一般法中的较为抽象的规定，对特别法中的相应条款具有指导作用，如普通法中的民事责任规定指导了特别法中的具体规定；而在二者规定不相一致时，二者同时援引适用，表明了特别法是作为一般法的例外而存在。至于下位法与上位法，当下位法是上位法的实施性规定时，尽管一些实施性规定具有相对独立性，实施性规定可以在先被适用和援引，而援用与不援用上位法规定都不影响其实际执行。但是，更多的时候，实施性规定并没有太强的体系性，因此要求与上位法结合起来同时适用，一并援用上位法和实施性规定的内容。而当下位法是上位法的变通和例外规定时，下位法规定仍然应该在先被法官适用。但是适用在先也并不像效力优先那样具有排他性，即使在先适用下位法，也不排斥其上位法的适用，如同时援引上位法，并无问题。因为此时上位法是作为下位法变通或者例外的理由和基础而存在的。② 这正与特别法与一般法规定不相一致时的情形是一样的。

可见，法律适用的一般规则在承认法律规范之间协同适用的前

---

① 在对待不同类型的法律规范能否同时适用的问题上，有学者予以否认，认为“由于特别法相对于普通法在其具体内容上的特殊性，即空间效力、对人效力、时间效力等方面的特殊规定。因而，特别法就在特定的范围，对人、时间等问题，排除了普通法的适用，而只适用特别法。”（杨立新：《侵权特别法新论》，吉林人民出版社 1990 年版，第 87 页。）依此观点，无论特别法与一般法之间的规定原则上一致还是不一致，都只能适用特别法，不能适用一般法律规范。实际上，这种认识上的瑕疵是显而易见的，因为它没有看到法律规范之间的内在联系、支持和限制关系。

② 孔祥俊著：《法律规范冲突的选择适用与漏洞填补》，人民法院出版社 2004 年版，第 243 ~ 244 页。

提下，体现了某一类规范“在先适用”的法律适用精神。之所以被称为某类规范“在先”适用，只是因为相比较而言，该类法律规范构成要件与案件事实更为契合，个案裁判结果系直接由该类规范的构成要件要素和法律效果要素所导出，而它类规范在案件中的适用起到的是支持该类规范适用，或者证成该类规范适用的合法性与合理性的作用。

“适用在先”的法律适用一般规则包括四项：规则先于原则、下位法先于上位法、特别法先于一般法、程序法先于实体法。

（二）规则先于原则

在规则与原则的法律规范二重结构之中，规则不仅为人们的行为指明了方向，而且为法官等提供了裁判标准和司法技术，它对限制自由裁量权，保证实体规则的贯彻实施发挥着重要作用。正是因为有了法律规则，才使各种法律价值得以实现。通常，在有规则可以适用的情况下，法院审理案件应该优先在规则中发现法律，此即规则先于原则。

规则先于原则的基本条件是有规则依规则，即在有规则的情况下，不得适用原则。它要求法院首先要穷尽各种法律方法，在法律体系中查找到能与个案事实相匹配的规则。只有在规则发现不能，也即法律体系内根本不存在与该个案相匹配的规则时，才可以适用原则来填补规则漏洞。法律秩序统一体的规则不是独立存在的，规则应该统摄于一定的法律价值、法律原则之下，应该相容于原则，不应该与原则存在实质性的法律冲突，规则先于原则是法律适用的一般规则。当然，规则先于原则只是表明规则应该是比原则被更早地使用，而不是说规则的效力高于原则。

规则优先于原则是制定法的要求，其目的在于限制法官的自由裁量权，有利于实现法治、实现正义。规则的主要长处是它的明确性，以及以此能够限制官员的裁量权——实施规则的官员（包括法官）的裁量权。[1] 在现代成文法国家中，规范性法律文件的条文由规则和原则两部分组成。其中，原则性的条文极少，绝大部分是规则性条文，这样的安排旨在要求法官适用规则，从规则中选用适合于个案的裁判规范，以限制法官的自由裁量权。这种理念早在大陆法系国家法律法典化运动时期就得以确立。法典化运动是 18、19 世纪盛行于欧陆的实证法学理论的产物。实证主义法学受到科学理性主义的深刻影响，法学家将法现象与自然或者神剥离，并将其根植于人本身，根植于人的理性认识的作用，即人类共同具有的合理的精神。相信人类能够通过广泛而系统的立法活动，一劳永逸地制定出概括和调整所有的社会关系，完备的、没有法律漏洞的、无须解释即可回答所有问题的法典。以便法官无论遇到多么复杂的案件都能在庞大的法典中像查字典一样检索到与案件相符的现成法律规定，从而排除司法过程中的法官自由裁量因素，获得立法者预先设定的结果，确保法律系统的公正运转。在这种理念下，立法机关的任务是制定出完美无缺的法典。因此，从 18 世纪末的《巴伐利亚民法典》到 19 世纪的《法国民法典》、《奥地利民法典》以及《德国民法典》，都规定了上千条的法律规则，以严格限制法官的自由裁量权。而司法机关的任务则是机械地适用法律规定，法官则系“宣告法律语言之嘴巴，须严格受法律之效力所拘束，法官系无能力或无意志自行左右自己之生物”。[2] 除了特殊的案件外，他出席法庭仅是为解决各种争讼事实，从现存的法律规定中寻觅显而易见的法律后果。他的作用也仅仅在于找到这个正确的法律条款，把条款与事实联系起来，并对从法律条款与事实的结合中会自动产

---

① ［美］波斯纳著：《法理学问题》，苏力译，中国政法大学出版社 1994 年版，第 61 页。

② 杨仁寿著：《法学方法论》，中国政法大学出版社 1999 年版，第 51 ~ 52 页。

生的解决办法赋予法律意义。[1] 在立法者的法典之下，法官的每一项判决必须依据制定法作出，即“制定法的精确复写”，否则，他就是不称职的。

规则之所以能够限制法官的自由裁量权，有利于实现法治和正义，是因为规则具有明确和易操作的特点。这表现在：第一，在文字表述上。法律规则以一个或多个法律概念为核心，再辅之以限制词、方向词和表现行为的动词。例如，《行政诉讼法》第五条规定：“人民法院审理行政案件，对具体行政行为是否合法进行审查。”这个法律规则中涉及的法律概念是“具体行政行为”，限制词是“合法”，方向词是“应当”，动词是“审查”。该法律规则内的法律概念内容具体明确外延狭小，而限制词的使用则进一步提高了规则的确定性。相反，构成法律原则的法律概念一般以概括抽象的文字加以表述，用词兼具日常用语、法律用语甚至文学用语的功能，具有内涵模糊外延分散扩张的特征，导致法律原则的内容难以确定。如民法中的平等原则，诚实信用原则。第二，在内容上，法律规则本质上是立法者为行为主体所设计的具体行为规则，是预先确定的行为模式或事实状态赋予确定的法律后果的各种行为指示。一般说来，一条法律规则只能调整一种类型的行为。而法律原则是立法意图在法律文本中的再现，反映立法主体所追求的一种理想，它不预先设定明确的、具体的假定条件和事实状态，没有设定具体的权利和义务，更没有设定明确的法律后果，它只对人们的行为或裁判设定了一些概括性的要求或标准（即使是有关权利和义务的规定也是不具体的），但并不直接告诉应当如何去实现或满足这些要求或标准，也就是说，它只是为行为或裁判设定了一个方向、划定了一定范围。因此，不能根据法律原则直接确定主体具体的权利、义务和责任。也正因为此，法律原则的涵盖面宽泛。一般

① ［美］约翰·亨利·梅利曼著：《大陆法系》，顾培东、禄政平译，法律出版社 2004 年版，第 29 页、第 85 页。

说来，一条法律原则可以调整几种类型的行为，甚至可以涉及社会关系的各个领域。故在适用于个案时有较大的选择余地，但是会有失宽泛。

规则之所以能够限制法官的自由裁量权，因为规则具有严密的逻辑结构形式。规则具有：行为模式 + 法律后果（不论后果是在同一条文中还是在另一条文中）的逻辑结构。所谓行为模式是指法律规则中规定人们可以行为、应该行为、不得行为的行为方式，它可以是科以义务的，也可以是授权的。法律后果则是指规则中指示可能的法律结果或者法律反应的部分。规则的这种逻辑构造，使得规则与其相反的事例之间无法共存。因此，一条规则是以“全有或全无的方式”被应用于特定案件的，也就是说，规则在适用时，要么有效，要么无效。如果一条规则所规定的事实是既定的，或者这条规则是有效的，在这种情况下，法院必须直接适用该规则，接受该规则所提供的解决方法；如果该规则是无效的，在这样的情况下，该规则对裁决不起任何作用。例如，“遗嘱非经两个证人签署无效”这一规则，如果只有一个证人签署，那么该遗嘱就不能说是有效的。而法律原则则不同，原则无清楚的逻辑构成，它是以一种“或多或少”的方式应用于个案，因为不同的法律原则是具有不同的“分量”（weight）的，而且这些不同分量的原则甚至冲突的原则可能都存在一部法律之中。例如，在民法中，无过错责任原则和公平责任原则，可能与意志自由原则是矛盾的。所以，当两个原则在具体的个案中冲突时，法官必须根据案件的具体情况及有关背景在不同分量的原则间作出权衡，被认为分量较重的原则对该案件的裁决具有指导性的作用，但另一原则并不因此无效，也并不因此被排除在法律制度之外。[1] 可见，相对于原则，法官更不容易偏离规则作出裁决。

---

① Ronald Dworkin, “Models of Rules I”, in his Taking Rights Seriously, Cam Bridge: Harvard University Press, 1978, p. 71.

规则之所以能够限制法官的自由裁量权，还因为规则为法官发现法律提供了具体操作技术。现代国家，实行法律的统治，也即法治，将国家和社会事务以及人们的活动纳入理性、正义之法（人民的意志或者是多数人的意志）的约束和限制之下。法治是规则之治。在立法阶段，通过整个社会的对话机制，立法者已经将各种实体性价值编织于规则体系之中，以消除绝大多数案件中的价值之争。法官也就没有必要再对形而上的公平、正义进行善意、恶意的争执。在体系化法律的适用中，不管是法官还是普通民众，即使他不了解规则中蕴涵的基本价值的具体内容，但只要稍具逻辑演绎的知识，即可按照规范体系的层级结构，通过法律推理的过程将具体的案件事实进行法律化分析，从而按图索骥地找到法律结论。所谓法律推理，是以法律规则为大前提以案件事实为小前提，根据逻辑三段论得出结论的过程。德国学者卡尔·拉伦茨将其解释为：在面对个案时，只要法律规则的构成要件 T 在某具体案件事实 S 中被实现，对 S 就应该赋予其法律效果 R。法官依法裁判，实际上就是依照法律规则进行的逻辑操作，[①] 即将案件事实涵摄于既有的法律规则之下。可见，法律规则提供了逻辑推理技术，从而将法官的裁判限制在规则的构成要件对案件事实的涵摄之中，易于达致法治的最低界限，降低进入法治国家的门槛。

更重要的是，规则在先根源于人类社会对规则理性的需求。人类社会需要规则，就像生命的存在和延续需要空气和水分一样自然。因为，现实生活中的每一个体都怀有不同的兴趣、需要、动机、利益和目的，而“人类的本性永远倾向于贪婪与自私，逃避痛苦，追求快乐而无任何理性”，[②] 无限放任个体的差异性必然导

---

① 吕世伦主编：《现代西方法学流派》（上卷），中国大百科全书出版社 2000 年版，第 184 页。

② ［古希腊］柏拉图著：《法律篇》，转引自《西方法律思想史资料选编》，北京大学出版社 1983 年版，第 27 页。

致冲突的发生。因此，只有为人们提供进行社会交往的基本边界，确定相对清晰、可以获得尊重和保障的“私域”，以及可以避免与他人发生冲突的最后底线，才能够使千差万别的人们之间的互惠交往成为可能。人类社会必须保持一种由法律规则缔造并有效维持的秩序性存在。这不仅是因为，在生理上，为了避免自然状态下一切人与一切人之间的战争状态毁灭人类肉身存续的威胁，为了避免人类生活陷入“孤独、贫困、肮脏、残酷和匮乏”的状态，陷入永无休止的困境之中，人类社会必须遵循规则。还因为，在政治上，人类本身拥有追求正义规则的理性，具有谋求有秩序的社会政治生活的本能，对此，政治哲学家奥克肖特明确提出，“政治就是考察公民交往的规则。”至于霍布斯、洛克、斯宾诺莎、孟德斯鸠、康德、黑格尔等也都把国家理解为以规则为基础的社会联系。[①] 此外，在心理上，人类也存在对规则的依赖。“合理的清晰界定的规则”能够使个体心理获得一种可靠和值得信赖的安全感，从而极大地减少为应付突如其来的精神紧张所带来的生理不良反应，帮助人类的神经系统节约更多的能量。弗洛伊德将其描述为生物体所具有的重复早期经验的先入为主倾向，并且这种观念牢牢地扎根在婴儿的生性资质之中，由此构成了生物生活中固有的惰性现象。[②] 确实，人不仅是一种追求目的的动物，而且在很大程度也是一种遵循规则的动物。在经历了长期、反复的法律规则的社会生活实践，人们已经形成了关于选择规则和适用规则的条件反射。

总之，规则是构建社会秩序的基础，这是近代以来法哲学的一个基本共识，也是人们在现实生活中能够加以利用并可以促进和谐的力量。人类社会生活需要规则的理由是非常充分而不容置疑的。

---

① 李小兵主编：《当代西方政治哲学主流》，中共中央党校出版社 2003 年版，第 207 ~ 209 页。

② ［美］博登海默著：《法理学——法哲学及其方法》，邓正来等译，华夏出版社 1987 年版，第 215 ~ 216 页。

我们必须承认法律是规则体系，法律规则对法官在判案过程中应有首要的拘束力，离开国家的规则体系去寻找法律，会使法官各司其法或者在具体案件中茫然不知所措。① 只有认真地对待规则才有可能最大限度地实现法治理想。

（三）下位法先于上位法

在纵的方向上，制定法是一个从高到低的规范等级体系，其等级是由效力的强弱来决定的。一般来说效力越低的规范性文件，其规范的内容就越细致。依照法律办事我们首先要找细致的规范，这决定了法院的法律适用的顺序应该遵循“下位法先于上位法”的原则。同时由于法律规范是一个统一的体系，为保持法治的统一，在坚持下位法先于上位法的同时，还应该坚持下位法在效力上服从上位法。即在发现案件要使用的法律后，和上位法进行比较，如果没有矛盾可以使用下位法，如果有矛盾就应该按照上位法的规定进行修正。

1. 下位法先于上位法的含义。现代宪政国家要求法院的法律适用必须“以法律为准绳”，因此，法律制度的位阶结构对于法官具有约束力。② 依照法律规范在规范等级秩序中所处的层阶不同，法律规范可以分为上位法与下位法。通常，在司法实践中，如果系争法律问题已有相关下位法加以规定，法院应适用该下位法进行裁判，只有在该下位法存在不应被适用的情形时，法官才可以舍弃该下位法，径行适用上位法。此即下位法先于上位法的规则。

下位法先于上位法，是法律适用的一般规则。在法律体系内，下位法遵守上位法的有关规定，具有合秩序性，本应是法律秩序统一体对下位法的要求，也理应是法官对法律体系的合理预期，下位

① 陈金钊著：《法治与法律方法》，山东人民出版社 2003 年版，第 107 页。

② ［德］魏德士著：《法理学》，丁晓春、吴越译，法律出版社 2005 年版，第 119 页。

法实质性地违反上位法则是不正常的现象。法官虽然也应该在适用法律的过程中，小心检查上、下位法之间是否存在实质性矛盾，但是不能要求法官时刻准备着为发现和修正下位法与上位法的实质性冲突而努力。下位法与上位法之间无实质性矛盾是法律适用的正常情况，下位法理应先于上位法被适用。

下位法先于上位法，要求法院必须在法律体系中，寻找到与个案事实相关的居于最低效力等级的有效法律规范，并加以适用。但是，这并不是说上位法可以被舍弃不用。由于法律规范从来就不是独立存在的，下位法含义的确定离不开上位法规范的指引和控制。因此，法官要在整个法律体系内甄别、筛选与具体个案事实有关的全部法律规范，实际上，法官最终适用的通常是一个法律规范群，既有上位法与下位法，亦有一般法与特别法，还有程序法与实体法等。法律适用是一个包含上、下位法在内的各种法律规范的综合适用过程。

下位法先于上位法，通常以上、下位法之间没有冲突为前提条件。但是，“变通”规定例外。换言之，即使下位法作出了与上位法相冲突或抵触的规定，但如果下位法是上位法的“变通”规定，那么也应该在先适用下位法的规定。例如，《婚姻法》规定的结婚年龄为男 22 岁，女 20 岁，而一些民族区域自治条例或单行条例规定的结婚年龄为男 20 岁，女 18 岁，这种规定明显与《婚姻法》相冲突，但是这种冲突是法律允许民族自治地方机关所作的变通规定。“变通”规定，是鉴于一些地方的特殊情况，为了更好地保证上位法的实施，上位法给予下位法主体一定程度的立法变通权，允许下位法主体根据当地的实际情况对上位法作一些变通规定。这种变通规定可能会与上位法产生抵触，但是，仍然应该先被法院发现而适用。在我国，鉴于民族自治地区和经济特区的特殊性，宪法、法律允许经济特区的人民代表大会及其常务委员会，以及民族自治地方的自治机关人民代表大会，根据本地方政治、经济和文化特点制定在本行政区域范围内适用的，并且与法律或行政法规有不相一致内容的法律规定。为此，《立法法》第八十一条规定：“自治条例和单行条例依法对法律、行政法规、地方性法规作变通规定的，在本自治地方适用自治条例和单行条例的规定。经济特区法规根据授权对法律、行政法规、地方性法规作变通规定的，在本经济特区适用经济特区法规的规定。”同时，一些具体法律也规定了变通条款。例如，《民法通则》第一百五十一条规定：“民族自治地方的人民代表大会可以根据本法规定的规则，结合当地民族的特点，制定变通的或者补充的单行条例或者规定。”《婚姻法》第三十六条和《继承法》第三十五条也都在各自的适用范围内规定民族自治地方要结合当地民族的情况，制定某些变通的或者补充的规定。但是，变通不是无禁区的，变通规定是有限制的。依照法律规定：自治条例、单行条例的变通规定：不得对宪法和民族区域自治法作出变通规定；不得对法律、行政法规的基本规则作出变通规定；不得对其他有关法律、行政法规对民族自治地方所作的专门性规定作出变通规定。经济特区法规的变通规定：不得对宪法作出变通规定；不得对法律、行政法规的基本规则作出变通规定；不得对其他有关法律、行政法规就经济特区所作的专门性规定作出变通规定。

2. 下位法先于上位法适用的原因。下位法之所以必须先于上位法被适用，根源于上、下位法之间的内容关系，即下位法是上位法的具体化。[①] 也即德国学者毛雷尔所言之，下位阶法适用的优先性来自在各个规范均更为具体、更可实施的法律的约束力。[②] 法律秩序是一个诸规范的等级体系。高位阶的法律规范内容比较抽象，低位阶的法律规范是高位阶法律规范的展开、具体化。由于法律概念和术语是组成法律规定或整套法律的基本单位，因此，立法者主

① 黄茂荣著：《法学方法与现代民法》，中国政法大学出版社 2001 年版，第 100 页。

② ［德］哈特穆特·毛雷尔著：《行政法学总论》，高家伟译，法律出版社 2000 年版，第 73 页。

要是通过核心法律概念的枝分来完成具体化任务。通常，一个一般的概念在其可能的范围内向下枝分以获得下位概念，这些下位概念可以一再地往下枝分。[①] 例如，物枝分为动产与不动产，不动产进一步枝分为土地，土地再枝分为农地和工业用地等。随着这种枝分，法律概念抽象化程度降低，调整下位概念法律的位阶也逐级下降。所谓抽象化程度，是就概念的外延、内涵而言。由于外延的扩展是以内涵（意义）的极度空洞为代价的，因此，概念的抽象化程度越高，外延越大，内涵就越小。相反，概念的抽象化程度越低，则外延越小，内涵（意义）越丰富，就法律概念规范行为的本质属性而言，内涵丰富即意味着在同一概念体系上含有作为要素的“特征”越多，特征越多，越能准确描述和调整社会生活的具体状态。此外，立法者还通过缩小法律的调整范围等方式具体化上位法的规定。例如，《宪法》规定了公民的请求国家赔偿的权利，全国人民代表大会常务委员会据此制定了《国家赔偿法》，国务院根据法律的规定，制定了《国家赔偿费用管理办法》，同时，某省人民政府根据行政法规，又制定了《××省国家赔偿费用管理办法实施细则》。再如，法律规定在某种情形下可以给予违法行为人1万元以下的罚款。规章则进一步规定，在什么情形下罚款2000元以下，在什么情况下罚款5000元以下，在什么情况下罚款8000元以下，以及在什么情况下罚款1万元以下等。规章的规定与法律的规定应该说是不一致的，但这种没有人认为是一种冲突，因为它仍然在法律规定的范围之内没有超出这个法定范围，只是把法律的规定细化了，分出了各种不同的具体情形。这是规章制定机关有权所做的事情，是对上位法的具体化，在核心法律概念的一再枝分下，在法律调整范围的渐缩过程中，法律的层级由高到低，法律对社会事务的容纳量由大到小，法律规范的内容也由抽象到具体，法

① 黄茂荣著：《法学方法与现代民法》，中国政法大学出版社2001年版，第434页。

律规范的构成要件也逐级增加。总之，较之上位法，下位法的内容更为详尽，具有更强的明晰性与可操作性。因此，先适用下位法，不仅是立法体制的自有之义，是对下级立法者的尊重，是低位阶立法得以存在的意义所在。而且保证了法律规范与个案事实在最大限度上相互匹配，同时也起到了限制法官自由裁量权的作用。因此，低位法应该在先适用，只有在低位阶法付诸阙如时，适用上位阶法才是正当的。

3. 下位法与上位法适用中的一个特殊问题——基本法律与法律的关系属性问题。我国《宪法》第六十二条、第六十七条和《立法法》第七条规定了全国人民代表大会和全国人民代表大会常务委员会享有的立法权，其中，全国人民代表大会“制定和修改刑事、民事、国家机构的和其他的基本法律”，全国人民代表大会常务委员会“制定和修改除应当由全国人民代表大会制定的法律以外的其他法律”。

上述规定提出了一个问题，基本法律与法律之间构成什么关系？对此问题，在理论上，我国学者有不同的理解。一种观点认为：基本法律与法律之间是上、下位法的关系。这种观点的依据是，在我国法律上，全国人民代表大会的地位高于全国人民代表大会常务委员会。我国《宪法》和《立法法》明确规定，全国人民代表大会有权解释宪法，制定和修改刑事、民事、国家机构的和其他的基本法律、改变或者撤销它的常务委员会制定的不适当的法律，改变或者撤销常务委员会不适当的决定，改变或者撤销全国人民代表大会常务委员会批准的……自治条例和单行条例。全国人民代表大会常务委员会在全国人民代表大会闭会期间，对全国人民代表大会制定的法律进行部分补充和修改，但是不得同该法律的基本原则相抵触。从上述规定上看，二者之间的权力差别是相当明显的，其制定的法律自然也应存在效力等级的差别。① 另一种观点认为，基本法律与法律之间是同位法关系，二者具有相同效力等级。② 此种观点指出了基本法律与法律所处的位阶相同，但是没有说出二者之间的差别，也没有说清楚二者之间的关系属性。此外，另有观点认为，基本法律与法律之间是一般法与特别法关系，如全国人民代表大会法制工作委员会研究室编著的《立法法条文释义》对《立法法》第八十三条解释道："民法通则规定在民事活动中应当遵循自愿、公平、等价有偿、诚实信用的规则。这是一个普遍适用的规则，但在邮政法中却规定，邮政企业对于邮件、挂号信丢失、损毁等，按照国务院主管部门规定的金额赔偿。邮件的丢失，并不是根据民法通则规定的等价有偿的规则来赔偿损失，这里邮政法的赔偿规定，就是特别规定。"同时又进一步举例说明：与海上运输合同、铁路运输合同、航空运输合同相对应的《海商法》、《铁路法》、《航空法》，对《合同法》来说，都是特别法与一般法的关系，如果与《合同法》的规定不一致，应当先适用《海商法》、《铁路法》、《航空法》。《民法通则》和《合同法》都是由全国人民代表大会制定的基本法，而《邮政法》、《海商法》、《铁路法》、《航空法》都是由全国人民代表大会常务委员会制定的法律，该书实际上赞成将基本法律与法律归属为一般法与特别法的关系。

---

① 这种观点可见韩大元、刘松山：《宪法文本中"基本法律"的实证分析》，载《法学》2003 年第 4 期；杨解君著：《走向法治的缺失言说——法理、行政法的思考》，法律出版社 2001 年版，第 159 页；章承光：《全国人大及其常委会立法权限关系探讨》，载《华东政法学院学报》2004 年第 3 期；张根大著：《法律效力论》，法律出版社 1999 年版，第 169 页；范忠信：《中国违宪审查与立法冲突解决机制》，载《法律科学》2001 年第 6 期；周旺生著：《立法学》，北京大学出版社 2006 年版，第 273 页；刘红：《法律冲突及其调适研究》，武汉大学 2007 年博士论文，第 62 页。

② 刘莘著：《国内法律冲突与立法对策》，中国政法大学出版社 2003 年版，第 31 ~ 32 页。

实际上，基本法律与法律之间并非上、下位阶关系，而是一般法与特别法的关系属性。这是因为：首先，《宪法》与《立法法》并没有确定基本法律与法律之间具有等级位阶关系。其次，《立法法》第八十五条的规定否定了基本法律与法律的上、下位阶划分。该条规定："法律之间对同一事项的新的一般规定与旧的特别规定不一致，不能确定如何适用时，由全国人民代表大会常务委员会裁决。"显然，低位阶法律的制定主体不能裁决自己制定的法律与高位阶法律之间的冲突。这说明：全国人民代表大会制定的法律和全国人民代表大会常务委员会制定的法律效力等级相同，在相冲突时适用"特别法先于一般法"、"新法优于旧法"规则。[①] 再次，从全国人民代表大会与全国人民代表大会常务委员会的关系上看，全国人民代表大会常务委员会是全国人民代表大会的常设机构，全国人民代表大会常务委员会从属、服从全国人民代表大会，二者关系的实质是国家最高权力机关与其内部组成部分的关系。《宪法》和《立法法》中有关条文流露出的二者地位高与低之情结，都是以此为出发点和基础的。其目的并不在于表明二者制定的法律孰高孰低，而在于明确全国人民代表大会常务委员会享有制定专门的法律的立法权限，全国人民代表大会则享有制定综合性的基本法律的立法权限。基本法律与法律的不同之处在于："基本法律"对某一类社会关系的调整和规范，在国家和社会生活中应当具有全局的、长远的、普遍的和根本的规范意义。而调整范围上的这种普遍性与专门性之区分，并非是上、下位法的关系属性，而是一般法与特别法的关系属性。此外，在法律实践层面上，最高人民法院在关于适用《海事诉讼特别程序法》若干问题的解释中，指出："海事诉讼法是对民事诉讼法的补充。从执行法律的角度讲，民事诉讼法是普通法，海事诉讼法是特别法。海事诉讼法有规定的，适用海事诉讼法

---

① 刘红：《法律冲突及其调适研究》，武汉大学2007年博士论文，第61页。

的规定；海事诉讼法没有规定的，适用民事诉讼法的其他有关规定。”①《海事诉讼法》由全国人民代表大会常务委员会制定，《民事诉讼法》由全国人民代表大会制定。可见，此处，最高人民法院将基本法律与法律看做一般法与特别法的关系。

明确基本法律与法律的一般法与特别法之关系属性，而非误读为上、下位法关系，是极为重要的。否则，将贻害于司法实践。因为在立法上，上、下位法之分遵循的是下位法与上位法相一致，例外与变通规定要规定明示性的准用性条款加以说明和指引；而一般法与特别法之分遵循的是普遍性与特殊性相矛盾的法则，特别法与一般法之间不一致是法律秩序的内在秩序之一种。在司法实践中，上、下位法划分遵循的是下位法先于上位法的法律适用规则，但是，这是在二者相一致，不必存在也不需要准用性规范的情况下的适用规则。如果下位法与上位法不相一致，那么必须有准用性规范对下位法在法律秩序中的合法性予以承认和适用指引，否则下位法就与上位法之间存在法律冲突，下位法的存在就是不合法的，是不应该得到法官适用的。一般法与特别法的划分遵循的是特别法先于一般法的法律适用规则，并且无论何时，都不必存在也不需要准用性规范的指引。

当然，在明确基本法律与法律为一般法与特别法关系的同时，还必须同时明确基本法律与非基本法律的判断标准问题：是以制定机关为标准？还是以调整范围为标准？此问题之存在根源于《宪法》、《立法法》之规定及其与立法现实之间的反差。首先，我国《宪法》和《立法法》对全国人民代表大会和全国人民代表大会常务委员会的立法权限规定不明确、划分不清。从《宪法》和《立法法》文本规定的字面上理解，凡是全国人民代表大会制定的法律都是基本法律，全国人民代表大会常务委员会制定的都是非基本

① 参见最高人民法院研究室编：《最高人民法院司法解释》，法律出版社 2003 年版，第 83 页。

法律。但是若按此标准对我国的实际立法现状进行鉴别，会出现调整范围小的法律变成基本法律，而调整范围大的基本法律变成法律的极为可笑的结果。这是因为，立法实践中，全国人民代表大会与全国人民代表大会常务委员会经常跨界行使立法权限，二者都既制定了基本法律，也制定了法律。换言之，全国人民代表大会制定的不都是基本法律，全国人民代表大会常务委员会制定的也不都是法律。如《民事诉讼法》（试行）、《劳动法》、《继承法》、《收养法》、《集会游行示威法》等关系到民事、刑事、国家机构、公民的基本权利的法律，明显属于“基本法律”范畴，本应由全国人民代表大会制定，实际上却是由常务委员会制定的。而《经济合同法》等明显属于经济技术法律，本应由全国人民代表大会常务委员会制定，实际上却是由人民代表大会制定的。可见，划分基本法律与非基本法律不能以制定机关为标准，而应以调整范围为标准。其中，在时间、属地、属人、事项上具有普遍调整性或者一般效力的就是基本法律，如《民法》、《刑法》、《行政法》等。而在上述调整领域之一或者多个领域内同时具有特殊性的就是法律，如《合同法》、《保险法》、《海商法》、《公司法》等。

（四）特别法先于一般法

1. 特别法先于一般法适用的规则。为解决具有同等效力的特别法与一般法的冲突，现代法治国家一般都确立了特别法先于一般法的法律适用规则，我国亦如此。所谓特别法先于一般法，是指对分属于同一机关制定的同位阶的特别法与一般法之法律不一致，法院应该在先选择并适用特别法。换言之，即在同一机关制定的相同位阶的不同法律间，当具有逻辑上之特别法的规范所规定之法律效果排斥具有逻辑上之普遍性的法条所规定之法律效果时，特别法得排斥普通法之适用，法官必须适用特别法。[①] 我国《立法法》第八

① 参见《新编中华人民共和国司法解释全书》，中国法制出版社 2006 年版，第 174 页。

十三条对此项原则作了明确规定："同一机关制定的法律、行政法规、地方性法规、自治条例和单行条例、规章，特别规定与一般规定不一致的，适用特别规定"。当然，前述原则是在剥离了时间效力因素的基础上确立的。

对特别法与一般法间的冲突，各国普遍采用了特别法先于一般法的法律适用原则。特别法优于普通法，来自拉丁语古谚，Lex specialis derogate legi generali，是各国法律冲突适用的重要规则，意指：就同一事项，特别法与普通法均有规定时，则特别法应在先适用，亦即排除普通法之适用。[①]

特别法先于一般法，首先是由个别优于一般的事物规定性决定的。个别先于一般，必然对法律产生作用。这反映在法律适用上，即是特别法优于一般法。具体而言，一般法只是对法律所调整的某类对象之一般规定性的规范表达，特别法则是一般性下的特殊性，由于具体对象是借着其个性而存在，并被人们所认识，因此，调整具体对象的特别法更能表达和体现具体对象的个性，也就更加贴近和符合具体对象的规范性质，从而也更应该被优先发现和适用。例如，《民法通则》是一般法，它规范所有的民事交往活动和民事交往关系。但是，这种规范只是原则上的、粗线条的，它给法官带来了更大的自由裁量权，也让法律流失了某种应有的确定性。而在《民法通则》之下制定的《合同法》，更能准确地表达债权关系的内在规定性，因之，也能更好地调整债权关系。这是在处理债权关系上，优先发现适用《合同法》的根本原因。

其次，特别法优于一般法，是由一般不能完全涵盖个别性所决定的。任何一般都仅仅是个别事物某一方面的共性，它既不能包括个别事物其他方面的属性，也不能包括所有的个别事物。正如列宁所说："任何一般都是个别的（一部分，或一方面，或本质）。任何一般只是大致地包括一切个别事物。任何个别都不能完全地包括

① 郑玉波著：《法谚》（一），法律出版社 2007 年版，第 10 页。

在一般之中。"[①] 此外，事物之间的共性、一般性有的体现事物的本质，有的不体现事物的本质，由此也构成了事物的本质属性和非本质属性。由此，特别事务特别处理，即特别法优于一般法，就是绝对必要的。因为，特别法相对于一般法而言，就是要进一步推进对特殊性的社会关系之理性认知，以便更好地推进借助法律实现社会从形式正义、到实质正义的任务和使命。因此，只有在先发现和适用特殊法，才能既坚守法律应有的形式理性和稳定，也开发个案中的实质合理、实质规定性以及建立在这种规定性之上的实质公平。[②]

2. 对不同位阶的特别法与一般法的关系及其法律适用观的检讨。同位阶法律划分为特别法与一般法，已经在我国法学理论和实践中达成了共识。但是，在不同层级的法律间，是否存在特别法和一般法的划分问题？换言之，特别法与一般法的划分，能否打破法律的位阶秩序？如全国人民代表大会制定的法律，能否对国务院制定的行政法规构成一般法与特别法？对此，我国法律没有做出明确规定，但法学者们持有肯定态度。如郑永流认为："《民法通则》是上位法，《交通事故处理办法》是下位法，前者是一般法，后者为特别法，在两者内容一致时，适用《交通事故处理办法》；在两者内容不一致时，适用《民法通则》。"[③] 孔祥俊提出："我们可以将特别规定与一般规定的关系归纳为三种基本情形：同一机关制定的法律规范之间的特别规定与一般规定之间的关系；变通规定与原规定的关系；下位法与上位法的特别规定与一般规定的关系。"[④]

---

① 《列宁全集》(第55卷)，人民出版社1990年版，第402页。

② 谢晖著：《法律哲学》，湖南人民出版社2009年版，第178页。

③ 郑永流著：《法律方法阶梯》，北京大学出版社2008年版，第161页。

④ 孔祥俊著：《法律方法论——法律规范的选择与适用》，人民法院出版社2006年版，第268页。

也有个别学者，如谢晖，不赞成这种划分。的确，诚如谢晖所言，在不同位阶的法律间划分特别法和一般法的主张，除了增加了法律适用上的混乱，没有任何实际意义，不宜支持。这是因为，不同位阶法律间的特别法与一般法划分，就是将上位法视为一般法，将下位法视为特别法，其结果有二：特别法或者是一般法的具体化，与一般法相融；或者是一般法的例外和变通，与一般法不相一致或者矛盾。但是，在前者，这种划分是没有意义的。因为，如果上、下位法律规范相融，那么，一般法律规范与特别法律规范也相融。在这种情况下，上、下位法的适用规则与一般法与特别法之间的适用规则是重合的，法官适用特别法就是适用下位法，适用上位法就是在适用一般法。这样，一般法与特别法划分的作用就完全被上、下位法间的划分所吸收和替代了，这种划分也就失去了意义，成为完全没有必要的多此一举。而在后者，这种划分引起了法律适用上的矛盾。因为，如果上、下位法律规范间存在法律冲突，依照上位法优于下位法的冲突规则，法官应该适用上位法。但是，如果在上、下位法间又分为一般法与特别法，那么，依照特别法优于一般法的冲突规则，法官又应该适用特别法，也即下位法。这无疑造成了法官选择法律的混乱，使得法官在法律适用和适用活动中无所适从。此外，从立法权力行使的角度上来看，下级权力机关本不能就上级权力机关制定的法律制定特别法，否则，就会僭越权限、模糊法律的效力位阶。因此，只有同一机关制定的法律，才能形成特别法和一般法的关系。我国现有的理论观点应该予以修正。

3. 特别法先于一般法所解决的“冲突”性质——以上位法优于下位法为比较点。客观上，法律体系内部存在冲突，为解决这种冲突，我国法学理论建立起一整套冲突规则，包括：前法优于后法、程序法优于实体法、上位法优于下位法、国际法优于国内法等，而特别法先于一般法也被看做其中的重要成员。① 但是，这种说法并非是没有问题的。因为，同样都是解决冲突的方法和规则，但是，特别法与一般法所要解决的法律冲突与其他冲突规则要解决的法律冲突之间有着本质的区别。

法律体系内部的冲突又可以分为合秩序性冲突和违反秩序性冲突。违反秩序性法律冲突造成了法律秩序的混乱，是法律秩序的异象，其中之一应该被宣告无效。

我国《立法法》在相同位阶的法律规范之间的关系使用了“不一致”的措辞，但是，“不一致”是一种合秩序性冲突，反映的是立法机关在一般规定与特别规定之间的不同调整的有意选择，其本质上是相容的。因此，同一位阶的法律规定之间的这种不一致不构成相抵触，因而，实质上，同位法之间不会存在相抵触的问题。而上位法优于下位法则是违反秩序性的法律冲突。

但是，长久以来，我国法学理论并没有注意区分这两种类型的法律冲突。学者们普遍认为，冲突规则包括：原则优先、上位法优先、前法优先、程序法优先、特别法优先、国际法优先等。但是，实际上，特别法优于一般法所要解决的法律冲突的性质与其他冲突规则是不同。其他冲突规范，解决的是违反秩序性的冲突。以上位法优先为例，上位法与下位法间的关系，有两种情形：一是上位法允许下位法有特别规定，则下位法与上位法不一致的规定并不构成与上位法相抵触。此种情况下，法官应该优先在下位法发现法律；二是不能允许的上位法与下位法的规定之间的不一致。此种情况

---

① 我国法学者们都通常持有这种观念。如谢晖教授说：在法律出现内部冲突时，究竟如何适用法律，以求得案件的妥当解决？这是法官必然面对的问题。这时法官需要采用的法律方法，应是法律的效力识别方法。具体包括：原则优先于规则、上位法优先于下位法、后法优先于前法、程序法优先于实体法、特别法优先于一般法、国际法优先于国内法（参见谢晖著：《法律哲学》，湖南人民出版社 2009 年版，第 161 ~ 200 页）。

下，法官应该优先在上位法发现法律。显然，上位法优先规则，仅是用于解决违反秩序性的冲突，而非用于解决合秩序性的冲突。而特别法在先规则解决的是合秩序性的冲突，并不解决违反秩序性的冲突。之所以将特别法在先作为冲突规则之一种，起因于对合秩序性的冲突和违反秩序性的冲突不加以辨析，以至于将二者混合在一起，并最终导致了冲突规则的秩序混乱。因此，特别法在先与其他冲突规则之间有根本性的不同。实际上，特别法在先只是法律适用的先后顺序，因此，特别法优先原则不宜与其他冲突规则并列，并称为冲突规范，也不应该位列于冲突规则之中。

4. 对司法实践中应用特别法先于一般法规则的述评。以最高人民法院司法解释为代表和指针的法律适用工作，在一般法与特别法的适用问题上有些摇摆不定。1993 年 6 月 3 日，最高人民法院在《长春文化教育书卡经销中心与长春市邮政局赔偿案如何适用法律的复函》中批复：邮政企业在办理邮政业务中与邮政用户之间发生的赔偿纠纷，应当依照《邮政法》、《邮政法实施细则》的有关规定和参照邮政主管部门的有关规定处理。而 1998 年 11 月 28 日，在《关于马维山与云南省峨山县邮电局、勐海县邮电局赔偿纠纷中的复函》批复：邮政企业与用户之间有偿服务关系是平等主体之间的民事法律关系。邮政企业遗失邮件应当根据《民法通则》的有关规定承担赔偿责任。但是考虑到邮电企业经营方式的特殊性以及本案遗失邮件为非保价邮件，故应减少邮电企业赔偿责任。[①] 显然，前后两个批复存在矛盾。前一批复突出了《邮政法》、《邮政法实施细则》这一特殊领域的法律，可以推断人民法院采用了“特别法优于一般法”的适用规则。但是，在后一批复中，则强调了优先适用《民法通则》，而对邮电企业的特殊性只是捎带性予以考虑。

---

① 参见《新编中华人民共和国司法解释全书》，中国法制出版社 2006 年版，第 236 ~ 237 页。

（五）程序法先于实体法

1．程序法与实体法间的另类“冲突”：程序法规范选择实体法规范。程序法与实体法分离之后，在司法实践中，学者们通常认为二者之间会产生冲突，并将解决该项冲突的法律适用规则列为解决法律冲突的冲突规则之一。但实际上，实体法与程序法所调整的社会关系并不一致，如民事诉讼法和民事实体法，前者调整的是民事交往中的实体权利、义务关系，后者调整的则是民事诉讼关系，我国学者们所主张的程序法与实体法间的冲突，在实质上，并非法律冲突，而是指程序法律规范对选择适用某项实体法律规范的决定性作用。有关此点，从学者们的论述中可以非常清楚地反映出来。谢晖说：如果我们把程序和实体的关系问题，从静态意义上的规则，位移到动态意义上的法律运作，就会发现，法律程序和法律实体之间往往会发生冲突。如合同纠纷，当事人起诉到一个并没有管辖权的法院时，在实践上，就出现了法律实体和法律程序的冲突问题……这时，应按照程序法优于实体法的原则，来处理在实践中实体法和程序法的冲突。例如，婚姻缔结，不少人尽管以夫妻名义生活在一起，但因为没有履行婚姻缔结的法定程序，没有进行结婚登记。在这种情形下，即使双方当事人发生诉讼，法官也不能根据一般结婚权利做出婚姻有效与否的裁判，只能根据婚姻法中的程序性规定和要求，做出婚姻是否有效的裁判。[①] 上述言辞，清楚地表明了：学者们所认可的程序法与实体法的冲突，是指程序法规范对实体法规范的选择适用功能，即遵守或者违反程序法律规范引起的相应实体法律规范的适用或者排除。

2．程序法先于实体法适用的规则。在司法实践中，法官的法律适用必然遵循着程序法优先的原则，即程序法要先于实体法被发现和适用。程序法先于实体法是一种价值判断，是说程序法总是先于实体法在具体个案中得到适用。凯尔森首次提出了程序法适用先

① 谢晖著：《法律哲学》，湖南人民出版社2009年版，第184～186页。

于实体法的主张。凯尔森说，“没有程序法规范的适用，就不可能有实体法规范的适用。调整民事、刑事或行政诉讼的程序法如果不同时适用，那么，实体的民法、刑法或行政法也就不能适用于具体案件中，这两类规范是不可分割的。”① 此后，发展成法律适用的基本规则之一。程序法优先包括多重含义：

(1) 有程序法才有实体法，即如果遵守了某项程序法规范，相应的实体法规范才会被发现和适用，实体规范的效用才能得到发挥。因此，程序运行合法不是推翻实体法适用的原因。程序固化过去，经过程序认定的事实关系和法律关系，都一一被贴上封条，成为无可动摇的真正的过去，一切程序参与者都受自己的陈述与判断的约束，事后的抗辩和反悔一般都无济于事。② 法官发现并适用与实体法律规范，只能以程序固化下来的事实为依据。例如，当人们的实体权利和义务发生了纷争，一方面，法官首先应审查的是当事人之间权利和义务关系成立与否的程序问题，在这一前提下，才能进入其实体权利义务本身的判断。另一方面，法官也同时要关注当事人的纠纷是否符合诉讼程序的规定，只有符合相关规定，法官才能予以受理并处理该案件。

(2) 无程序法则无实体法，即指如果违反了某项程序法律规范，那么，相应的实体法规范随之会被排除适用，相应的实体法规范上的权利将不能实现。因此，程序运行违法可以成为推翻实体法适用的原因。例如，美国的辛普森案件，由于警察在取证上存在瑕疵，故意杀人的实体法律规则在该案中就不能被适用，辛普森只能被宣布无罪。又如，在我国，如果一方当事人想使用录音证明合约的内容，就必须征得对方当事人的同意，否则合约内容是不被法律

① 谢晖著：《法律哲学》，湖南人民出版社 2009 年版，第 146 页。
② 季卫东著：《程序比较论》，载《比较法研究》1993 年第 1 期。

承认的。①

（3）并非所有违反程序法的行为都会导致对实体法适用的排除，只有违反了强行性程序规则才会产生排除相应的实体法规则适用的结果。程序法律也是一种规范，它规定了人们行为的一般模式、模型、标准或方向。依照强制性程度的不同，程序法律规则可以分为：强行性程序规则和任意性程序规则。强行性程序规则包括禁止性的和命令性的。禁止，即人们不得怎样行为，如《刑事诉讼法》第四十三条规定，严禁刑讯逼供和以威胁、引诱、欺骗以及其他非法的方法收集证据。命令，即人们必须怎样行为，如《刑事诉讼法》第三十三条规定，人民检察院自收到移送审查起诉的案件材料之日起三日以内，应当告知犯罪嫌疑人有权委托辩护人。人民法院自受理自诉案件之日起三日以内，应当告知被告人有权委托辩护人。又如《公司法》第七十二条规定，向股东以外的人转让股权，应当经其他股东过半数同意。股东应就其股权转让事项书面通知其他股东征求同意。强行性程序规则通常以实体性法律规则为后盾，因此，遵守某项强行性程序规则，即导致与其相应的实体法律规则被适用，实体法律规则实际发生效力。而违反某项强行性程序规则，即导致排除相应的实体法律规定适用的结果，从而使得实体法律规则的效力不能得到实现。例如，没有履行结婚登记程序的同居行为，就不会在行为人之间产生夫妻权利、义务关系。任意性程序规则就是允许性的程序规则。允许，即人们可以怎样行为。对于程序性规则，行为人无论遵守与否，都不会排除与其相应的实体法律规则的适用。如《民事诉讼法》第五十二条规定，原告可以放弃或者变更诉讼请求。被告可以承认或者反驳诉讼请求，有权提起反诉。任意性程序规则将自由选择的权利交给了行为人，但是其存在又悄悄地引导着行为人的行为。如《合同法》第十条

① 对此，我国最高法院的司法解释有精确的规定，未经对方当事人同意，私自谈话取得的录音资料，不能作为证据使用。

关于合同形式的规定，指导了缔约者的选择。

3. 程序法在先的价值诉求。

（1）程序正义先于结果正义是法治原则的要求。正义是人类不懈追求的目标，具有多种含义。在19世纪，西方国家最流行的分配正义理论是由英国法哲学家边沁提出的功利主义。这种理论认为，避苦求乐和谋求功利是人的天性，也是任何行为都服从的两项原则。它是人们行为的动机，也是区别是非、善恶的标准，是政府和个人活动所遵循的原则，也是道德和立法的原则。由于社会是由社会成员构成的，而社会利益便是组成社会的各个成员的利益总和。因此，最好的立法就是促进“最大多数人的最大幸福”。功利主义反映了资产阶级追求个人自由的强烈愿望。但是，功利主义存在以下缺陷：第一，它只考虑最大限度地满足人们的愿望这一总量，却不考虑这一总量在个人之间如何分类的问题，只要能促进社会整体的利益，这一理论就允许不平等地对待少数人或者牺牲他们的利益。第二，这一理论只考虑“幸福”的量的问题，而不考虑“幸福”的质的问题，它既不管人们的欲望是什么，也无法解决相互冲突的欲望之间确定优先性的问题。[①] 依此理论，如果理性要求我们为了较大的利益而牺牲较小的利益，要求我们为了某些人的利益而牺牲另一些人的利益，只要获得利益的这部分人，所享受的幸福大大超过了那些作出牺牲的人所忍受的痛苦，那么，这种交换就是合理的。[②] 所以，奴隶制也是符合道德正义的，只要奴隶制带给奴隶主的幸福，足够大地超过奴隶们的痛苦。显然，功利主义的实质是社会结果正义，这种结果正义贯彻到底，就产生了不正义，就会完全违背人们坚持的道德原则，如平等原则和人权原则。

① 吕世伦主编：《现代西方法学流派》（上卷），中国大百科全书出版社2000年版，第79页。

② 吕世伦主编：《现代西方法学流派》（上卷），中国大百科全书出版社2000年版，第80页。

现代社会出现的财富、收入、权力和机会的巨大不平等现象，以及社会权势阶层对其他阶层的残酷压迫和无情奴役，与功利主义的价值诱导难辞其咎。为了消解和软化社会权势阶层与其他各阶层间的严重对立，降解由于可能的社会动荡和革命给全体社会成员带来的灾难。罗尔斯提出了有关社会基本结构的正义理论，以代替功利主义。罗尔斯指出，正义的问题应该先于幸福和功利，即“正当”对“善”的先。每个人都拥有一种基于正义的不可侵犯性，这种不可侵犯性即使以社会整体之名也不能逾越。正义不允许牺牲一部分人的自由以满足其他人的幸福。由正义所保障的权利绝不能受制于政治的交易或社会利益的权衡。[①] 为了实现正义，与功利主义只注意结果正义不同，罗尔斯寄希望于程序正义。

罗尔斯认为，要把社会基本结构设计成一个纯粹程序正义的系统，如果按照这种系统操作，则无论什么结果都能够满足正义的两个原则的要求。而纯粹的程序正义，是正当结果的独立标准并不存在，而只存在一种正确的或者公平的程序，这种程序若被人们恰当地遵守，其结果也会是正确的或公平的而无论是一些什么样的结果的一种状态。纯粹程序正义的一个特征是：决定正当结果的程序必须被实际地执行，因为在这些情形中没有任何独立的、参照它即可

① John Rawls, A Theory of Justice, Oxford Univ. Press, 1972, pp. 1 – 2.

知道一个确定的结果是否正义的标准。[①] 罗尔斯的纯粹程序正义的巨大实践优点是：在满足人们的正义的要求时，它不再需要追溯无数的特殊环境和个人的不断改变的社会地位等细节所引起的非常复杂的原则问题，人们要做的是从一种普遍的观点去判断社会基本结构，即程序、制度的安排是否正当、公平。[②] 罗尔斯的正义是一种形式正义的法治模式。在这一模式中，公正的法治秩序是正义的基本要求，而法治取决于一定形式的正当过程，正当过程又通过程序来实现，公平的价值判断转化为主体对正义形成过程的感受，从而使正义更直观、具体。[③] 毋庸置疑，在罗尔斯的正义论中，程序的重要性远远超过了结果，居于首位的不是结果正义，而是程序正义。程序正义才是最大的正义，程序正义先于结果正义。

罗尔斯提出的程序正义论，代表了数量广泛的中产阶级的需求，是在不触动统治阶层的根本利益的情况下，提出的对社会改良的要求，回应了当代政治现实，反映了当代社会价值多元的现实。确实，正如日本法学家谷口安平所言，我们的世界已变得越来越错综复杂，越来越难以指出什么是实体上正确的。我们的价值体系五

---

① see John Rawls, A Theory of Justice, Oxford Univ. Press, 1972, p. 86. 为了理解什么是纯粹的程序正义，罗尔斯首先比较了完善的程序正义和不完善的程序正义。他说，完全的程序正义，是指除了有实现正义的程序之外，还存在评价结果是否合乎正义的独立标准。例如，假定一些人要分一个蛋糕，假定公平的划分是人人平等的一份，明显的办法就是让一人来划分蛋糕并得到最后的一份，其他人都在他之前拿。那样，分蛋糕的人就要平等地划分这个蛋糕。唯有如此，他才能确保自己得到可能有的最大一份。显然，在具有重大实践利害关系中，完善的程序正义是罕见的。不完全的正义，是指虽然在程序之外有衡量正义与否的客观标准，但却不存在完全满足这个标准的结果的程序（see John Rawls, A Theory of Justice, Oxford Univ. Press, 1972, pp. 81－85）。

② 徐亚文著：《程序正义论》，山东人民出版社2004年版，第180页。

③ 徐亚文著：《程序正义论》，山东人民出版社2004年版，第180页。

花八门，常常很难就实体上的某一点达成一致，一个问题的正确答案因人而异，因组织而异。然而无论如何我们必须就事情作出决定，而程序是我们唯一能达成一致的地方，而且我们一旦同意了程序，则无论是何结果，都必须接受所同意的程序带来的结果。正因如此，程序公正必须被视为独立的价值。[①] 程序必须被置于实体之上。而法治问题归根结底也是一个程序问题，法治重要的不是法律规定了什么，而是如何保障发现法律的过程的公开、明确而又审慎；法律公布之后，又应以怎样的方式、采取何种途径和步骤去实施法律以达到法治，而这就是立法程序和司法程序面临的问题。[②] 可见，实质正义是派生的，是无懈可击的方法的一种意料之中的副产品，程序法在先于实体法已经成为现代法律制度中的价值。

（2）程序可以为不确定的实体公正提供正当性基础。实体公正是司法公正的重要内容。但是，实体公正的实现是艰难的。因为，实体公正的两个方面，事实认定和法律适用都内含着诸多不确定性因素。就案件事实而言，它由诉讼参加人和实物再现，由裁断者认定。但是无论是诉讼当事人、证人、证物还是律师，出具意见的专家，抑或是法官和陪审团（员），都可能存在非理性、偶然性的情况。对此，美国现实主义法学家弗兰克列举了如下情形："作伪证者、受人指使的证人、有偏见的证人、在陈述所举证的事实时发生误解的证人或回忆其观察时发生误解的证人；有证人失踪或死亡，物证灭失或被毁的情形；有为非作歹和愚蠢的律师、带偏见的和心不在焉的陪审官，也有愚蠢、'固执'或对证词有偏见或漫不

① 当然，在民主的制度中，多数原则可以解决这个问题。没有人能说明多数人所采纳的政策在实体含义上是对还是错。也许历史最终会告诉我们，但可能至少一百年以后的事了。然而这个政策是合理的，因为它是通过一个社会全体成员都同意的程序所通过的。（参见［日］谷口安平：《程序的正义与诉讼》，王亚新、刘荣军译，中国政法大学出版社 1996 年版，第 7 页。）

② L·L·Fuller, The Morality of Law (revised edition), Yale University Press, 1969, pp. 38 – 40.

经心的初审法官。"[①] 这意味着，案件事实的认定几乎成为司法过

① 转引自徐亚文：《程序正义论》，山东人民出版社 2004 年版，第 155～156 页。黑泽明的电影《罗生门》反映了这一点。故事发生在 12 世纪的日本，一天，在罗生门下，行脚僧、樵夫、杂工 3 人一起在这里躲雨，他们谈论起武士金泽武弘被杀一案。在案件审问中，樵夫、凶手多襄丸、死者的妻子真砂，以及借死者的魂来做证的女巫都曾被招到纠察使署，分别提供了证词。多襄丸是这样述说作案经过的：那天，他在林子里看到金泽武弘牵着他妻子真砂的坐骑走了过来，于是便将武弘骗到丛林深处，将其缚住，占有了真砂。本来他不想杀害武弘，可真砂说"哪个活下来，我就跟哪个"，多襄丸于是给武弘割断绳子，和他决斗起来，终于把他一刀砍倒。等他再寻找真砂时，她已经吓得逃之夭夭了。真砂是这样说的：她被蹂躏之后，受到丈夫的蔑视，悲愤之中，真砂就晃晃悠悠地扑向了武弘……可等她醒过来一看，那把短刀已插在丈夫的胸口上，他已经死了。后来她想自杀，但没死成。死了的武弘则借女巫之口说出来了这样的话：多囊丸强奸真砂后，要真砂和他一起走。谁料真砂同意了，但却让多囊丸先杀了武弘，多囊丸没想到真砂竟是这样的女人，就问武弘应该怎样处理她，听了这话，真砂向树林深处逃走了，多襄丸向她追去。这时武弘拾起短刀，朝自己胸膛猛力一刺……樵夫也说出了当日看见的事实：当日多襄丸强暴了真砂后，真砂不停地哭泣，多襄丸求其做他浑家，这时真砂割开捆武弘的绳子，意思要两人决斗，这时武弘却辱骂真砂，多襄丸也态度一变，瞧不起真砂，真砂没想到丈夫这么对她，于是歇斯底里的吼出对两人的不满，两人被激后，开始打斗，拼剑中，多襄丸刺死了武弘，又逼迫真砂，真砂极力反抗，最后逃走。原本金泽武弘案件的真相只有一个，但是各人提供的证词却各有不同，荒山上的惨案，成了一团拨不开看不清的迷雾。于是，行脚僧、樵夫、杂工纷纷慨叹人心叵测，不知道什么是真，什么是假。正在这时，传来婴儿的哭声。三人循声找到了一个被遗弃的婴儿。杂工上去把婴儿的衣服剥了下来，樵夫骂他是恶鬼，杂工申辩说，生了孩子又把他丢掉的人那才是恶鬼呢。深受触动的樵夫收养了婴儿，行脚僧感动地说："亏得你，我还是可以相信人了。"（http://ent.sina.com.cn/m/2008-06-03/19582047299.shtml. 2009-8-20 登录）

程中“阿其里斯的脚踵”[①]，借助于想象的或模拟的重建都不可能确切地重现过去，确定的事实是法律遇到的永久的、不可解决的难题之一。其次，法律适用是不确定的。这根源于作为法律载体的语言本身的模糊性。语言有意义中心，又有边缘地带，在语言的意义中心，法律规范的意义是明确的，然而在其边缘地带，不同的法官可能对法律产生不同的理解，从而作出完全不同的解释。这种理解和解释上的差异，使得法律的适用过程变得不确定。此外，法律不只是抽象枯燥的条文，它同时还反映并受制于社会的风俗习惯、伦理观念、时代精神、意识形态、政策原则以及各种社会环境因素。因此，法院适用法律的过程并非简单的“执法”，而是一种复杂的，以法律为主，综合考虑政策、经济、文化、心理、社会发展等多种因素的高度技术性的创造性活动。[②] 这无疑增加了法律适用的不确定性。可见，实体公正的完全实现几乎是不可能的。

与实体公正的不确定性相反，程序公正是确定的。程序法规定的是实现权利、义务的步骤、顺序和方式等，具有下列特性。首先，程序法具有不可逆性，一经启动，只能继续，不能后退，也不可过后补充。其次，程序法具有刚性，当事人不能通过合意予以规避，国家机关与诉讼参加人均必须严格遵循。再次，程序法具有可预见性。程序运作的上、下环节在一开始就是可以预见的、确定的。因此，公众对于程序运行过程中存在的正确与错误、合法与违法，判断起来清楚明了，界限分明。从而程序公正也就成为清晰可辨、触手可及的事情了。这与实体公正的左右摇摆、虚无缥缈形成鲜明对比。在这种情况下，如果仍然放弃现实的程序公正的目标，

---

① 希腊神话中，阿其里斯出生后被其母倒提着在冥河中浸过，除去未浸到水的脚跟外，浑身刀枪不入。因此，用阿其里斯的脚踵比喻唯一致命的弱点。

② 万毅：《程序法与实体法关系考辨——兼论程序优先理论》，载《政法论坛》2003 年第 6 期。

而致力于实体公正的实现，不但是资源的浪费，而且会导致司法裁判的结果面临来自当事人以及社会公众的正当性质疑，这显然不符合诉讼机制解决纠纷这一根本目的。因此，坚持程序在先，利用程序公正的确定性缩减、吸收实体公正的不确定性，是唯一现实、可行的价值选择方案。①

（3）程序法在先是维护法律权威以及社会稳定的心理需求。程序法在先是培养和维护法律权威的心理要求。实体正义具有一张普洛透斯似的脸，变化无常、随时可呈不同形状，并具有极不相同的面貌。② 因此，“正义不应当只是被实行的，也应当是被看见要实行的”。③ 看得见的正义的关键意义在于：过程正当性为结果提供了合理性，因而得到当事人和社会大众的普遍接受，并且使人油然而生对法律的好感、敬意和信心。程序公正培养了社会对于法律的信仰，维护了法律的权威。相反，倘若人们觉得用来作出判决的程序是不公正的，那么无论是在心理上还是在行动上，他们都不太可能接受程序生产线上的那件产品——判决，并会引起对法律的厌恶、轻蔑和怀疑，法律的权威将受到损害。具体而言：首先，程序

---

① 万毅：《程序法与实体法关系考辨——兼论程序优先理论》，载《政法论坛》2003年第6期。

② ［美］博登海默著：《法理学——法哲学及其方法》，邓正来等译，华夏出版社1987年版，第238页。

③ 戈尔丁著：《法律哲学》，齐海滨译，三联书店1987年版，第209页。在英国1924年的“国王诉苏塞克斯法官案件”中，治安法官在休庭合议时，有一个兼职的法庭职员参加了讨论。这个职员是一个与诉讼结果有利害关系的律师。当事者从直观上就当然地怀疑其中的公正性，该案中治安法官的判决最终被宣布无效。上议院休厄特大法官作了如下的著名评论，这一评论在后来经常被人引用：公平的实现本身是不够的。公平必须公开地、在毫无疑问地被人们所能够看见的情况下实现，这一点至关重要（参见［英］彼得·斯坦、约翰·香德：《西方社会的法律价值》，王献平译，中国人民公安大学出版社1989年版，第97页）。

公正有助于败诉方接受裁决结果。在实体公正的内涵无法揭示的情形下，经过公正的程序所达到的实体真实，也会被认为是公正合理的，从而有利于纠纷的一次性解决。心理学的研究表明，即使法院最后的判决对其不利，但是只要程序本身是中立、平等、公开的，人们也趋向于接受判决的结果。因为，公正的程序具有吸收不满和正统性的再生产功能。只要程序本身是公正的，当事人在诉讼过程中的主体地位和人格尊严能够得到尊重，那么即使诉讼结果对他不利，但他会认为，输掉官司不是因为司法不公，而是因为证据收集不充分、律师不得力等技术原因造成的，这就使当事人对判决的实体内容的不满被吸收。因而，他一样会接受一个不利于他的裁判结果。[①] 其次，社会公众并没有参与或证明案件事实，他们对于案件事实信息的认识源自诉讼程序的进行，他们看不见案件事实，而只能切实感受到程序法所规制的诉讼程序这种“看得见的正义”。因此，人们判断审判结果的公正性只能从正当程序是否得到切实执行来看。正当的程序形成了社会公众对法律制度的普遍信仰和尊重，兼使实体法获得极大的权威。

程序在先还是维护社会稳定的心理要求。因为，程序公正有助于当事人发泄怨气。冲突的出现意味着社会成员之间出现了紧张关系，这种日渐积累的紧张如果不能够以某种合法的渠道予以宣泄、舒缓，便容易以激烈的方式爆发出来，诉讼程序则为社会成员公开表达和发泄他们的不满情绪提供了一种合法的渠道，因而具有一种精神发泄或者治疗作用。对于当事人而言，通过诉讼，他的不满得到宣泄，即使败诉，他的感觉也比他没有机会在公众场合说出他的不满时要好。因为，在当事人看来，即使这种不满没有被证明是正

① 万毅：《程序法与实体法关系考辨——兼论程序优先理论》，载《政法论坛》2003 年第 6 期。

确的，但是至少被认真对待了。[①] 当然，如果在诉讼中再不能够被公平对待，那么，遭受的不公将是双重的，当事人的积怨将更大、也更易爆发，从而成为破坏社会稳定的力量。此外，除了当事人，诉讼的“安全阀”功能的潜在对象还包括社会公众。诉讼实际上具有某种“仪式”或“表演”的性质，通过这种“仪式”或“表演”，那些在诉讼舞台之下，观看表演的受冲突波及的人群，包括具有相似经历的人们的紧张、不满情绪也会在不同程度上得到疏导、舒缓，从而群体性破坏的冲动和欲望被排除在社会理性生活之外。[②] 这样，程序的在先地位甚至突破了程序法本身，而具有了社会意义。

## 三、“效力优先”与法律适用的特殊规则

法律体系内存在法律冲突不可避免，因此，在个案中，法官发现的多种法律规范之间可能发生冲突，对这些冲突，我们必须借助法律适用的特殊规则才能消除。

### （一）法律适用的特殊规则的法理：效力优先

法律适用的特殊规则，就是司法中矫正法律冲突的方式，其体现和确认的是“效力优先”。效力优先意旨：在发现的与个案有关的相互冲突的法律规范之间，以效力优越的法律规范替代无效的法律规范，被替代的法律规范不得被援引和适用。[③] 法律规范发生冲突，表明其中某个法律规范违反了法律秩序，不具有法律效力，是无效规范。因此，法官首先要对法律规范进行有效性判断，然后才

---

① 万毅：《程序法与实体法关系考辨——兼论程序优先理论》，载《政法论坛》2003 年第 6 期。

② 万毅：《程序法与实体法关系考辨——兼论程序优先理论》，载《政法论坛》2003 年第 6 期。

③ 通过“效力优先”对法律秩序的冲突进行矫正，必须在法律中做出明示性规定，以供法官遵守。

能用有效的法律规范替代无效的法律规范。因而，效力优先涉及两个层面的问题：一是法律规范的有效性问题；二是规范替代问题。

法律规范的有效性，又称法律的效力，法律的拘束力。这是法律规范能够在一定时空内对人、事具有拘束力和强制力的前提和基础，是法律规范自身取得、确立合法性的标志物①。有效性，总是与一定的判断标准相联系的，自然法学派认为永恒的自然法为实证法提供了判断标准。分析法学派则在法律体系内部寻觅效力判准，认为如果某个法律规范通过了该效力判准的检验，该规范即具有法律体系的成员资格或者身份资格，该规范就是有效力的；反之就是无效力的，而无效的规范不是法律规范。这个效力判准，在奥斯丁的法律理论中，是主权者的命令。凡是主权者的一般性命令，就是主权者所在法律体系的组成部分；在凯尔森的法律理论中，是一条法律是否由基本规范所授权制定。不论一条法律是由基本规范直接授权制定，还是间接授权制定，都是该基本规范所在法律体系的组成部分；在哈特的理论中，是承认规则，即承认规则是判断一个法律是否是某一个法律体系的充分必要条件。② 但是，拉兹认为，奥斯丁和凯尔森的效力判准都是"起源原则"，都无法完成判断一条法律是否为一个法律体系的组成部分的任务。因此，他提出：每一种法律体系都设立了法律适用机关，由它们认定法律体系的每一条法律。法律适用机关观点的提出突破了对法律规范效力的判定单纯采取"起源原则"的局限性，使得引入法律规范逻辑联系标准成为可能。因此，在法律适用观下审视法律体系，可以发现，在统一的法律体系内部结构观下，判断法律规范有效的具体标准，同时也提供了无效规范的替代规范，以作为对规范无效后的救济。其具体

---

① 李林著：《立法理论和制度》，中国法制出版社 2005 年版，第 391 页。

② 钱大军著：《法律体系理论的比较分析》，载《北方论丛》2009 年第 1 期。

判断标准来自两个方向。其一是法律规范的效力来源上。在法律体系内，法律规范是按照比它的位阶更高的法律规范所规定的方式而被制定的，通常，上位规范可能决定：（1）用以创造一个下位规范的机关和程序；（2）下位规范的内容。由此，认定下位法是否有效力，可以分别从下位法律规范的制定机关、制定程序和规范内容三个方面进行分析。[①] 其中，上位规范至少必须要决定创造低级规范的机关，这是规范创造和判断冲突的最低标准。[②] 上位法成为检验下位法的效力判准。只有在下位规范符合上位规范时，下位规范才与上位规范一起，属于同一法律秩序。如果下位规范不符合上位规范，那么下位规范将被排除在法律秩序之外，不具有法律体系的成员资格，成为无效的法律规范。而当下位法依据上位法被判定为无效时，上位法也就成为下位法空缺时的最佳替代者，上位法成为个案的裁判规范。其二是法律规范之间的逻辑关系。法律规范之间必须是和谐的、融会贯通的。其中，原则是规则的有效性的判断标准，规则必须与原则相一致，否则将导致规则无效，并以原则代替规则适用于个案中。而在旧法失效时，即应以发生效力的新法替代旧法适用。

显然，由法律规范被制定的方式以及法律规范之间的逻辑关系所决定，具体的调整法律冲突的法律适用的特殊规则包括：原则优于规则、上位法优于下位法、新法优于旧法、“上位法优于下位法”规则强于“新法优于旧法”规则、“特别法先于一般法”规则、“新法优于旧法”规则，以及国际条约优先于国内法等。

---

① ［奥］汉斯·凯尔森著：《法与国家的一般理论》，沈宗灵译，中国大百科全书出版社 1996 年版，第 174 页。

② 高级规范对低级规范的创造，最终可以追溯到法律秩序的基础规范，也即宪法（［奥］汉斯·凯尔森著：《法与国家的一般理论》，沈宗灵译，中国大百科全书出版社 1996 年版，第 131 页）。

（二）原则优于规则适用的规则及理论支持

法律由规则和原则组成，由于原则是理解规则的指导，所以法律人应在原则的指导下理解规则的含义，原则与规则比较，原则具有效力的高位阶性。因此，在具体个案中，当规则与原则之间存在隐性的结果冲突时，法官应该尊重原则的高位阶效力，此即原则优于规则。由于原则的抽象性、概括性的特点，法律原则的适用增加了司法的不确定性，赋予了法官极大的自由裁量权，甚至过于能动地干预社会生活的可能性，因此法律原则在适用上是“双刃剑”，在具体个案中，法官优先于规则适用原则，必须同时满足下列条件，以防止法律原则成为法官滥权、恣意背弃法律的工具。第一，有具体规则与案件在形式上相互匹配，能够满足案件的各项事实构成要件，但是，穷尽各种法律解释方法后，适用规则仍然会导致极端不公平、不正义的结果。第二，可得适用的法律原则只能是以成文形式明文规定的。第三，可得适用的法律原则，适用于具体个案后，获得的裁判结果与适用前述规则所获得的裁判结果相互矛盾，但是能够获得个案公平。第四，适用法律原则时，法官要结合具体案件创设出一个例外规则，并且，法官应为充分的论证，必须提出比适用原法律规则更强的理由，才能说明原则适用的正当性。[①] 对此，德国法学家罗伯特·阿列克西曾作过比较细致的分析。他指出：当法官可能基于某一原则 P 而欲对某一规则 R 创设一个例外规则 R’时，对 R’的论证就不仅是 P 与在内容上支持 R 的原则 R. p之间的衡量而已。P 也必须在形式层面与支持 R 的原则 R. pf 作衡量。而所谓有在形式层面支持 R 之原则，最重要的就是“由权威机关所设立之规则的确定性”。要为 R 创设例外规则 R’，不仅 P 要有强过 R. p 的强度，P 还必须强过 R. pf。或者说，基于某一原则所提供的理由，其强度必须强到足以排除支持此规则的

① 舒国滢：《法律原则适用中的难题何在》，载《苏州大学学报》（哲学社会科学版）2004 年第 6 期。

形式原则，尤其是确定性和权威性。而且，主张适用法律原则的一方（即主张例外规则的一方）负有举证（论证）的责任。[①] 显然，在已存有相应规则的前提下，若通过法律原则否定既有规则的有效性，却提出比适用该规则分量相当甚至更弱的理由，[②] 那么适用法律原则就没有逻辑证明力和说服力。概而言之，也即“若无更强理由，不适用法律原则。”[③]

法律原则概括了立法机关制定法律的总的指导方针和思想，是整个法律制度的理论基础，它体现着立法者及其代表的社会群体对各种相互重叠和冲突的利益要求的基本态度；体现着他们判断是非善恶的根本准则；体现着社会基本生活道德，是公平和正义价值的承载体。从立法政策上说，原则是规则的价值目标，规则是原则的实现手段和表现方式，因此，规则的制定以法律原则为基本准则，不得与原则相抵触。在司法中，原则同样对规则起着指导作用。法律适用中的规则先于原则，固然是人类对自身理性极度自负的基因遗传，是为了限制法官的自由裁量权，防范人性中恶的一面的产物。但是，规则先于原则适用有两个前提预设：一是规则体现和实现了原则的价值和精神；二是规则的适用能够获得公平的个案裁判

---

① Robert Alexy, Zum Begriff des Rechtsprinzips, S. 79. 转引自颜厥安：《法与道德——由一个法哲学的核心问题检讨德国战后法思想的发展》，载《政大法学评论》第 47 期。

② 原则具有规则所没有的分量和重要性上的程度。当各个原则互相冲突的时候（如保护消费者利益的原则同合同自由的原则的互相冲突），要解决这一冲突，就必须考虑有关原则分量的强弱，法官必须根据案件的具体情况及有关背景在不同分量的原则间作出权衡：被认为分量较强的原则对该案件的裁决具有决定性的作用，而其他原则则不予以适用。但是这绝不意味着在此案中分量较弱的原则就不再是法律制度中的一个原则，或者说应当予以修改或废除。

③ 舒国滢：《法律原则适用中的难题何在》，载《苏州大学学报》（哲学社会科学版）2004 年第 6 期。

结果。因为公正是人类永恒的价值追求，“判决必须考虑公平和正义，必须考虑其社会后果，这便是法治的真正含义。”[①] 规则在先适用要求这两个预设必须同时具备，缺一不可，否则，规则在先就失去了适用的合理性基础，也就从根本上违背了规则在先的目的，而走向了与在先适用规则初衷的反面，即所谓“怀上的是龙种，生下的是跳蚤”。可见，如果规则在先将导致不公正的结果，我们亦将别无选择，只能义无反顾地抛弃规则，选择公正的原则。即在规则不公之处，原则应该开口说话。例如，泸州第三者继承遗产案，[②] 法院没有依据《继承法》关于遗嘱继承的法律规则来处理，因为，虽然遗嘱继承的规则完全与案件的事实构成要件相匹配，但是，适用这一规则将导致也许有也许没有因为丈夫婚外情而遭受精神痛苦的妻子要承受因丈夫的婚外情带来的实际财产损失，这将使“包二奶”这种破坏婚姻法的行为不仅不受到法律的追究，还会通过遗嘱继承的方式获得财产收益。在法律层面上，这是因为违法行

---

① 信春鹰：《罗纳德·德沃金与美国当代法理学》，载《法学研究》1988年第6期。

② 1994年，四川泸州天化集团某厂已婚职工黄永彬与比他小22岁的张学英相识，于1996年年底公开以夫妻名义租房同居。2001年2月，黄永彬被确诊为肝癌晚期，住院治疗期间，张学英不顾他人嘲笑和挖苦，俨然以妻子身份陪侍在黄的病床前。2001年4月20日，黄永彬立下一份公证遗嘱，将其去世后的住房补贴、公积金、抚恤金和原住房售价的一半赠给张学英。黄永彬去世后，由于其合法妻子蒋伦芳拒绝执行这个遗嘱，张学英遂起诉到法院，要求法院依法判决蒋伦芳履行遗嘱。一审法院以该遗赠协议违背“社会公德”而宣告该协议无效，驳回了原告的诉讼请求。原告不服，提起上诉。二审法院认为，尽管遗嘱形式上合法，但其内容却违反法律和社会公共利益；另据《婚姻法》第二十六条规定，夫妻间的继承权是婚姻效力的一种具体体现，蒋伦芳本应享有继承权，黄永彬将财产赠与张学英，实质上剥夺了蒋伦芳的合法财产继承权，违反法律，应为无效，遂判决驳回上诉（参见王甘霖：《“第三者”为何不能继承遗产》，载《南方周末》2001年11月1日第10版）。

为而合法获利，是一个合法行为与另一个违法行为之间的竞争。在最低限度的道德层面上，婚外情虽然被部分上层社会精英理解和接受，但是却不被社会大众的情感和道德观所赞同。因此，竞争的结果是违法行为的分量占了上风，最后法院没有适用遗嘱继承规则，而是适用了《民法通则》中有关民事行为应该遵守社会公德这一法律原则，裁决遗嘱无效，保护了妻子的继承权。

（三）上位法优于下位法适用的规则及理论支持

下位法是上位法的具体化，必须符合上位法的规定。但是，低级规范（下位法）符合高级规范（上位法）的任何绝对保证是绝不能存在的，低级规范并不都符合决定其创造和内容的高级规范，尤其是低级规范有与高级规范所决定的不同的内容的可能性，并不是完全被排除的。① 换而言之，低级规范（下位法）与高级规范（上位法）相冲突是不可避免的。

上、下位法间的法律冲突，必然提出法院应如何选择适用法律的问题？对此，显然应该采用上位法优于下位法的规则。即指当下位法与上位法作出相互冲突的规定时，法官根据上位法优于下位法的原则选择适用上位法。上位法优于下位法，强调的是在上、下位法律规范间发生冲突和矛盾的情况下，法官用上位法修正下位法的一种法律适用特殊规则。②

上位法优于下位法的理论基础在于：上位法是下位法的效力来

---

① ［奥］汉斯·凯尔森著：《法与国家的一般理论》，沈宗灵译，中国大百科全书出版社 1996 年版，第 174 页。

② 孔祥俊提出，实施性规定与上位法的关系，可以概括为效力优先与适用优先的关系。前者是指上位法在位阶或者法律效力上高于或优于施行性规定，在实施性规定与其发生抵触时，适用上位法优先，体现的是上位法优于下位法；后者是指在实施性规定与上位法不抵触时，下位法可以优先适用和援引。他称下位法优先为适用优先，称上位法优先为效力优先（孔祥俊：《法律方法论——法律规范的选择和适用》，人民法院出版社 2006 年版，第 242 页）。

源和依据，下位法的有效性是由上位法决定的，因此，上位法的效力高于或者优于下位法，下位法理应服从上位法。凯尔森系统地阐述了此种理论观点，依照他的见解：法律是一个规范等级体系。在法律体系内，法律调整着自身的创造。“只要一个法律规范决定着创造另一个规范的方式，而且在某种范围内，还决定着后者的内容，那么，法律就调整着它自己的创造。”法律的创造同时就是法律的适用，是每一个创造法律的行为必须由法律秩序所决定这一事实的直接结果。这种决定可以是不同程度的，但只要一个规范是通过这种行为建立的，这一行为还是一个创造法律的行为，不仅是机关和创造法律的程序，而且还有待创造的规范的内容。这样，这一秩序的每个规范，都是根据另一规范的规定，并最终根据构成这一规范体系的统一体，即法律秩序的基础规范的规定，而创立的。一个规范只是因为它符合这一秩序的另一规范的规定而创立，所以才属于这一法律秩序（这一回溯最后就导致其创造由预定的基础规范所决定的第一个宪法，从终极意义上说，一个法律的效力的唯一理由就是它曾在宪法所规定的方式下创立）。[①] 换而言之，法律规范之所以有效力是因为它是按照另一个法律规范决定的方式被创造的。因此，后一个规范便成为前一个规范的效力的理由。这意味着，如果后一个规范不是按照前一个规范规定的方式创造的，那么后一个规范便不具有合法的效力基础，因而是无效的。这样一来，法律体系中也只存在上位法可以适用了。从这个意义上看，上位法一定优于下位法。

上位法优于下位法的依据还在于，上位法的制定机关高于下位法的制定机关，二者具有隶属关系，下位法的制定机关服从上位法的制定机关。现代政治国家立基于“人民主权”的理论之上，人民的意志高于一切，对人民意志的体现程度是衡量各种机关权力

---

① ［奥］汉斯·凯尔森著：《法与国家的一般理论》，沈宗灵译，中国大百科全书出版社1996年版，第150页、第151页。

高、低的基准，这在代表大会制的国家中如此，在三权分立的国家中亦然。因此，专门表达人民意志的机关——立法机关制定的法律高于其他类型机关。其次，现代国家中，相同类型的国家机关之间也是按照权力高、低的等级体制设置的，上级机关制定的法律在法律位阶体系中高于下级机关制定的，上位法的效力优于下位法。

（四）新法优于旧法适用的规则及理论支持

新法与旧法，在常态下和谐地共存于法律体系中，相互配合、补充、协调。法律发现中不需要也不存在谁先谁后的规则。发生冲突时，在司法实践中，就必须给法官以发现、选择法律的权力和机会，否则，当法律适用于个案时，会给个案的裁判带来无所适从的窘境，这就提出了法官如何适用法律的问题。通常，应适用新法优于旧法的规则。“新法优于旧法”又称“后法优于前法”规则，是一项非常古老的规则。该规则源于《十二铜表法》第 2 表第 3 条规定：“前后制定的法律有冲突时，后法优于前法。”流传至今的拉丁古谚 Lex posterior derogate legi priori 见诸于《学说汇纂》，Digesta 1.4.4 的规定中。[①] 该规则经古罗马法学家莫迪斯蒂努斯的公式化表述而被众人熟知。[②] 在《布莱克法律词典》中对这一规则是这样表述的：如果后法明确地废止前法或者明显地与前法不一致，后法可以否定前法的效力。[③] 新法优于旧法的适用具有下列多层含义。

首先，新法优于旧法规则适用于同一机关制定的法律之间，不

---

① 陈卫佐著：《拉丁语法律用语和法律格言词典》，法律出版社 2009 年版，第 223 页。

② NOT RIT. Summum ius summa iniuria—remarks on alegalmaxim of interpretation, Tartalomjegy zék[J]. 2005,(2):67. 转引自顾建亚：《“后法优于前法”规则适用难题探析》，载《哈尔滨工业大学学报》（社会科学版）2008 年 3 月。

③ GARNER B . A. Black's Law Dictionary (seventh edition) [M]. Minnesota: WestGroup Publishing, 1999: 924.

适用于非同一机关制定的法律之间。我国《立法法》第八十三条规定:“同一机关制定的法律、行政法规、地方性法规、自治条例和单行条例、规章……新的规定与旧的规定不一致的，适用新的规定。”所谓“同一机关”意指“同一个”具有法律规范制定权限的组织。同一机关制定的法与同位阶法是不完全相等的，同位法不限于同一机关制定的，不同机关制定的法也可能是同位法，如国务院不同部门制定的规章之间。不同机关制定的法律之间即便发生交叉，也没有理由适用新法优于旧法的规则，因为新法优于旧法的规则立基于同一立法者就同一事项以新的意志代替旧的意志，而不同机关制定的法律体现的是不同立法者在不同事项上的意志，是没有办法比较和衡量先与后或者新与旧的。因此，新法优于旧法的规则不适用于不同机关制定的法律间的冲突，只能适用于同一机关制定的法律间冲突的情形。

其次，新法优于旧法不适用于新法颁布之后生效之前的过渡期内。在实践中，基于法律规范制定后被签发、打印、宣布、交付刊登等技术性工作的背景以及普法宣传的必要。通常，法律公布之后还要预留一段时间，以作为法律实施前的准备时期，因而，法律公布与最终生效的时间往往不同。但是,“新法”与“旧法”的区分是以生效施行时间，而非以颁布时间为标准。因此，即使新法已经颁布，但是在其正式生效实施之前的过渡时期内，新法都不具有约束力，不能作为具有废止效力的法律对抗已存在的法规，当然也就不适用新法优于旧法的规则，法官不得在新法中发现法律，只能在仍然具有效力的现有法律中发现和适用法律。

再次，如果法律中明确规定了对某些问题适用从新兼从轻规则，新法优于旧法规则就不应得到适用。从新兼从轻规则是旧法优于新法的具体适用形式之一，系指对新法施行前的事实，原则上适用新法，但是旧法较新法对当事人更为有利时，适用旧法。典型如，一国的“新刑法”规定在量刑问题上，采取从新兼从轻的规则，对前法有关量刑规范的效力予以承认，那么，法官在法律适用的过程中，必然会按照上述规则，比照、查看究竟“新刑法”规定的刑罚幅度轻，还是旧刑法规定的刑罚幅度轻。这样，必然会产生两种结果：如果新刑法量刑轻于旧刑法，那么仍然适用后法优于前法的法律发现规则；但是，如果新刑法量刑重于旧刑法，则法官的法律发现规则将会是前法优于后法。

新法优于旧法是法律秩序内生性规则，不需要法律明确规定，法官必须予以适用，因为：新法替代旧法的目的性。制定法律的原因是多元的，或者是时事变迁，或者是人的认识能力和立法技术的提高，或者是多种原因综合作用的结果。但是，就某一个法律规范的变迁而言，新法的制定本身是以代替旧法为目的的。新法的制定与旧法的代替之间必须具有连续性，除非旧法废止之后，不再需要制定新法。

最后，后立法权的优越性。立法是人类理性对社会关系的认识、调整和规制，人类认识能力是有限的，而社会却是多样的、发展的、不断变化的。因此，法律的变动性是必然的，立法就是变法，法律必须不断地修改、补充和从新制定。承认上述事实，就必须承认“议会制定的立法不能豁免于被后一个议会修改或废止，”①“议会每次可以重新创造它的意志，而不必考虑以前议会制定的法律。”② 换而言之，立法机关不能束缚后续的立法，在新法与旧法之间发生的不一致，当前议会意志及其最近意愿表示应该优先。可见，后立法权优于在先的立法权，是立法权的本性，是合乎事务规律的，是对客观规律的尊重。后立法权的优越性表明：任何立法者

---

① BRADLEY AW, EWING K D . Constitutional and Adm in - istrative Law [M]. London: Longman, 1999. p. 65. 转引自顾建亚 2006 年博士毕业论文：《论行政法律规范冲突的适用规则》，第 73 页。

② D. Nicol : EC Membership and the Judicalization of British Politics [M]. Oxford: Oxford University Press, 2001, p. 3. 转引自顾建亚 2006 年博士毕业论文：《论行政法律规范冲突的适用规则》，第 73 页。

都无权力制定一部不允许后来的立法者予以变更或废止的法律，否则，如果一个议会的法案能够阻止后继议会通过后法来废止，那么议会立法权将受到限制，其立法范围将被大大减少，最终会达到这样一种状况：由于制定法中充斥着不可废止的法律，将来几乎没有立法之需要了。①

当然，新法优于旧法，在根本上是因为新法内容的优越性。新法更符合法律所要调整的现实社会关系。法律是调整社会关系的，法律应该表达社会关系的实际情况，并随着社会关系的变化而变化。在根本上，社会关系的变迁和发展，是决定一种法律制度变迁和发展的关键因素。新法之制定，就是立法者意图让法律适应社会关系变迁要求的结果，也是为了借助新法的规定，让变化了的社会关系在新法的调整下能够更好地得到规范和调整。如果法律不变，而原先法律所调整的社会关系已然发生了重大变化，则法律反倒成为阻碍社会发展、阻碍社会关系变迁的存在。这显然是不符合人类制定法律的目的的。例如，如果继续以我国旧的《经济合同法》来规范已经精细化和复杂化的交换关系，显然不能适应市场经济的

① 后立法权的优越性并不是理论假设，其已经见诸国外的司法实践。英国在1932年的Vauxhall Estates Ltd v. Liverpool Corporation案和1934年的Ellen Street Estates Ltd. v. Minster of Health案两次面临这一问题。在前案中，法院面对着两部法律，其中1919年英国议会制定的土地征收法第七条第一款规定：通过本法条文，土地应被授权取得，与此相关的任何法律条文应该在效力上服从此法，与此相关的事项应以本法进行处理，只要这些法律与本法不一致的就应该停止生效。但是1925年英国议会制定的住房法案规定了不同的补偿评估标准，试图改变1919年法案的补偿规则。对此，英国地方法院认为，应该优先适用1925年住房法案，因为，束缚后来议会的手脚，使他们不得制定与1919年法案不一致的法律是违背英国宪法原则的，没有一个议会的法案能有效地规定为未来的法案不得与之相抵触。在后案中，法院再次面对这一问题。在这个案件中，上诉法院持有与前一案中地方法院相同的看法，指出，根据我们的宪法，立法机关不能束缚后续的立法（参见顾建亚2006年博士毕业论文：《论行政法律规范冲突的适用规则》，第74~75页）。

实际需求，因此，才有了用统一的合同法来替代原有的三个合同法的必要性，即对《经济合同法》、《技术合同法》以及《涉外合同法》的废止和《合同法》的制定。所以，新法的制定，是对旧法的超越，是在社会关系已经发展了的基础上，立法者重新安排社会关系的法律调整方式和调整规范。

此外，人类的理性是有限的，更是不断进步的。人类的理性不是无限的，而要受制于各种条件。在特定的时间和条件下，人类对社会的认识无论是在广度上还是在深度上都具有一定的局限性。但是，随着时间的积累和条件的提高，人类的认识能力会不断得到提升。人类理性的这种特性使得人类已经获得的对事物的评价需要不断被修正。此时被认为是真实、正确的，彼时就会被证明是虚假的、谬误的；相反，此时被认为是虚假、谬误的，彼时可能会被证明是正确、真实的。因此，新法是“更加正确”的法，它无论如何都是更好地符合适用时立法的价值观和调整意图。① 每一次新的立法，即是出于改进法律的需要，更是人类理性不断进步的标志。新法优于旧法是对人类理性进步性的承认和尊重。

（五）“上位法优于下位法”规则强于“新法优于旧法”规则

新法优于旧法不适用于上、下位法之间的冲突。新、旧法律冲突可以划分为不同位阶的新、旧法律冲突和相同位阶的新、旧法律冲突。不同位阶的新、旧法律冲突可以进一步分为旧下位法与新上位法之间的冲突和旧上位法与新下位法之间的冲突两种情形。但是，在效力位阶相异的法律之间区分前法与后法的冲突是徒劳无用的，新法优于旧法的规则不适用于效力位阶不同的法律之间。因为，不论是新法是下位法，旧法是上位法；还是旧法是下位法，新法是上位法。新法与旧法相矛盾，即意味着下位法违背了上位法，在此情形下，下位法的内容本身违法，不具有法律效力。因此，新

---

① ［德］魏德士著：《法理学》，丁晓春、吴越译，法律出版社 2005 年版，第 328 页。

法先于旧法之规则被上位法先于下位法的规则吸收。不同位阶的新、旧法律冲突本质上不属于新、旧法律冲突的范围。不论是旧下位法与新上位法之间的冲突，还是旧上位法与新下位法之间的冲突，都应归入层级法律冲突的范围。这也就是说，对不同位阶间的法律冲突，适用上位法先于下位法规则即能够解决，完全没有必要适用新法先于旧法之规则。例如，当作为上位法的现行宪法，维持着“国家财产神圣不可侵犯”的原则的情形下，物权平等保护的物权法原则必然引发质疑，这也正是在制定《物权法》的过程中，民法学家、宪法学家以及法理学家对此进行学术大论战的根本原因。可见，新法优于旧法这一法律发现的规则，不能打破一个国家法律的效力位阶关系，只能在同一效力位阶的法律之间发生冲突时，才能被法官所运用。

### （六）“特别法先于一般法”规则强于“新法优于旧法”规则

特别法与一般法的选择适用必然与时间因素产生联系，因此，特别法与一般法之间，按照法律生效的时间先后关系又可以分为两种：一是先规定一般法，后规定特别法。即旧法是一般法，新法是特别法。二是先规定特别法，后规定一般法。即旧法是特别法，新法是一般法。这样，特别法先于一般法规则必然与新法优于旧法规则相遇，甚至相冲突。由此，法官就面临着在这两种规则之间如何选择的问题。在旧法是一般法，新法是特别法的情况下，无须法律明示规定，法官应当采用“新特别法先于旧一般法”规则。因为，在此种情况下，无论是按照“新法优于旧法”规则，还是按照“特别法先于一般法”规则，其应用的结果都是一样的，选择新法优于旧法就是选择了特别法先于一般法。而这两种规则的结合，产生了“新特别法先于旧一般法”规则。

但是，在旧法是特别法，新法是一般法的情况下，情势就变得比较复杂了。在此种情况下，按照新法优于旧法规则，应该优先选择作为新法的一般法；但按照“特别法先于一般法”规则，应优先选择作为旧法的特别法。这样，特别法先于一般法与新法优于旧法两种规则之间就发生了冲突，此时，如何选择适用就成为一个必须回答的问题。

对此问题，我国法律提出了报请裁决的解决方法，但是并没有正面回答如何选择法律适用规则的问题。我国《立法法》第八十五条规定：“法律之间对同一事项的新的一般规定与旧的特别规定不一致，不能确定如何适用时，由全国人民代表大会常务委员会裁决。行政法规之间对同一事项的新的一般规定与旧的特别规定不一致，不能确定如何适用时，由国务院裁决。”后来，最高人民法院又在《关于审理行政案件适用法律规范问题的座谈会纪要》中针对特别规定与一般规定的适用关系专门作出了司法解释。它指出：新的一般规定允许旧的特别规定继续适用的，适用旧的特别法规定；新的一般规定废止旧的特别规定的，适用新的一般规定。不能确定新的一般规定是否允许旧的规定继续适用的，人民法院应终止程序，逐级报请立法机关裁决。但是，很显然，最高人民法院的司法解释并不比法律的规定更加清楚和明确。

实际上，解决新法优于旧法与特别法先于一般法之间的法律发现规则的冲突，除非法律中另有明示性的除外规定，法官应该遵守“旧特别法先于新一般法”规则。这是因为：特别法与一般法是法律体系中的两个独立部分，在一般法与特别法之间，特别法先于一般法是二者间的外部规则，而新法优于旧法都只是该特别法或者该一般法的内部规则，是一般法中的新法优于旧法，或者特别法中的新法优于旧法。无疑，内部关系是不能干涉外部关系的。因此，外部规则是强规则，内部规则是弱规则，内部规则要向外部规则让步。也因此，法律的新、旧更替不能影响特别法先于一般法规则的适用。在特别法先于一般法与新法优于旧法两种规则相冲突的时候，新法优于旧法要向特别法先于一般法让步。这也就是说，在一般法和特别法之间，无论谁新谁旧，只要是特别法就一定要先于一般法，在旧法是特别法，新法是一般法的情况下，当然也要遵循这一原则，即“旧特别法先于新一般法”。

（七）国际条约与国内法的分层优先适用

在司法实践中，在国际法与国内法发生规范冲突时，国内法院应该选择、适用何种法律就成为问题，它关系到法院所适用法律的合法性。毕竟，一个案件不能同时适用两个相互矛盾的法律规范，国内法院只能在国际法和国内法的规定中择一适用。国内法院只有确定国际法与国内法的适用顺序，才能解决二者间的规范冲突。然而，国内法律体系由宪法和法律组成，二者的等级、地位和性质有本质的差异，笼统地认为国际法优于国内法或者反之，都过于简单。在国际条约与国内法发生规范冲突时，国内法院理应区分宪法与法律，确定国际法或者国内法的优先顺序，以获取适合于具体案件事实的个案裁判规范。在一元论下的协调观下，法律适用原则的内容丰富，层面复杂。

国际条约是国际法主体之间缔结的意在规范其相互间的权利、义务关系的协议。国际条约作为当代国际法最主要的法律渊源，是调整各种国际社会关系的重要法律工具，在国际交往与合作日益密切的今天，发挥着举足轻重的作用。① 国际条约与国内法冲突下的法律适用规则，涉及两个层面的问题：即国际条约与宪法冲突时的法律适用规则；以及国际条约与国内法律冲突时的法律适用规则。

1. 宪法优于国际条约。国际条约与宪法冲突时的适用规则不仅实质影响法律关系主体公、私权利（力）的享有以及义务的承

---

① 据统计，在联合国登记的条约的数目已经有35000多项，《联合国条约集》已经出版近2000卷。但是，条约的实际数目比这还要多得多，而且内容广泛触及国际社会的各个领域和方方面面。中国是世界上主要的条约定立者之一，从1949年10月1日到1999年，我国已经同外国缔结了14040多个条约，其中双边条约有13820多个，多边条约有220多个。条约在我国的政治、经济、社会、文化生活及对外交往中占有非常重要的地位。而且绝大多数需要在我国适用。[参见王勇：《论条约在中国适用的法理原因》，载《当代国际法论丛》（第6卷），华东政法学院国际法研究中心编，北京大学出版社2006年版，第36页。]

担，而且关系到国家的主权、尊严、信用以及国内政治民主和权力配置，还关系到国际法的地位。对此，各国法院普遍采用了宪法优于国际条约的法律适用规则。宪法理应高于国际条约，这是由国家主权原则所决定的。主权是国家参加国际法的前提，是一切国际条约得以存在的基础。主权原则是指国家独立自主地处理国内事务和国际事务而不受他国干预或限制的最高权力。系由人人平等原则推导而来，是一项被各国公认的自然法原则。作为国家的固有权利，国家主权表现为对内最高管辖权、对外独立权以及反侵略自卫权。主权与国际条约不可分离。主权是国家最基本、最重要的权利，神圣不可侵犯，是任何独立国家所不可或缺的，没有主权即没有国家。正是因为拥有主权，国家才能以自己的名义进行国际交往，才能参加国际条约，没有主权则国家的国际人格就会消失，失去主权即意味着丧失国家的独立，就没有资格参加国际条约。近代国际法就是在平等的主权国家相互关系中逐渐形成的，是在主权国家出现以后产生的。没有主权就没有国际条约，而国家主权的表征之一就是宪法的存在。近代宪法来源于人民主权，是人民主权的产物和载体，在内容上规定着国家的政治、经济、军事等方面的重大事项，在程序上则是全民公投的结果，或者是代表机关的绝对多数表决权的结果，体现了人民的意志和利益。人民的同意和承认，使宪法成为一国的根本大法，具有至高无上的地位。[①] 而人民是国家主权的

---

① 宪法的程序严格于国际条约。有些国家，宪法是全民公决的结果，而国际条约只是代议机关的决议。如我国《宪法》第六十四条规定，宪法的修改须经全国人民代表大会以全体代表的三分之二以上的多数通过，方为有效。而根据《宪法》，缔结条约程序法和全国人民代表大会组织法的有关规定，条约和重要协定签署后，报请国务院审核，以国务院议案的形式，提请全国人民代表大会常务委员会审议批准；而待批准的、以议案形式提出的条约和重要协定及制定法律的议案均由全国人民代表大会或常务委员会以全体代表或全体组成人员的过半数通过。可见，《宪法》的制定和批准程序远远比条约的批准程序严格。

基础因素，没有人民，国家主权将无所依存。没有人民主权也就没有国家主权。因此，汉斯·摩根说“主权是指最高立法和实施法律的权力。”① 换言之，宪法是国家主权的集中体现，是国家主权的书面载体和表征。因此，宪法是国际条约的基础，宪法的规定是一国是否参加或批准国际条约的标准，主权国家无论承认、接受某项国际规则，抑或是拒绝、反对某项国际规则，都应以宪法的规定（人民的意志和利益）作为基础，而不会在明知或者预知某项国际规则违反宪法的前提下，仍然去承认、接受这项国际规则。这意味着：宪法的地位高于国际条约，国际条约的内容不得与宪法相互抵触。而在宪法与国际条约发生冲突之时，国内法院理应在宪法中，而不是在国际条约中寻找适合于个案的法律规范。

国内法院是国家机关，宪法是国家内的最高法律，国内法院必须给予宪法以最高效力。考察世界各国宪法规定，可以发现，在国际条约与宪法的冲突上，世界各国已经达到了高度的一致，除个别国家如荷兰以外，都采用了宪法优于国际条约的原则。美国在宪法上首先承认了国际条约的法律效力，其1787年《美国宪法》第六条第二款规定：“本宪法与依照本宪法所制定的合众国法律，及以合众国的权力所缔结或将缔结的条约，均为全国的最高法律。即使与任何州的宪法或法律有抵触，各州法官均应遵守。”其后又在1957年Reid诉Covert一案中，最高法院在该案中做出裁决：“与外国签订的任何协定不得赋予国会或任何其他政府机构以权力，使他们摆脱宪法的约束……宪法的禁止性规定适用于政府的各分支机构，他们不得被行政机关或被行政机关、参议院共同减损。”由此，在美国，宪法支配条约，已成为确定的适用规则。② 美国法院

① ［美］汉斯·雄根索著：《国家间政治——寻求权力与和平的斗争》，中国人民公安大学出版社1990年版，第402页。

② ［美］约翰·H. 杰克逊著：《GATT/WTO法理与实践》，张玉卿等译，新华出版社2002年版，第352页。

必须执行美国宪法的规定并遵循宪法优先的先例。又如，1958年《法国宪法》第五十四条规定："如果经共和国总统、总理或者议会任何一院议长或六十名众议员或六十名参议员的要求，宪法法院宣告了一个国际协议含有违反本宪法的条款，在本宪法予以修改之前，不得授权批准或者认可该国际协议。"法国法院也必须遵守《法国宪法》的上述规定。

但是，宪法优先于国际条约是以合宪性推定为前提条件的。国家既是国内法的制定者，也是国际法的参与者。国家在参与、制定国际条约时必然要考虑其国内法的立场，制定国内法时同样要顾及国际法的原则、规则及国家所承诺的各项义务。国家不仅没有参与、制定与宪法相抵触的国际规则的故意，而且总是以保持国内法与国际法之间的和谐为目标。国内法院因此必须对国际条约进行"合宪性推定"，即法院在假定国际条约并无抵触宪法的意思，并运用解释的方法来消除国际条约与宪法之间的矛盾，确保法律解释的结果不逸出宪法所宣示的基本精神和价值的范围之外。[①] 合宪性推定的目的在于实现对国际条约解释结果的控制，以解决法律与条约间的冲突。具体意指：（1）如果国际条约具体条文的解释结果不合宪法的规定，那么该解释便是违"宪"的，应该无效。（2）如果国际条约的具体条文与宪法基本规定相遇有几种不同的解释，国内法院应当寻找最能弥合两者差异的解释结果，并推定国际条约与国内法为不相抵触。（3）如果经过严格的文义解释，在国际条约具体条文可能的文义范围内无法作成合宪的解释，并且除了抵触之外，法律文字再没有任何其他解释的可能。那么法院还应在文义之外，尝试努力去作合宪的找法，并将国际条约在这个限度下予以补充。（4）但是，鉴于国际条约的特殊性质，国内法院进行合宪性推定的范围是有限制的，各国对此确立了规则：国内法院

---

① 黄茂荣著：《法学方法与现代民法》，中国政法大学出版社2001年版，第286~287页。

只在关于私人利益的案件中解释国际条约，如果牵涉公共利益，则须请政府对国际条约加以解释，法院必须接受政府的解释。

在法律适用的过程中，合宪性推定无疑将扩大国际条约的适用范围，提高国内法院适用国际条约的可能性，从而强化国际条约在国内的实施。尽管如此，仍然不能排除宪法与国际条约相互抵触的理论可能性。因此，仍然不能排除在国际条约与宪法冲突时，国际条约不被国内法院适用的可能性。当然，从司法的角度来看，国际条约同时也并不因与宪法相互抵触而丧失它们在国际法上的效力，国内法院违反国际条约，国家应该承担相应的国际责任。

2. 国际条约优于国内法律。此处的国内法律，是指国内法立法机关所制定的以及所授权制定的法律，不包括宪法在内。国际条约已经有效订立并在国内实施后，即对缔约国产生拘束力，在与国内法律发生冲突的情况下，国际社会大多数成员选择了国际条约高于国内法律,① 将国际条约视为对国内法的绝对效力的限制。国际条约优于国内法律是主权国家间交往的必然要求和结果。

首先，这是条约必须信守原则的要求。所谓条约必须信守，意指一个合法缔结的条约，在其有效期内，当事国有依约善意履行的义务。依照该原则，非基于合法的原因，国家单方废弃条约，或者于条约继续有效期间内以单方行为违反条约的规定，均构成对条约的破坏，均系非法行为，对于其他缔约国应负责任。而在法律与条约的规定相冲突时，国内法院若维持违反条约的法律，即系破坏国际条约，国家应该担负非法行为的国际法上的责任。“约定必须信

① 实际上，各国国内法对于国际条约与国内法的冲突，都有比较明确的规定。关于国际条约与国内法的相互地位，主要有以下几种情况：(1) 国际条约在国内法中没有任何地位；(2) 一切国内制定法优于国际条约；(3) 国际条约与国内制定法处于同等地位；(4) 宪法规定国际条约优于国内法；(5) 宪法规定国内法与国际条约相抵触时不予适用；(6) 国际条约优于宪法。为了避免国际条约与国内法的抵触，可以采用下列原则和办法：(7) 后法优于前法原则，把国际条约和国内法同样看待。

守"是一项古老的原则，自有人类文明以来即存在，[①] 并被各种法学流派一致承认。国际法奠基人格劳秀斯把条约必须信守的原则置于很高的地位，主张同海盗或者暴君的条约也必须履行。特别是，他认为遵守条约是保持国际和平的一个必要条件。因为，人们应保持诚实，不仅是为了其他理由，而且也是为了不破坏任何和平的希望。其追随者，瑞士人法特尔说："人们证明了在自然法中，某人对另一人作出承诺，就给予该人以要求所承诺的事物的真正权利。因而不遵守已完成的许诺就侵害了他人的权利，这是同夺取他人的财产一样明显的不正义的行为"。因此，信守条约是必不可少的义务，否则社会生活和商业的安全，都将成为不可能。而这个义务在共同生活于自然状态的各国之间既是必要的，也是自然的和毫无疑问的。[②] 实证法学者凯尔森也提出：国际法的规范高于国内法的规范，但"最高规范"则是由人类的法律良知所产生的"约定必须信守"。[③] 确实，条约必须信守原则必须构成国际条约优于国内法律原则的法理基础。因为，国际条约是各主权国家在自愿同意的基础上达成的法律规则。由于国际社会不存在像国内社会一样的强制机构制定和执行国际法，因此，国际法的有效性和国际法律秩序的稳定性取决于各国能否善意履行其所承担的国际义务。条约必须信守原则自然成为维护国际法律秩序、利于国际关系正常发展保证。如果一国缔结条约以后可以任意不履行，缔结条约也就失去了任何意义，正常的国际关系将不可能维持和发展，国际法的基本体系将迷失于各国利害冲突的混乱之中。正因如此，条约必须信守已经成为当今国际社会的普适原则，其所蕴涵的基本价值和精神被普遍信仰和坚持。即使是那些在特定情况下已经破坏了这一原则的国家，也辩称是按照该原则行事的。他们或者将条约解释成无效，或者将

---

① 洪均培主编：《春秋国际公法》，中华书局 1939 年版，第 101 页。
② 李浩培著：《条约法概论》，法律出版社 2003 年版，第 279 页。
③ 李浩培著：《条约法概论》，法律出版社 2003 年版，第 283 页。

遭到起诉的国内法案解释成与条约一致，这种在实质上破坏该原则的行为恰恰是建立在形式上对该项原则承认的基础上的。

其次，国际条约是主权国家间协商、交涉的结果，即是主权国家间求同存异的结果。因此，国际规范所表达的是国家间交往行为的一般的、普遍的问题。在普遍性和个别性之间，一般说来，遵循普遍性更符合一个主体的利益。只有把这些一般的、普遍的问题作为效力优先的规则，才能有一个国家的生存和交往空间，也才能够据此而进一步安排内国法律的运作。

再次，主权国家无论承认、接受某项国际规则，抑或是拒绝、反对某项国际规则，都应以其国家利益作为基础。而不会在明知或者预知某项国际规则违反其国家利益的前提下，仍然去承认、接受这项国际规则。既然主权国家对一项国际规则的承认、接受，是取自其国家利益的自主抉择，那么，理应赋予其高于内国法律的优先适用性。否则，任由内国法在效力上突破国际规则的规定，既可能置国家于出尔反尔、言而无信之境地，损毁国家形象和信誉，也可能陷国家于孤立，与主流国际社会绝缘，从而在根本上违反了国家的利益。

最后，各国以自利为基础参与国际交往和合作，国际社会共同的意志和利益固然难以识别，但是，各文明国家在相互交往过程中已经实际获得了一些规则。当某个国家破坏这些规则时，规则将发生作用，它可能要付出代价、受到批评、报复或者制裁。此外，一旦国家参与制定了某一协议，国家成为某一条约的当事国后，它在享受权利的同时，也必然要承担条约所赋予它的义务，否则就要承担相应的国际法律责任。因此，通常，各国一般法律不能突破国际法规范。

国际条约优于国内法的原则不仅早已经被国际法实践确认，而且也得到国内法实践的承认。在国际法层面上，多项国际条约都规定了国际条约优先原则，如 1969 年《维也纳条约公约》第二十六条规定了“凡有效之条约对其各当事国有拘束力，必须由各该国善意履行”，其第二十七条则规定了“一方当事国不得援引其国内法规定为理由而不履行条约”。并通过国际司法机构，包括国际法院、国际常设法院、常设仲裁法院等，在判例中实践了该原则。如国际常设仲裁院在其1910年9月7日对英美北大西洋渔业案的仲裁裁决中宣告：任何国家都有义务善意履行由条约产生的义务，并且由于国际法上存在遵守条约义务的惯常制裁而被促使履行这些义务。举例说，这些制裁包括：诉诸舆论、发表信件、以国会表决谴责、要求仲裁、由于拒绝仲裁而蒙受耻辱、断绝关系即复仇等。国际常设法院在温布尔敦号案判决中认为，由于德国将其1920年7月25日的中立命令适用于基尔运河，它违反了《凡尔赛条约》，从而须付赔偿损害的责任。而霍茹夫工厂案的判决，更是宣告了违反条约就导致对受害的一方负赔偿损害义务的原则。[①] 国际司法机构的实践说明：条约与国内法律发生抵触时，如果国内法院在国内法中发现法律，适用了国内法律的有关规定，导致了有关国家遭受损害的，就在国际上引起承担国际责任的结果，国家应负破坏条约的责任。这即是对各国国内法院提出了如下要求：在条约与国内法律相冲突的时候，条约应优于国内法律，国内法院应该在条约中发现法律，适用条约的有关规定裁断案件。

在国内法层面上，国际条约优于国内法系大多数国家的通常做法。如1958年《法国宪法》在第五十四条规定了宪法优于国际法后，随后就在《法国宪法》第五十五条规定了条约的效力高于法律，也即“依法批准或认可的条约或协议，自公布后即具有高于法律的效力，但就每一协议或条约而言，以其他缔约方予以适用为限。”又如，1931年《西班牙宪法》第六十五条规定：“一切国际条约，经西班牙批准并在国联登记，且有国际法律的性质，应视为西班牙立法的构成部分，西班牙立法并应采取它们的规定。上述条约未经依照它们所规定的程序被废弃之前，不得制定任何法律与它

① 李浩培著：《条约法概论》，法律出版社2003年版，第277~278页。

们相冲突。”此外，荷兰、希腊、卢森堡、瑞士、英国、比利时、希腊以及美国等国家都在宪法中做出了国际条约优于国内法律的规定。

我国也选择了国际条约优于国内法律的原则。我国《宪法》并没有对国际条约与国内法律的关系作出统一明确的规定，但是，条约的地位优于国内法律的做法已经被七十多个法律条款确认。尤其是我国的一些基本法律也作出了这样的规定，如《民法通则》第一百四十二条第二款的规定，《海商法》第二百六十八条第一款的规定，《行政诉讼法》第七十一条的规定，以及《民事诉讼法》第二百三十八条的规定。为此，最高人民法院通过《条约在国内适用的若干问题探讨》等司法文件，对各级人民法院提出了优先适用条约，在国际条约中发现法律的要求。此外，在一些《关于审理和适用涉外民商事案件应当注意的几个问题的通知》等司法解释中更加强调了法律适用的方法：“对我国参与的国际条约，除我国声明保留的条款外，应优先适用”的原则。

然而必须指出的是，与宪法优先原则，要以合宪性推定为前提相类似，国际条约优先于国内法律，也是有前提条件的：即国内法院对国内法律与国际条约进行一致性解释，这已成为各国的通例。《南非宪法》第二百三十三条对“国际法的适用”作了如下规定：“在解释任何立法时，每个法院必须把与国际条约不相抵触的对立法的任何合理的解释放在优先于与国际条约相抵触的任何替代解释的地位。”美国法院传统上也持有严格解释的态度。美国国会最高法院对此曾经做过两次宣示：（1）如果可能，国会法律应解释为促进条约的执行，而非破坏条约的规定；（2）法院应该不解释国会法律为修改或者废止与外国所订立的条约，除非法律的文字显然有这样的解释。并且，在一个案件中，最高法院认为，法院应解释法院要主张国会有破坏条约的意思，那种意思必须明显表示，而同时法律文字没有任何其他解释的可能。德国最高法院也曾声称：条约所包含的法律规范不像国内法律，并不依据于立法权的命令，而是缔约国的意志合致所形成的，因此，它们只得由缔约国的合意所废弃，单方废弃条约即破坏对方的权利。因此，在解释法律时不能假定这样的意思，除非有确定的证据，证明立法者的意思在于违反条约义务。①

3. 仅在对应规范层次上优先——对前述条约优先的限制。国家所缔结、参加的条约数量庞杂，类型众多，各条约所涉内容也有很大差别，条约也存在层级秩序。对于此类层级秩序，一国宪法也许会做出具体规定，也许并不作出具体规定，而仅就缔结、决定、批准条约的国家机关作出授权，或通过诸如《缔结条约程序法》等，设定权力机关缔结、批准或废除条约的程序。但是，不可否认，无论是关于缔约机关还是缔约程序的规定，都并非可随意为之。因为，宪法对国家机关的等级秩序所做的安排（国家机关之间的等级安排是宪法的任务之一），以及缔约机关和批准机关在国家机关体系中所具有从高到低的等级地位，都当然地给予了条约以层次性。因此，依据条约的缔结机关和批准机关的等级秩序，就可以推导出宪法对条约的层级秩序所做的安排。具体言之，我国缔结、参加的条约可分为四个层级：第一，全国人民代表大会批准的条约；第二，全国人民代表大会常务委员会批准的条约和重要协定；第三，国务院缔结的条约和协定；第四，国务院下属部门批准的条约和协定。

由于同一国家机关既享有某层次条约的缔结、批准权限，又担负着制定某层级国内法律的职责，因此，国家权力机关就成为条约与国内法律的联结点，使其所批准的条约与其所制定的国内法律在等级次序上相互对应起来。依此，根据国家机关的等级秩序就可以推论出，任何在我国生效的条约与国内法律的对应层次。具体有四级：第一，全国人民代表大会批准的条约，与其制定和修改的刑

① 邓正来主编：《王铁崖文选》，中国政法大学出版社 2003 年版，第 460～461 页。

事、民事、国家机构的和其他的“基本法律”处于相同位阶，并低于宪法。[①] 第二，全国人民代表大会常务委员会批准的条约和重要协定，[②] 与其制定的普通法律（即除应当由全国人民代表大会制定的法律以外的其他法律）位阶相同，并低于宪法和基本法律。[③] 第三，国务院核准，但是不需要由全国人民代表大会常务委员会批

① 《宪法》第六十二条规定了全国人民代表大会有权行使应当由最高国家权力机关行使的其他职权，依此规定可以推导出，全国人民代表大会亦有权批准它认为应当由它决定批准的国际条约。同时该条又规定：全国人民代表大会“制定和修改刑事、民事、国家机关的和其他的基本法律”。因此，可以认为，全国人民代表大会批准的国际条约与基本法律具有相同的位阶，并低于宪法。

② 由全国人民代表大会常务委员会批准的条约和重要协定，依照《缔结条约程序法》第七条的规定，是指：(1) 友好合作条约、和平条约等政治性条约。(2) 有关领土和规定边界的条约、协定。(3) 有关司法协助、引渡的条约、协定。 (4) 同中华人民共和国法律有不同规定的条约、协定。(5) 缔约各方议定须经批准的条约、协定。(6) 其他须经批准的条约、协定。这些都是关乎我国根本利益的重要事项，所以该法将这类条约和协定的批准权赋予了全国人民代表大会常务委员会。

③ 依据我国现行法律相关规定可以得出这一结论。首先，依据《宪法》第六十二条、第六十七条的规定，基本法律的制定权只能由全国人民代表大会行使，全国人民代表大会常务委员会无权制定基本法律，只能制定和修改普通法律（即那些除应当由全国人民代表大会制定的法律以外的其他法律），但是全国人民代表大会有权决定同外国缔结条约和重要协定。并依照《宪法》第八十条，中华人民共和国主席按照全国人民代表大会及其常务委员会的决定“颁布法律”。其次，这类条约和重要协定的批准和废除的程序，一般是由全国人民代表大会常务委员会以议案通过，而按照《全国人民代表大会组织法》的规定，全国人民代表大会常务委员会审议的议案需要全国人民代表大会常务委员会组成人员过半数通过，在这一要求上与全国人民代表大会常务委员会制定普通法律的要求是一样的。这足以说明，由全国人民代表大会常务委员会批准的条约和重要协定，只能与全国人民代表大会常务委员会制定的普通法律处于相等地位，而低于我国宪法和基本法律。

准的条约和协定，与国务院制定的行政法规位阶相同，并低于全国人民代表大会常务委员会制定的普通法律。① 第四，国务院下属部门缔结，但是不需要由国务院核准的条约和协定，与部门规章处于相同的法律地位，在我国的地位较低。②

尽管以国家权力机关为联结点，可以推导出条约与国内法律的位阶对应框架，然而，令人惊讶的是，我国法律实践并没有给予这种依据宪法可获得的推理以应有的尊重，而是做出了错位规定。在前述理论推导中，全国人民代表大会常务委员会批准的条约和重要协定应当与全国人民代表大会常务委员会制定的普通法律（即除应当由全国人民代表大会制定的法律以外的其他法律）具有位阶对应性。因为，依据《宪法》规定，条约和重要协定的批准权以及普通法律的制定权既然都由全国人民代表大会常务委员会行使，二者的法律位阶当然应该相互对应，并且都应低于基本法律。然而，我国《民法通则》、《民事诉讼法》等基本法律中，却都规定了在该法律调整领域内："中华人民共和国缔结或者参加的国际条约同中华人民共和国的法律有不同规定的，适用国际条约的规定，但中华人民共和国声明保留的条款除外。"这样的规定显然并没有将条约和重要协定与普通法律置于对应等级的愿望。倒是将条约和

① 依照《缔结条约程序法》第八条的规定，我国同外国缔结或加入的一般协定和其他具有条约性质的文件，经过国务院核准即可在我国生效。这些协定一般来说涉及国家的重要利益而非根本利益，所以只需国务院核准就可在我国生效。其层级也相应低一些，与国务院制定的行政法规等同，而低于全国人民代表大会常务委员会制定的一般法律及批准的条约和重要协定。

② 按照《缔结条约程序法》第五条第三项，政府部门可以以自己的名义谈判和签署属于本部门职权范围内事项的协定。又依据该法第九条，这类协定一般无须全国人民代表大会常务委员会批准或国务院核准即可生效。除以中华人民共和国政府部门名义缔结的协定由本部门送外交部登记外，其他协定由国务院有关部门报国务院备案即可。因此，它们的地位应相当于国务院各部门发布的部门规章，在法律体系中的位阶次序很低。

重要协定与基本法律相互比较，放在了对应等级上，并在二者相冲突时，给予条约和重要协定优于基本法律适用的顺序。而在刑法中，全国人民代表大会常务委员会于1987年6月23日通过决定声称："对于中华人民共和国缔结或者参加的国际条约所规定的罪行，中华人民共和国在所承担条约义务的范围内行使刑事管辖权"。这一决定通过扩大罪行的刑事管辖权的方法，也确立了条约和重要协定优于刑事基本法律的效力原则。这样的法律实践难免不令人产生如下困惑？为何诸多基本法律要规定条约和重要协定优于基本法律？毕竟，全国人民代表大会的地位高于全国人民代表大会常务委员会，由全国人民代表大会制定、审议和通过的基本法律本应高于由全国人民代表大会常务委员会批准的条约和重要协定。为何将条约和重要协定的批准和废止权交由全国人民代表大会常务委员会行使，而将全国人民代表大会空置？毕竟，将会议日程、组成人员等技术因素，作为空置全国人民代表大会的理由并不能令人信服。然而，无论如何，在《宪法》无明确规定且《宪法》未在司法中适用之前，具体法律的规定对法院是有实在约束力的。因此，法院的应该做法是：依照国内法律的具体规定，确定条约与国内法律在位阶上的对应性。具体有三级：第一，全国人民代表大会常务委员会批准的条约和重要协定，与全国人民代表大会制定的"基本法律"以及全国人民代表大会常务委员会制定的普通法律相对应。第二，由国务院核准，但是无须由全国人民代表大会常务委员会批准的条约和协定，与国务院制定的行政法规相对应，低于普通法律。第三，国务院下属部门缔结，但是无须由国务院核准的条约和协定，与部门规章相对应。

需要说明的是，对于条约与国内法律层阶的对应关系，我国采取了个别立法形式,[1] 这种个别立法形式显然不能具有像《宪法》的规定那样具有普遍效力。然而，无论如何，近几年中国立法实践的趋势，从1980年的《中外合资经营企业所得税法》到1986年的《民法通则》的发展所证实，条约具有层级秩序并且与国内法律具有层级对应性这一点是确定无疑的。这种层级对应性的意义在于：它必然影响到法律适用，实际上起到了对国际法优先的限制作用。它表明：国际条约与国内法规范冲突下的国际法优先，不能是指任何一件国际条约都优先于一切国内法律。所谓的国际法优先，只能是条约在与国内法相对应的层级上的优先。因此，在国际条约和国内法律冲突之处，国内法院理应首先甄别该条约及国内法所处的层级，并仅在二者处于相应层级时，才能依照国际条约优于国内法律的顺序规则，适用法律。而当条约和那些非与条约居于相应层次的国内法律发生冲突时，这一适用规则就不再是合理的。当然，无论是条约还是国内法，都有多个层级。显而易见，多层级的条约可与国内法的不同层阶产生不一致或冲突，而在多重冲突之中，法院的法律适用必然会存在多种状况。具体言之，基于各层次的条约或协定与国内法的冲突的可能性，法院的法律适用包括如下几种情况：第一，由全国人民代表大会常务委员会批准的条约与宪法、法律等发生的冲突，当：（1）条约与宪法冲突时，条约绝对无效，内国法院不应当适用条约。否则，法律适用即不具有合法性。（2）条约与基本法律及以下层次国内法发生冲突时，内国法院适用条约的规定。在我国，大约有四十余件规范性法律文件中都有这样的规定，如《民法通则》、《民事诉讼法》、《继承法》等。第二，国务院核准的协定在理论上可能会与宪法、法律、行政法规、地方性法规发生冲突。当：（1）协定和与其居于相应位阶及其下位的国内

① 我国没有在《宪法》中明确规定国际条约的层级及其与国内法律层阶的对应关系，而是在《民法通则》等法律中就该单件法律与国际条约的关系分别作出规定，此即个别立法形式。

行政法规、地方性法规、规章等，包括省、自治区、直辖市和国务院批准的较大的市制定的地方规章和国务院下属部门制定的部门规章的冲突，内国法院应当适用协定的规定。（2）协定与处于其上位的基本法律和普通法律相冲突，法院应当适用基本法律、普通法律的规定。第三，由我国政府部门缔结的协定在理论上也有可能会与宪法、法律、行政法规、地方性法规、规章发生冲突。当：（1）协定与行政法规、地方性法规及其以上层次的法律相冲突时，法院适用国内法律的规定。（2）协定与部门规章相冲突，法院适用协定的规定。

4. 国际条约保留制度下的法律适用规则。保留是指一国参加国际条约时所作的片面声明，其目的在于摒除或更改特定国际条约中若干规定对该国适用时的法律效果。保留制度的发展是与多边条约的发展相伴而生的，在多边条约的情况下，谈判方并不总是对条约的每一个规定都意见一致。保留制度提供了一种折中的做法，即那些少数者可以在没有接受条约所有条款的情况下，而成为公约参加国。[1]

保留制度允许一国不承担某些义务，同时保留了原有国际法规范在其他参加国的完整性。但是，保留并非不受任何限制，而应受到某些因素的制约：一是必须是依照条约本身允许保留的条款，缔约国才可以提出保留。二是参加国提出保留不能与该特定国际法的

① 保留与“解释性声明”相区分。解释性声明不是要减损条约规定的全部法律效力，而是一个国家对条约内容所持有的观念。参见［英］蒂莫西·希利尔著：《国际公法原理》（第二版），曲波译，中国人民大学出版社2006年版，第51页。

目的和宗旨相冲突。[①] 条约保留制度是处理国际法与国内法冲突的一个重要机制，保留大都是依据当事国的宪法或法律作出的，是依据国内宪法或者法律对国际法进行的甄别、筛选，通过提出有效的保留，而不履行与其国内法相冲突的条约义务。可见，国际法上的保留制度的价值之一，就是通过参加国的“求同存异”，缓冲国际法与国内法的冲突，尽管这项制度不能从根本上消除国际法与国内法的冲突。

国家究竟承认、接受某一国际规则，还是拒绝、反对某一国际规则？在承认、接受国际规则时，是全部、无所保留地接受和承认，还是仅部分地接受、承认，而对其他部分提出保留？这完全是一个国家主权范围内的事情，是主权国家积极参与国际事务的应有权利。如果一个主权国家明确接受了国际规则，那么，在司法实践中，内国法院就负担了适用该国际规则的义务。但是，如果主权国家提出了保留，就会由于保留生效导致该保留条款不具有国内法律效力，并与内国法院无关联。于是，在与该保留条款相关的案件中，国内法院就不应适用国际规范，而只能适用内国法律规范。然而，保留条款，既有无条件保留的，也有附条件保留的。只有无条件保留的条款，才真正构成与内国法院无关联。而对于有条件保留的条款，则还要区别对待。只有当保留的条件具备时，保留才生效，该保留条款与内国法院构成无关联。而当保留的条件不具备时，保留不生效，该保留条款仍然具有国内法律效力，与内国法院之间构成关联。在此种情况下，在司法实践中，法官仍然应该适用

① 国家在缔结国际条约时，会对条约中允许提出保留意见的条款提出保留。我国也先后对很多国际条约提出了保留，如《维也纳外交关系公约》；《联合国特权与豁免公约》；《关于难民地位的议定书》；《国际水道测量组织公约》；《反对劫持人质国际公约》；《1989 年国际救助公约》；《1980 年联合国国际货物销售合同公约》等。

国际规范。①

5. 国际条约在国内的实施方式与适用规则。国际法必须在国内法院得到实施，才能发挥其效用，否则就没有存在的必要。国际法自身规定了各主权国家有在国内实施国际条约的义务，而各国也根据国际法的要求分别规定了不同的方式来实施这一义务。国际条约在国内实施的方式不同，在国际条约与国内法规范冲突之处，国内法院法律适用的具体规则也不相同。

通常，各国关于国际法在国内实施的法律规定和做法不尽相同，概括起来主要有以下三种模式：一种是转化式，又称为“非直接适用方式”，它是指国际法不能直接在本国国内法上取得法律效力，而必须经过制定相应的法律等国内立法行为将其转化为国内法，才能在本国国内适用。采取转化式，意味着，内国法院直接适用国际条约是不被允许的，是不合法的，换言之，内国法院只能在“国际法”已经转化后（转化后的国际法，与其说是国际法，莫若说已经变成了国内法）才能予以适用。另一种是纳入式，又称为直接适用方式，它是指一国宪法和法律规定，国际法一经批准后就可以直接在本国国内适用，而无须再经过转化。采用纳入式，国际条约不存在通过国内立法转化为国内法这一环节，只是需要得到一国立法机关的同意或批准，但是，该国际条约的形式和内容均未有任何改变。这表示，内国法院可以直接适用“国际条约”。还有一种是混合式，是指一个国家同时采取转化和纳入两种方式来适用国际法，即根据国际法的性质和内容的不同，要求有些国际法只以纳入的方式在国内直接适用，但要求另一些必须经过立法机关的立法转化后才能在国内直接适用，如美国就是一个最典型的采用混合式

① 谢晖著：《法律哲学》，湖南人民出版社2009年版，第193页。

制度的国家。[①] 当然，“纳入”与“转化”之分只是相对而言的，两者的界限并非泾渭分明。况且，随着世界经济交往日益频繁和相互依赖性的增强，关于条约在国内适用的情况也出现了一些新的动向，使得“转化”和“纳入”出现了相互交叉和融合的趋势。当然，无论是转化，还是纳入，都是国际法在国内的实施。在实际操作中，二者的主要区别在于：第一，转化是个别接受，纳入是总括接受。第二，采用纳入式，对人民民主原则的保证是在国际条约经过议会批准之时；采用转化式，则是在国内特别立法阶段。第三，个别转换方式较之于自动纳入，会造成重复劳动和资源浪费，不符合经济原则。在我国，有关条约在国内实施方式的问题，既未在宪法上作出规定，也没有对此作出概括性立法规定，而是采取了“逐个立法”的方式。这种方式是将条约的适用方式分别规定在一个个具体的法律文件中，并由这些遍布于各个领域的分散的立法文件，确定相关条约在我国的适用方式。考察各种法律文件的规定，综合说来，国际法在我国的实施，是以直接适用、间接适用和混合适用三种方式共存的，这导致了我国法院适用国际法的复杂性和多样性。在我国，国际条约的直接适用有四种方式。第一种，我国缔结或参加的国际条约与我国现行法律、法规有不同规定的，国际条

---

① 需要提及的是，就国际条约而言，有些国家将其分为自动执行条约和非自动执行条约两类。自动执行条约无须经过国内特别立法即有效力，而非自动执行条约必须经过特别国内立法才在国内有效力。这种分类的主要原因在于：第一，有些国际条约明文规定缔约国须以特别立法予以执行。第二，有些国际条约，如互助同盟条约，是政治性的，这些国际条约所规定的权利、义务，原则上只涉及缔约国本身，而与自然人和法人无关，所以把这类国际条约的效力扩及自然人和法人，就需要另以补充立法予以规定。第三，有些国际条约的规定只是纲领性的，需以国内立法做补充规定。第四，有些国际条约所用的语言不是本国语言，需译成本国语言，并以法律予以公布。

约优先，我国法院应当直接适用国际条约。① 其规范表述为：中华人民共和国缔结或者参加的条约同中华人民共和国的（民事等）法律有不同规定的，适用条约的规定，但中华人民共和国声明保留的除外。如《民法通则》第一百四十二条第二款，《民事诉讼法》第二百三十八条的规定，《海商法》第二百六十八条第一款，以及《行政诉讼法》第七十一条等，都做出了此类规定。② 第二种，我国法律、法规中规定直接适用条约的，我国法院应当予以直接适用。其规范模式为：中华人民共和国与外国订有条约、协定的，按照条约、协定办理。例如，《继承法》第三十六条，《刑事诉讼法》第十七条，《刑法》第九条，以及一些涉及行政方面的法规：如《公民出境入境办法》、《国境河流外国籍船舶管理办法》等，都有“按照条约、协定办理”的规定。第三种，我国缔结或参加的条约在我国法律中没有作规定的，应该以条约填补规范漏洞，我国法院应当适用条约。其规范模式为：中华人民共和国法律规定的未尽事宜，依照国际公约的有关规定执行，如我国的《红十字使用办法》第二十三条。第四种，我国缔结或参加的公约对当事人直接发生法律效力，但是当事人又有选择适用其他法律的权利，那么当事人的选择决定着我国法院的法律适用。如果当事人另外选择了所适用的法律，那么我国法院必须在当事人所选择的法律中发现法律；如果

① 有关此种法律适用的模式，1987 年 8 月 27 日，外交部、最高人民法院、最高人民检察院、公安部、国家安全部、司法部联合作出《关于处理涉外案件若干问题的规定》给予了明确承认。该规定强调指出：“当国内法以及某些内部规定同我国所承担的条约义务发生冲突时，应适用条约的有关规定。我国不能以国内法规定为由，拒绝履行所承担的条约规定的义务。”

② 此外还有：《外交特权与豁免条例》第二十七条，《邮政法》第四十二条，《水法》第五十一条，《野生动物保护法》第四十条，《环境保护法》第四十六条，《领事特权与豁免条例》第二十七条，《进出境动植物检疫法》第四十七条，《税收征收管理法》第五十九条，《海商法》第二百六十八条第一款，《渔业法》第八条等。

当事人没有另行选择所要适用的法律，那么我国法院应当适用国际条约的规定。该种情况典型如：我国最高人民法院在《关于印发〈全国沿海地区涉外、涉港澳经济审判工作座谈纪要〉的通知》中，做出这样的规定："鉴于我国已加入1980年《联合国国际货物销售合同公约》，承担了执行该公约的义务，从1988年1月1日起，我国公司同该公约的其他批准国的公司订立的合同，如未另行选择所适用的法律，将自动直接适用该公约的有关规定。法院应当按照该公约规定处理他们之间的合同纠纷。"

间接适用，是指我国法律规定了条约不能直接在国内适用，必须通过立法机关转化成国内法。在此种情形下，我国法院不能适用我国缔结或参加的条约，只能适用转化后的国内法律。我国《香港特别行政区基本法》规定了这项特殊的制度，该法第三十九条第一款规定："《公民权利和政治权利国际公约》、《经济、社会与文化权利国际公约》和《国际劳工公约》适用于香港的有关规定继续有效，通过香港特别行政区的法律予以实施。"根据这一规定，联合国人权两公约和国际劳工公约不能在香港特别行政区直接适用，必须通过香港特别行政区的法律予以实施，即只能通过间接方式实施。香港法院不能直接适用联合国人权两公约和国际劳工公约。

混合适用规则，是指对于个别的条约，我国在实践中一方面允许直接适用，另一方面又将其内容制定成国内法予以实施。在此种情形下，我国法院可以自由选择适用条约或者国内法律。《维也纳外交关系公约》和《维也纳领事关系公约》即属这种情况。我国于1975年和1979年分别加入了这两个公约后，这两个公约被直接予以适用。在司法实践中，我国法院直接适用这两个公约。如1985年最高人民法院在《关于外国驻华使馆的职员能否以外交代表的身份为本国国民在我国聘请中国律师代理民事诉讼的批复》中指出："……根据我国参加的《维也纳外交关系公约》和《维也纳领事关系公约》的有关规定……该大使授权其本馆职员以外交代表身份为李点提、李爱维在我国聘请中国律师代理民事诉讼，是可以的。”1986 年和 1990 年，上述两个公约中有关特权与豁免的规定又被全国人民代表大会常务委员会制定成国内法，即《外交特权与豁免条例》和《领事特权与豁免条例》。出现了直接和间接两种适用方式并存的情况，我国法院可以选择适用条约和法律。又如，我国于 1996 年加入了《联合国海洋法公约》，又于 1998 年 6 月制定通过了《中华人民共和国专属经济区和大陆架法》。我国法院是可以自由选择适用条约或者适用国内法律的。

在我国，明确法律适用规则的具体应用，其意义在于：既可以有效避免法院在并无相关立法要求直接适用的情况下，适用国际条约，也有助于避免法院应该适用条约而不适用的情形。例如，轰动一时的“吴冠中诉上海朵云轩、香港永成古玩拍卖有限公司侵犯著作权案”就是一起应该适用条约而未适用的案例。该案涉及的我国著作权法条款与我国加入的版权公约有抵触，根据《民法通则》，我国应适用版权公约的规定，可是法院最终仍按《著作权法》的规定判决。①

① 陈寒枫、周卫国、蒋豪：《国际条约与国内法的关系及中国的实践》，载《政法论坛》2000 年第 2 期。

# 第四章 宪法适用的规则

一国法律体系呈现为一种层级结构，宪法是这个金字塔的顶端，是国家的根本大法，具有最高的法律效力。这种“最高的效力”一方面给人以神圣崇高的感觉，另一方面却变成大家敬而远之乃至漠不关心的对象。[①] 实际上，宪法除了具有政治品格、人民权利保障品格之外，它首先是法，具有法律的品格。所有的法律均具有实践性功能，能据以解决纠纷或者对一定对象产生约束力和影响。因此，“宪法绝不是天然地具有不可适用性”，[②] 其价值恰恰通过适用才能更好地体现出来，“没有使用价值的宪法，人民就没有必要花劳动去创造它，否则无异于说宪法是民主的装饰或是对民主的愚弄”。[③] 但究竟应如何适用宪法？它与宪法抽象性特征、宪法与下位法关系、国家的权力架构甚至文化传统紧密相连，因此各国的做法并不相同。

## 一、宪法适用的间接性

综观各国的理论与实践，宪法的适用有直接适用和间接适用两

---

① 徐志雄等著：《现代宪法论》，元照出版有限公司 2002 年版，第 1 页。

② 孔祥俊著：《法律规范冲突的选择适用与漏洞填补》，人民法院出版社 2004 年版，第 38 页。

③ 周安平：《论司法对法律的违宪审查》，载《江苏社会科学》2003 年第 1 期。

种模式。直接适用，是指在普通诉讼中，法官直接依据宪法规范裁决当事人的权利义务冲突。间接适用，是指在普通诉讼中，法官透过宪法规范对具体法律的影响和评价间接地对案件产生影响。直接适用模式是以宪法性质界定和司法权威为基础的。在该模式下，认为宪法并非单纯的只关注公权力的公法，而是私法和公法之母法，不仅涉及国家权力的架构、公民权，也涉及公民之间的私权。这些权利不仅可以防止公权力的侵害，同时也具有在私法关系中直接拘束力的特征，婚姻及家庭、营业自由、财产权及继承权都属于此类。[①] 德国的第三人效力理论对宪法和基本权利的界定有着广泛的影响。该理论主张宪法对国家与公民之间关系之外的第三人，亦即私人与私人之间发生效力，故称为第三人效力理论。首倡者为德国联邦劳动法院院长尼伯代，其1950年发表的《妇女同工同酬》一文中主张宪法基本权利条款在私人法律关系中具有“绝对的效力”，并可以直接援用。他认为，基于人的尊严之最高目标，宪法的基本权利是最高层次的规范，倘若基本权利条款不能直接在私人间被适用，宪法的基本权利条款将沦为仅具有绝对的宣示性质。为了保障私人在与其他私人的法律关系中能获得一个合乎人的尊严及基本权利的法律地位，法官在审判民事案件时必须直接引用基本权利的规定，不必透过民事法律予以审判，以使得基本权利的规定在民事个案中获得实现。[②] 主张间接适用模式的观点，认为宪法条文特别是有关基本权利的规定完全是针对国家而发起的。基本权利是一种仅具有防卫性质的消极权利，其本身不具有针对人民的性质，因此，宪法有关基本权利的规定只涉及国家权力的行使，其只能通过立法者进行立法活动的方针性指示而已，其对于纯粹调整公民之

① 欧爱民著：《破译宪法的实践密码——基本理论 · 分析方法 · 个案考量》，法律出版社2006年版，第58页。

② 上官丕亮：《论宪法在普通诉讼中适用的正当性》，载《学习与探索》2008年第3期。

间关系的私法领域，宪法没有适用的余地。史南对此论述道："将基本权利全面而直接适用于私法领域是一种错误的第一法决定理论，即用一部宪法来决定所有法律关系"。[①] 在实践中，德国宪法法院与联邦劳动法院的观点也截然相反，主张法院在民事诉讼中应通过依照宪法精神解释民事法律的方式来"间接适用"宪法。[②] 在美国，民事法院的判决被作为一种"国家行为"对待，因此，宪法法院以司法权为媒介，依据宪法对私权纠纷进行衡量，就成为不争的事实，这实际上也对法官提出了在私法案件中间接适用宪法的要求。

目前，关于宪法究竟应直接适用还是应间接适用的争议仍在继续。但是，无论是在美国还是在德国的实践和理论中，间接适用模式都占了主导地位，以避免宪法直接适用可能带来的加剧立法上的不作为以及架空普通法律的危险。

我国关于宪法的适用模式并没有明确立场，导致了理论上的争议呈胶着状态。最高人民法院 1955 年《关于刑事判决中不宜援引宪法作论罪科刑的依据的批复》和 1986 年《关于法院制作的法律文书应如何引用法律规范性文件的批复》，这两个文件均指出，不能援引宪法作为裁判依据。前一《批复》目前为止无论是司法实践还是理论研究，均未有异议。这是因为在刑事案件中，由于实行罪刑法定原则，凡刑法没有明确的罪行，司法机关绝不能对犯罪嫌疑人定罪量刑。如果立法未将某一行为犯罪化，而司法机关却借口"社会需要"，以宪法的名义对行为人定罪判刑，这反而是在"宪法的名义下践踏了宪法"。所以，1955 年批复否认宪法在普通刑事

---

① 陈新民著：《德国公法学基础理论》（上册），山东人民出版社 2001 年版，第 294 页。

② 上官丕亮：《论宪法在普通诉讼中适用的正当性》，载《学习与探索》2008 年第 3 期。

案件中的直接效力是完全正确的。[①] 但近些年来，最高人民法院在对有关案件的批复中援引了宪法。1988 年雇主承包厂房违章施工致雇工受伤感染死亡一案中，关于招工登记表中注明“工伤概不负责”的法律效力问题，最高人民法院批复：经研究认为，对于劳动者实行劳动保护，在我国宪法中已有明文规定，这是劳动者所享有的权利，受国家法律保护，任何个人和组织不得侵犯。张学珍、徐光秋身为雇主，对雇员理应依法给予劳动保护，但他们却在招工登记表上注明“工伤概不负责”，这是违反宪法和有关劳动保护法规定的，也严重违反了社会主义公德，对这种行为应认定无效。在 1995 年王玉伦、李尔娴诉蔬菜村非法扣留土地转让费案中，新津县人民法院认为，村规民约在性质上属于民事协议，而民事协议亦必须符合宪法。涉诉条款要求妇女结婚后必须迁走户口，系对妇女的歧视性对待，有悖于男女平等的宪法原则，因而无效。最受瞩目的案件是 2001 年齐玉苓案，在该案中，最高人民法院明确指出：“根据本案事实，陈晓琪等以侵犯姓名权的手段，侵犯了齐玉苓根据宪法规定所享有的受教育的基本权利，并造成了具体的损害后果，应承担相应的民事责任”。这个案件被学界普遍认为是开启了我国宪法司法直接适用之门，是我国“宪法统治”时代到来的标志。该案实际上是最高人民法院以司法解释的方式静悄悄地进行了一次宪法解释，把受教育权的保障推广到私人之间行为的层面；这也意味着最高人民法院认为自己也享有宪法解释的权力，从而使司法解释的范围不再囿于仅仅是普通法律中那些与审判活动有关的部分。[②] 但根据我国《宪法》的规定，最高人民法院是没有宪法解释权的，选择冒名顶替以侵犯教育权为突破口可谓煞费苦心。该案

① 欧爱民著：《破译宪法的实践密码——基本理论 · 分析方法 · 个案考量》，法律出版社 2006 年版，第 60 ~ 61 页。

② 季卫东：《合宪性审查与司法权的强化》，载《中国社会科学》2002 年第 2 期。

依照民事立法也可以解决该案，有人“认为援引宪法条款之举纯属多余”。[①] 最高人民法院的此种做法有司法抢滩[②]的嫌疑。实践中这些被认为是宪法案件中宪法的误用，即存在与具体案件相匹配的私法规范，但是由于法官没有发现，而适用了宪法规范的情形；也存在宪法的滥用，即法官仅仅为了论证所发现的私法规范是合乎宪法精神的，而适用宪法规范的情形。因此，不能据此认为宪法在我国具有直接的适用效力，与大多数国家一样，我国也是采用宪法的间接适用模式。

### 二、宪法间接适用的方式：违宪审查

宪法不能直接作为案件的裁判规范，其对案件的影响是间接的，是通过其对一般法律的控制实现的。宪法效力的最高性是法律体系统一、和谐的必然要求。法治首先是法律和谐，即法律之间应是兼容、不冲突的，宪法是法律和谐的协调器，它要求一切下位法不得与之相抵触。宪法与法律会产生抵触吗？这涉及立宪权与立法权的关系、民主制与立法技术等问题。首先，从世界范围来看，大部分国家均是实行代议民主制，即由民选代表行使立法、决策权，甚至是制定和修改宪法权。基于此，宪法与法律均为同一主体所制，怎么还会产生抵触呢？实际上，立法权与制宪权并不是一回事。制宪权属于全体人民，是全体民意的体现，是一种原创性权力；而立法权是立法机关的职权，是人民授予的权利，属于派生性权力。在宪法之下，国家权力又分为立法权、司法权和行政权。因

---

① 季卫东：《合宪性审查与司法权的强化》，载《中国社会科学》，2002年第2期。

② 司法抢滩，是指司法机关以既有的职权为基础，不断抢占新的职权行使领域，在事实上改变宪定权力配置格局并使之于己有利的行为或活动（参见童之伟：《宪法司法适用研究中的几个问题》，载《法学》2001年第11期）。

此，从理论上看，法律与宪法的制定者并非同一，这是二者可能存在抵触的政治根据。其次，立法权的分散也加剧了下位法与上位法间的抵触。世界上大部分国家的立法权均不是集中在同一个机构，而是有多个机构享有。在我国除全国人民代表大会及其常务委员会之外，国务院、地方人民代表大会、政府也享有制定规范性法律文件的权利。尽管它们的"立法权"来自宪法的规定，但这些权力一旦被设置便具有行使的相对独立性。它们所立之"法"可能会与宪法相矛盾。再次，宪法多为原则性规定，其含义较为丰富，在不同历史时期有着不同的理解，而法律较为具体，其含义相对稳定。因此，即便是根据宪法制定的法律，随着时间的推移，宪法理解变动较大时可能使原本和谐的关系被破坏而产生抵触。最后，从立法技术上来看，也存在法律与宪法相抵触的可能。立法技术是指关于法律的内部结构和外部结构的形式、法律的文体和语言表达方式等方面的规则。在一定时期内立法技术的落后和立法者立法技术水平的低下，并不能完全保证所立之法内部和谐、外部无冲突。特别是在宪法只作无制裁性的宣示性文件的国家，作为最重要立法技术文件的宪法往往被忽视，立出与宪法相抵触的法律。因此，"整个法律制度"实际上并没有形成无内部矛盾的统一体。① 与宪法的抵触是对法治、法律体系和谐的最大的冲击。适用一个违背宪法的法律不仅是荒谬的，也是与民主所不相容的。因此，在法律与宪法矛盾时，宪法是不应"让出地盘"而应是发挥其最高、神圣不容违背的作用。实现宪法这一作用最主要的方式是对法律进行违宪审查。

概言之，违宪审查即违宪审查机关依据宪法规范及宪法原则对下位法的内容进行审查，并对违宪的法律规范予以取缔的制度。与违宪审查相关的概念有"合宪性审查"、"司法审查"等。合宪性

---

① ［德］魏德士著:《法理学》，丁晓春、吴越译，法律出版社 2005 年版，第 118 页。

审查，即有权机关依据宪法对下位法是否与宪法相吻合进行审查。实际上，合宪性审查与违宪审查在本质上并无不同，只是对同一事物正反两面的不同的称谓而已。[①] 违宪审查与司法审查的关系则要复杂得多。一般而言，违宪审查是依据宪法对下位法所作的一种具有法律效力的评价，从理论上而言，它既可以由立法机关进行，也可以由司法机关进行。而司法审查则专指司法机关的活动，不包括立法机关的依宪评价，另外，司法审查的应有之义还包括依据上位法对下位法的审查以及具体行为有效性的审查。因此，不能将违宪审查与司法审查完全等同。

违宪审查制度肇始于美国。1803 年美国联邦最高法院在马伯里诉麦迪逊一案中，建立了违宪审查的传统。在该案中，大法官马歇尔在判决书中写道："很明显地，司法部门的权限和责任，就是在决定什么是法律"。[②] 也即一部法律想要获得应有的法律效力，必须透过法院的"宪法之门"。这促成了美国"司法至上"观念的形成。自此以后，美国普通法院均可依据宪法对法律的合法性进行审查，并可宣布违宪的法律无效。而在欧洲大陆国家受"司法克制主义"、"判决是法律的精确复写"、"法官是法律适用的机器"等观念的影响，法院的地位相对不高。因此普通法院是不具备违宪审查权的。在德国，违宪审查由专门设立的联邦宪法法院进行，其与根据宪法直接产生的联邦议院、联邦参议院。联邦总统和联邦政府相同，是与之平行的机构，分别行使国家最高权力。[③] 法国违宪

---

① 如季卫东教授认为用"合宪性审查"一词的主要原因是能让"外行人"容易理解。参见季卫东：《合宪性审查与司法权的强化》，载《中国社会科学》2002 年第 2 期。另外，郑磊也使用了"合宪法性审查"一词，参见郑磊：《合宪法性审查该如何启动》，载《法学》2007 年第 2 期。

② ［美］马克·图什内特著：《让宪法远离法院》，杨智杰译，法律出版社 2009 年版，第 2 页。

③ 胡锦光主编：《违宪审查比较研究》，中国人民大学出版社 2006 年版，第 155 页。

审查则由宪法委员会进行，宪法委员会由总统、国民议会议长和参议院议长任命，是一个兼具司法和政治色彩的机构。这也充分体现了法国对法院及法官的不信任心理要比欧洲大陆其他国家强烈得多。① 另外，新近民主化的国家，尤其是东欧国家以及苏联解体后成立的共和国（包括俄罗斯），纷纷制定新宪法，将现实中达成的民主化成果转化为宪法、宪政制度，这些国家的新宪法有一个共同之处，即均含有违宪审查的制度，并将违宪审查权赋予单一的宪法法院。时至今日，除了极少数国家（如英国）外，皆有违宪审查制度之设。但进一步细观各国宪法的职掌、审查管辖的范围、审查方式及判决效力等制度上的设计，则各国的违宪审查制异同互相，各有特点，有的运作良好，有的似乎功效不彰。②

依照违宪审查主体和审查方式，可以将世界各国违宪审查制度分为四类：附随分散型、抽象集中型、并行集中型以及并行混合型。附随分散型违宪审查以美国和日本为代表，即在全国没有一个专门的统一违宪审查机关，而是由各级普通法院在处理具体争议时作为附带问题审查已经生效的法律是否违宪。在该模式下，审查主体具有多元性，各级法院都有权进行合宪性审查。审查方式具有案件性，法院仅仅解决具体问题而不作抽象性判断，违宪审查进入司法程序必须依案件为前提，在美国其包括四项内容：（1）请求联邦法院审查政府决策是否合宪的人须具备“原告资格”，亦即具有诉讼利益；（2）违宪审查申请提起的时机必须适当，既非“尚未成熟”，即所谓“尚未达到可为裁判之程度”，亦非“过于成熟”，即所谓“已逾可为裁判之程度”；（3）争议事件在本质上必须适合由法院进行裁判，而非政治问题；（4）联邦法院不得就正在拟议

① 胡锦光主编：《违宪审查比较研究》，中国人民大学出版社 2006 年版，241 页。

② 徐志雄等著：《现代宪法论》，元照出版有限公司 2002 年版，第 332 页。

中的法律向国会或总统提供不具有拘束力的咨询意见。[①] 以分散进行违宪审查降低了门槛，对保护诉讼当事人宪法规定的基本权利快捷有效；以附随的方式要求必须在有争议之时才能提出违宪审查请求也较为务实。但在尚未出现实际纠纷之时所发现较为明显的违宪不能得到纠正，而必须待宪法权利损害后才可提出违宪审查，似乎有“亡羊补牢”之嫌。另外，还不免使人产生一种担心，即不同法院、不同法官对法律和宪法的认识和解释不同，对同一法律规范可能分别被不同法院裁定为“违宪”与“合宪”的尴尬。对此，如果赋予每个法院所作“违宪裁决”具有普遍效力，则将导致“轻言违宪”、“滥用违宪审查”，对立法权将是一种更彻底的践踏和挑战。如将审查结果的效力只局限于个案当事人，则极有可能出现相同案件不同判决，同样也是对“相同事项同等对待”的宪法原则。在这重重矛盾之下，法官被寄予厚望，法院的权威和法官的素质是附随分散型违宪审查模式主要依托。

抽象集中型违宪审查以法国、芬兰为代表，即由单一的违宪审查机构统一行使违宪审查职权，纠纷当事人无权提起，违宪审查的裁决具有普遍效力。该模式具有以下特征：首先，审查主体具有唯一性，被授权享有违宪审查权的主体只有一个。例如，在法国将违宪审查职权统一授予宪法委员会，任何其他司法和行政机关不得进行违宪审查。其次，违宪审查的主要价值取向是维护法制的统一性，而不是分散性的以保护公民宪法基本权利为主要取向。在这一指导思想下，该模式不囿于事后审查，如法国宪法委员会对于总统选举、公民投票等活动可在事前、事中和事后主动干预，其被设计成“一门对准议会的大炮”。[②] 违宪审查的对象既包括已经生效的法律，也包括未生效的法律。再次，违宪审查不以纠纷为必要前

① 汤德宗著：《权力分立新论》，月旦出版公司2000年版，第150页。

② 朱国斌：《法国的宪法监督与宪法诉讼制度——法国宪法第七章解析》，载《比较法研究》1996年第3期。

提，案件当事人无权申请违宪审查。在法国，宪法委员会可以主动提起违宪审查程序，另外在有权主体申请时应启动被动违宪审查程序，有权申请的主体包括：总统、总理、两院议长、60 名国民议会议员、60 名参议员，2008 年的宪法修改使得违宪审查提请主体又有了实质性的扩容：在法院审理案件的过程中，若发现法律规定侵害了宪法所保障的权利与自由，可经最高行政法院和最高法院向宪法委员会层层转递违宪审查申请。最后，违宪审查裁决具有普遍效力，即一项法律一旦被裁定违宪，则失去其法律效力。

并行集中型违宪审查，以意大利、奥地利、匈牙利和我国台湾地区为代表，即由单一的违宪审查机构统一行使违宪审查职权，有权机关以及案件当事人均可提起的违宪审查。该模式的主要特征包括：首先，违宪审查具有唯一性，被授权的违宪审查主体只有一个。例如，在我国台湾地区“司法院”大法官会议是唯一有权解释“宪法”的机关，其职权有三：一是关于适用“宪法”发生疑义之事项；二是关于“法律”或命令有无抵触“宪法”之事项；三是关于省县“自治法”、省“法规”及县“规章”有无抵触“宪法”之事项。[①] 其次，违宪审查的克制性，违宪审查机关不主动进行违宪审查，而必须经有权主体的申请。如我国台湾地区“司法院”大法官会议解释“宪法”，必有待适当的人或机关提起声请解释，大法官会议不得主动进行解释。[②] 最后，违宪审查既可以在无诉讼时进行，也可以在案件审理中由当事人提起。根据我国台湾地区“司法院大法官会议审理案件法”第五条的规定，违“宪”审查程序启动情形有三：一是“中央”或地方机关，于其行使职权，适用“宪法”发生疑义，或因行使职权与其他机关之职

① 徐志雄等著：《现代宪法论》，元照出版有限公司 2002 年版，第 337～338 页。

② 徐志雄等著：《现代宪法论》，元照出版有限公司 2002 年版，第 338 页。

权，发生适用“宪法”之争议，或适用法律与命令发生有抵触“宪法”之疑义者；二是人民、法人或政党于其“宪法”上所保障之权利，遭受不法侵害，经依法定程序提起诉讼，对于确定终局裁判所适用之法律或命令发生有抵触“宪法”之疑义者；三是依“立法委员”现有总额三分之一以上之声请，就其行使职权，适用“宪法”发生疑义，或适用法律发生有抵触“宪法”之疑义者。[①]

并行混合型违宪审查模式，以德国、西班牙、葡萄牙为代表，即由多个机构在法定权限内对一部分违宪案件进行抽象审查，对另一部分违宪案件进行具体审查的违宪审查模式。该模式主要特征有：首先，违宪审查主体多元，各主体之间具有明确的权限分工。如在德国，按照《基本法》第九十二条的规定，司法权由联邦宪法法院、基本法规定的各联邦法院和各州的法院行使。联邦宪法法院对属于联邦事务的违宪案件进行审理。各州的宪法审判权由按照各州宪法所组成的州宪法法院行使。在德国，除了石勒苏益格——荷尔施泰因州不设宪法法院而是将州宪法争议案委托由联邦宪法法院审理外，各州均设立了州宪法法院。其次，违宪审查既可以在具体案件审理中提起，也可以在无讼时提起。如根据《基本法》，德国联邦宪法法院可在“关于联邦法律或者各邦法律与基本法在形式上及实质上有无抵触或各邦法律与其他联邦法律有无抵触、发生歧见或疑义时，经联邦政府、邦政府或联邦议员 1/3 之请求受理之案件”，也可以在“任何人声请其基本权利或其依第 20 条第 4 项、第 33、38、101、103 及 104 条所享之权利遭公权力损害所提起违宪之诉愿”启动违宪审查程序。最后，违宪审查方式既可以是事前，也可以是事后，如德国联邦政府在相关案件出现之前便申请对相关法律进行的违宪审查自然属于事前审查；而依据个人保护其基本权利而提起的违宪审查自然属于事后审查。

---

① 徐志雄等著：《现代宪法论》，元照出版有限公司 2002 年版，第 338 页。

以上四种违宪审查模式各有特点，有此差异的原因很多，它跟一国的国家结构、权力架构与司法权的高低、违宪审查的价值取向、文化传统有密切联系。一般而言，在单一制国家、制宪权与立法权相对集中，对宪法及法律的解释往往也比较统一，需要进行违宪审查的情形相对不多，因此单一制国家采用集中违宪审查模式较多。而在复合国家，往往有国家宪法和成员宪法之分，国家立法权与成员立法权也相对独立，在成员特殊利益的驱动下所立之法可能背离国家宪法的规定，需要进行违宪审查的情形比较常见，靠单一审查主体不太现实，因此在复合制国家中采用分散审查模式居多。在三权分立民主式的国家，在宪法之下立法权、行政权、司法权三者平行，立法权并不具有至高无上的地位，司法权可以依据宪法对其形成有效制约。因此在三权分立国家，通过案件审理附随地进行违宪审查较为常见。而在议会民主制或“议会主权制”国家，立法机关居于国家权力的顶端，具有绝对的权威，与之相适应的司法权并不能对其进行有效制约。因此在议会民主制国家，由不完全同于普通法院的机构进行抽象违宪审查较为普遍。认为违宪审查的主要功能在于防止法律等规范剥夺或侵害公民基本权利现象的发生的价值取向，以维护公民具体的基本权利为主要目的，采用效果明显的具体附随审查方式可谓“水到渠成”。而认为违宪审查的主要功能在于保证法律体系的统一协调性的价值取向，以排除违反宪法的法律规范对法律体系的冲击为主要目的，因此多采用抽象审查模式。世界上不存在最好的审查模式，只有是否适合本国国情的问题。因此，我国在借鉴和参考其他国家违宪审查制度时，一定要立足我国国情，而不能一味的照抄照搬外国模式。

**三、在我国基本政治制度框架下，改良我国违宪审查制度**

长期以来，我国相当多的学者将违宪审查等同于司法审查，即认为违宪审查只能由司法机关进行。而我国《立法法》第九十一条只规定了全国人民代表大会常务委员会的审查程序，而未规定司法机关的审查权。据此，这些学者认为我国不存在违宪审查制度。还有一部分学者认为，从全国人民代表大会常务委员会迄今为止从未作出过一个违宪裁判的事实出发，得出我国不存在违宪审查制度的结论。这一观点存在明显的逻辑错误，即“存不存在一个制度与这个制度好不好是两个层面的问题。前者是一个事实问题，而后者是一个价值问题。”① 实际上，我国是存在违宪审查制度的，但是它相对于其他国家的违宪审查制度而言颇具特色。“从比较法的角度而言并不具有典型性，由 Gagik Harutyunyan 和 Arne Macic 等国外专家主持的涉及世界上 179 个国家宪法审查制度的系统比较研究的一份成果，就将我国这种制度列入了另类的‘其他制度模式’(other institutional forms)”。②

我国目前的违宪审查制度形成于 1954 年《宪法》，并被 1978 年《宪法》和现行《宪法》所承继。根据 1954 年《宪法》第三十一条，全国人民代表大会常务委员会有权“撤销国务院的同宪法、法律和法令相抵触的决议和命令”、“改变或者撤销省、自治区、直辖市国家权力机关的不适当的决议”。但该规定有关违宪审查提请主体、审查的条件、审查程序、审查裁决等关键问题均未明确规定，使得违宪审查的实际操作成为一个“不可能完成的任务”，因此它更多的是一种姿态、宣示。令人遗憾的是，后续的《宪法》对这种停留在“宪法文本”上的违宪审查制度并没有实质性的充实与完善。1975 年《宪法》在极“左”路线的影响下，根本没有规定违宪审查制度。1978 年《宪法》第二十五条明确了全国人民代表大会常务委员会“解释宪法和法律，制定法令”，重申了“改变或者撤销省、自治区、直辖市国家权力机关的不适当的决议”，

---

① 胡锦光主编：《违宪审查比较研究》，中国人民大学出版社 2006 年版，第 325 页。

② 林来梵：《宪法审查的原理与技术丛书·总序》，载郑磊著：《宪法审查的启动要件》，法律出版社 2009 年版，第 1 页。

但删除了“撤销国务院的同宪法、法律和法令相抵触的决议和命令”的规定。“这像是一面明确违宪审查的内容，一面削弱违宪审查的力度，这种矛盾的做法令人费解”。① 相对而言，现行1982年《宪法》规定的违宪审查制度有了很大进步，根据第六十七条，全国人民代表大会常务委员会有权“解释宪法，监督宪法的实施”、“制定和修改除应当由全国人民代表大会制定的法律以外的其他法律”、“撤销国务院制定的同宪法、法律相抵触的行政法规、决定和命令”、“撤销省、自治区、直辖市国家权力机关制定的同宪法、法律和行政法规相抵触的地方性法规和决议”。这些规定空前地扩大了违宪审查制度的适用范围。但其可操作性仍然较差，以至于颁布二十多年来，违宪审查的实践几近空白。

2000年实施的《立法法》对违宪审查制度作了一定程度的改进。首先，明确了下位法生效的批准程序。《立法法》第六十三条规定，较大的市的人民代表大会及其常务委员会根据本市的具体情况和实际需要，在不同宪法、法律、行政法规和本省、自治区的地方性法规相抵触的前提下，可以制定地方性法规，报省、自治区的人民代表大会常务委员会批准后施行。省、自治区的人民代表大会常务委员会对报请批准的地方性法规，应当对其合法性进行审查，同宪法、法律、行政法规和本省、自治区的地方性法规不抵触的，应当在四个月内予以批准。省、自治区的人民代表大会常务委员会在对报请批准的较大的市的地方性法规进行审查时，发现其同本省、自治区的人民政府的规章相抵触的，应当作出处理决定。《立法法》第六十六条规定，自治区的自治条例和单行条例，报全国人民代表大会常务委员会批准后生效。自治州、自治县的自治条例和单行条例，报省、自治区、直辖市的人民代表大会常务委员会批准后生效。其次，重申了违宪审查的标准。《立法法》第七十八条

① 胡锦光主编：《违宪审查比较研究》，中国人民大学出版社2006年版，第324页。

规定，宪法具有最高的法律效力，一切法律、行政法规、地方性法规、自治条例和单行条例、规章都不得同宪法相抵触。再次，明确了违宪审查的申请主体。《立法法》第九十条规定：国务院、中央军事委员会、最高人民法院、最高人民检察院和各省、自治区、直辖市的人民代表大会常务委员会认为行政法规、地方性法规、自治条例和单行条例同宪法或者法律相抵触的，可以向全国人民代表大会常务委员会书面提出进行审查的要求，由常务委员会工作机构分送有关的专门委员会进行审查、提出意见。前款规定以外的其他国家机关和社会团体、企业事业组织以及公民认为行政法规、地方性法规、自治条例和单行条例同宪法或者法律相抵触的，可以向全国人民代表大会常务委员会书面提出进行审查的建议，由常务委员会工作机构进行研究，必要时，送有关的专门委员会进行审查、提出意见。最后，规定了审查的程序。《立法法》第九十一条规定，全国人民代表大会专门委员会在审查中认为行政法规、地方性法规、自治条例和单行条例同宪法或者法律相抵触的，可以向制定机关提出书面审查意见；也可以由法律委员会与有关的专门委员会召开联合审查会议，要求制定机关到会说明情况，再向制定机关提出书面审查意见。制定机关应当在两个月内研究提出是否修改的意见，并向全国人民代表大会法律委员会和有关的专门委员会反馈。全国人民代表大会法律委员会和有关的专门委员会审查认为行政法规、地方性法规、自治条例和单行条例同宪法或者法律相抵触而制定机关不予修改的，可以向委员长会议提出书面审查意见和予以撤销的议案，由委员长会议决定是否提请常务委员会会议审议决定。

综合分析《宪法》与《立法法》中确立的违宪审查制度，具有如下几个特点：

首先，违宪审查主体为立法机关，具体而言是全国人民代表大会常务委员会。司法机关无违宪审查权，如其在实践中发现国务院行政法规或地方性法规或政府规章与宪法抵触，只能向全国人民代表大会常务委员会书面提出审查要求。其次，违宪审查采取的是集中模式，即由全国人民代表大会常务委员会统一进行审查，地方性立法机关无违宪审查权。《立法法》第六十三条第二款中虽然规定省、自治区人民代表大会常务委员会有对较大的市合宪的地方性法规批准之权，但第三款只规定了违背本级政府规章的下级法规有处理之权，而对有抵触宪法嫌疑的无权处理，只能按照《立法法》第九十条向全国人民代表大会常务委员会提出审查要求。再次，违宪审查对象范围过于狭窄，即全国人民代表大会常务委员会只对行政法规、地方性法规、自治条例和单行条例进行违宪审查，其对象不包括法律。也许全国人民代表大会及其常务委员会基于自信，认为自己所立之法不会与宪法相抵触而无须进行违宪审查；抑或处于自我形象的维护，认为由自己对自己所立之法进行违宪审查是一种自毁形象，不管是哪种原因，总而言之，我国将法律排除在违宪审查对象之外，在世界违宪审查制度中“十分罕见”。复次，我国违宪审查制度与违法[①]（仅指全国人民代表大会及其常务委员会制定的非宪法性法律）审查结合在一起。由于审查对象仅限于行政法规、地方性法规、自治条例和单行条例，根据下位法服从上位法的法秩序原则，它们的上位法自然也成为其能否有效的审查依据。由于不能对法律进行审查，实际上，我国的违宪审查与违法审查地位是平行的，并无高低与隶属关系。又次，我国违宪审查既包括事前审查也包括事后审查。《立法法》所规定的行政法规、地方性法规、自治条例和单行条例的备案与批准制度，在这些规范未生效之前或据此未产生纠纷之前，备案与审查机关发现与宪法相抵触便可由全国人民代表大会常务委员会进行审查，或报请全国人民代表大会常务委员会审查，以防患于未然，属于典型事前审查。而这些法律规范实施后或据此产生纠纷后，有权机关或团体、公民认为其与宪法相抵触要求或建议全国人民代表大会常务委员会予以审查，这

① 此处的法，仅指全国人民代表大会及其常务委员会制定的非宪法性法律。

属于典型的事后审查。最后，《立法法》第九十一条第二款为我国进行案件附随式违宪审查提供了可能。第二款赋予了一般国家机关和社会团体、企业事业组织以及公民违宪审查请求的权利，尽管这一权利目前还仅停留在“建议”层面，对全国人民代表大会常务委员会启动违宪审查程序并没有必然的约束力，但毕竟为普通社会成员在具体案件中被行政法规、地方性法规、自治条例和单行条例剥夺或侵害其宪法基本权利时，提供了一个寻求宪法救济的途径。该条款也为改革中的违宪审查制度开启个案审查之门作了良好铺垫。

尽管我国违宪审查制度在《立法法》中有进一步完善，但仍然存在诸多明显缺陷：

首先，全国人民代表大会常务委员会的立法权与违宪审查权没有明确区分，导致其行为性质含混不清。《宪法》第六十七条明确授权全国人民代表大会常务委员会有“制定和修改除应当由全国人民代表大会制定的法律以外的其他法律”之权，从该规定来看，如果经审查认为除全国人民代表大会制定的法律外的其他法律与宪法抵触，可以据此对之进行修改。违宪审查似乎可以作为“修改”的原因之一。但从《立法法》来看，违宪审查的范围又仅限于行政法规、地方性法规、自治条例和单行条例，而不包括“法律”。这就造成了对《宪法》第六十七条理解的困难，即“修改”权究竟是仅属于“立法权”还是应包含“违宪审查权”。实际上，违宪审查恰恰是对立法权的一种制约，而全国人民代表大会常务委员会的立法权与违宪审查权关系的暧昧，这种“自我监督”事实上是没有监督，极大削弱了违宪审查制度的功效。其次，只对行政法规、地方性法规、自治条例和单行条例而不能对“法律”进行违宪审查不够彻底。上文所提到的全国人民代表大会常务委员会“过分自信”、“自我掩饰”均是与现实或制度不合的。事实上，由于立法技术、时代变迁等因素，“法律”抵触宪法的现象是不可能杜绝的，不能因为不正视就意味着其不存在。而“自我掩饰”地对已经抵触宪法的“法律”不加审查予以纠正更是有害的。再次，没有切实保障普通社会成员提起违宪审查请求权。《立法法》第九十条第二款虽然授权一般国家机关和社会团体、企业事业组织以及公民个人有提起违宪审查请求权，但却仅限于“建议”，而且在全国人民代表大会常务委员会工作机构人为“必要时”才会进行审查，这些模糊的规定使该款的效力大打折扣，很有可能使一般社会成员“违宪审查请求权”流于形式。最后，没有规定操作的具体程序，这也是我国违宪审查制度最主要的缺陷之一。《立法法》第九十条规定的国务院、中央军事委员会、最高人民法院、最高人民检察院和各省、自治区、直辖市的人民代表大会常务委员会的主动申请程序基本上是可行的。但在诉讼、行政执法中当事人是否有权向司法机关、行政机关对裁判和执法依据间接提出违宪审查则不得而知，另外，在其直接向全国人民代表大会常务委员会提出“建议”时，正在进行的诉讼和执法活动是否应依被疑似抵触宪法的规则继续进行也无从知晓。《立法法》第九十一条规定的全国人民代表大会常务委员会违宪审查活动的规定，在“审查期限”、“审查标准”、“意见和议案的效力”等方面都付之阙如。没有强制有约束力的审查期限，可能导致久审不决使违宪的法律规范扩大损害的后果。没有公开的“审查标准”加大了神秘色彩，加上违宪审查结论向申请主体通知的非强制性，使申请主体被排除在整个违宪审查程序，缺乏必要的公开性。全国人民代表大会常务委员会专司违宪审查机构所作的“意见”为被授予应有的效力，制定机关可以违背，此时，只能向委员长会议出具意见或议案，再由委员长会议决定是否提请常务委员会审查决议。这里，实际上包含了三个步骤：违宪审查专门委员会初裁，委员长会议再裁，常务委员会终裁。看似十分明了，但申请者、规则的制定者均被排除在审查程序之外，对各阶段作出的决议、意见缺乏表达意见的途径，使得审查结论效力难以落实。

对我国违宪审查上的种种弊端，学界纷纷提出了自己完善的方案。其中，有相当多的学者认为最有效、最直接的是实行宪法司法审查，我国“现在最大的问题是还没有建立起对法律和法规违宪的司法审查”。[①]“司法审查”是英美法系国家特有的一个概念和一项制度，指由司法机关对危险性的法律、法规、行为以及违法性的法律、法规及行为进行审查并作出裁判。司法审查并不完全等同于违宪审查，但违宪审查可以通过司法机关来完成，如美国通过普通法院，德国通过宪法法院进行违宪审查。司法模式运作的违宪审查的核心是司法权的运用，其能否有效关键在于司法权的地位。在现代民主制下，宪法无疑具有至高无上的地位，在宪法之下立法权、行政权与司法权并行相互制约，而事实上宪法制定主体与程序在实质上影响着三权的行使。在全民立宪的国家，宪法的生效由全体国民公决，立法机关无权对宪法进行修改，这样可以确保三权的相互监督和制衡。但人民的广泛不得不使现代国家采用代议制，即由民选代表组成立法机构立宪，这样就无形抬高了立法机关的地位。在西方国家民主理论中人民不同于人民代表在其制度中有明确的保障，“人民对人民代表并不抱有绝对的信任”[②]。因此，为维护宪法所确定的基本权利、防止其成为被人民代表所制之法，必须由其他的机构对立法机关进行监督，司法机关无疑相对于行政机关而言更为有效、更为明确。在美国，法院被授予了足以起到监督立法权的地位——“司法部门（而非其他部门）的权限和责任，就是在决定什么是法律。一旦我们法院决定什么是法律，游戏到此结束。其他必须服从宪法的人，不可以说他对宪法的理解和我们不一样”。[③]

---

① 周安平：《社会自治与国家公权》，载《法学》2002年第10期。

② 周安平：《论司法对法律的违宪审查》，载《江苏社会科学》2003年第1期。

③ ［美］马克·图什内特著：《让宪法远离法院》，杨智杰译，法律出版社2009年版，第3页。

而美国式的“实体的司法审查权在德国不足以构成宪法的守护者”,[①] 而是将维护宪法之权授予专设的宪法法院，联邦宪法法院与根据宪法产生的联邦议院、联邦参议院、联邦总统和联邦政府共同行使国家最高权力，其相同、平行的地位也确保了其能有效地进行违宪审查。与这些国家不同，我国司法机关难以担当违宪审查之大任。从民主理论上看，人民代表被认为是人民的当然代表，人民代表的行为被推定为是人民的行为，由人民代表组成的立法机关被认为当然的制宪机关。如此造成了立法权与制宪权的混同，均被认为是至高无上之权，自然地其他任何权力包括司法权是不能对其制约的。从我国基本政治制度来看，一切权力归于全国人民代表大会，国家主席、国务院、最高人民法院、最高人民检察院皆由其产生。全国人民代表大会常务委员会根据《宪法》第六十七条“监督国务院、中央军事委员会、最高人民法院和最高人民检察院”,“任免最高人民法院副院长、审判员、审判委员会委员和军事法院院长”；最高人民法院根据《宪法》第一百二十七条“对全国人民代表大会和全国人民代表大会常务委员会负责”。在如此权力架构下，实难想象司法机关敢于对立法机关所立之法进行“违宪审查”。因此，违宪审查的司法化路径，在我国是行不通的。

我国违宪审查制度只能在不触犯基本政治制度前提下进一步完善，具体而言，包括以下几个方面：

第一，构建更为有效的违宪审查机构。目前，全国人民代表大会常务委员会是我国的违宪审查机关，同时它又是我国常设的立法机关，就其立法而进行违宪审查，“其既是活动者，又是裁判者”,其客观性可想而知。在这样权力架构下,《立法法》不得不将“法律”排除在违宪审查范围之外。正如上文所言，法律同样会存在与宪法相抵触的情形，而在该体制下却无法得到解决，这不能不说

---

① ［德］卡尔·施密特著:《宪法的守护者》，李君韬、苏慧婕译，商务印书馆2008年版，第16页。

是一种缺憾。另外，全国人民代表大会常务委员会作为立法机构，其立法任务十分繁重，也很难有暇顾及“违宪审查”。为了解决这一问题，必须构建新的违宪审查机构。比较切实可行的办法是在全国人民代表大会下设立与全国人民代表大会常务委员会平行的宪法委员会。宪法委员会只从属于全国人民代表大会并接受全国人民代表大会的监督，全国人民代表大会保留监督宪法实施的最高权力，实行以全国人民代表大会的宪法监督与宪法委员会的专门违宪审查相结合、以宪法委员会为主的违宪审查体制。宪法委员会成员由全国人民代表大会直接选举产生，不受任何其他机关的领导与干涉。其审查范围包括：全国人民代表大会常务委员会制定的法律、行政法规、地方性法规、自治条例和单行条例。这种违宪审查机构的设置具有以下几个好处：首先，不会造成现有的国家权力的实质性改变，对我国根本政治制度不会造成冲击。而如有些学者主张的在司法体系中构建宪法法院或在最高人民法院设立宪法特别法庭，仍然会导致违宪审查的不彻底性。因为，最高人民法院接受全国人民代表大会常务委员会的领导，使其很难对全国人民代表大会常务委员会制定的“法律”进行违宪审查。而如将违宪审查权交由普通法院，不仅这种现象更为明显，而且还可能导致裁判不一致而陷入更大矛盾。其次，可以提高违宪审查的效率。宪法委员会与全国人民代表大会常务委员会平行的设置，使后者所立之法不再是毫无顾忌，而是统一受前者约束，激励其提高立法水平，切实“依宪立法”，减少法律与宪法的抵触。同时，宪法委员会作为专司机关，将全部精力集中于违宪审查，自然可以切实有效的履行职责。这种设置方式也许会有人发出疑问，全国人民代表大会制定的法律是否存在违宪的情形？当然会，正如前文所述，由于立法技术、时代变迁、立法价值取向等肯定存在违宪的可能。那么对其究竟又应如何进行违宪审查呢？宪法委员会自然无权进行，这属于全国人民代表大会的保留事项，但宪法委员会可以在全国人民代表大会开会期间向其提交违宪审查议案，可参照适用法律制定和修改程序进行。

第二，明确事后违宪审查提请主体和提请程序。从目前违宪审查主体上看，可分为两类：一是有约束力的有权机关，包括国务院、中央军事委员会、最高人民法院、最高人民检察院和各省、自治区、直辖市的人民代表大会常务委员会，它们可以提出违宪审查的“要求”；二是无约束力的其他主体，包括其他国家机关和社会团体、企业事业组织以及公民，它们可以提出违宪审查的“建议”。二者是有严格区分的，在我们看来，这种区分是有必要的，因为“违宪审查”资源是有限的，可以防止被社会成员滥用。由于缺乏明确的受理要件，可能会限制一般社会成员的提请权。因此，从有约束力的提请主体来看，除包括《立法法》授权的现有规定来看，还应包括：一定数量的人民代表大会代表，全国人民代表大会代表一般为某一方面专家、贴近社会生活、与选民紧密联系，往往容易发现法律文件与宪法抵触的问题。对其可以参照《立法法》中全国人民代表大会立法程序，即由30名以上的人民代表大会代表可以要求宪法委员会受理并进行审查。从无约束力的提请主体来看，应规定明确的程序，具体而言可以做如下要求：书面提出的违宪审查请求必须附具理由；宪法委员会在接受申请后15日内作出是否受理的决定，如决定不予受理的，应向申请人说明理由并向社会公告。宪法委员会所作的不受理决定具有最终效力，除非情势改变或有新的理由出现不再重复接受申请。这样，一方面对违宪申请主体是一种制约；另一方面也是对违宪审查资源的节省。

第三，完善违宪审查的程序。宪法委员会的违宪审查包括事前违宪审查和事后违宪审查两种。除由全国人民代表大会制定的法律之外，任何其他法律、行政法规、地方性法规、自治条例和单行条例在执行前，均应交由宪法委员会审查，以裁决其是否符合宪法。而在事后审查中，宪法委员会应视需要制定奇数的委员进行审查，申请人与规则的制定者有权知晓审查进程，并可提出意见。在审查时应尽量克制，遵循“推定合宪”的基本原则，即如被审查的法律规则有多个解释时，如其中一种为合宪性解释，则不能作出违宪决定，只有超出合理解释范围时才可宣布违宪。

第四，明确违宪审查决议的效力。《立法法》第九十一条规定专门委员会可以向违宪的行政法规、地方性法规、自治条例和单行条例提出书面审查意见，但关于该意见并没有赋予其明确的效力，以至于再违背其意见后只能经由委员长会议提交常务委员会再行审议决定，但对常务委员会的“审议决定”效力如何同样也缺乏规定。在今后宪法委员会违宪审查制度中必须对审查决议的效力明确规定，即对与宪法抵触的法律（全国人民代表大会制定以外的其他法律）可直接宣布无效。这样的明确、强制性规定，可以防止违宪审查效果过度依赖于制定者对规则是否作出修改，提高了宪法委员会的权威和违宪审查制度的震慑力。但注意，宪法委员会所作的违宪审查决议仅针对违宪的规则效力，它不是将整部法律、行政法规、地方性法规、自治条例和单行条例整体性的否定。同时，它也不针对违宪规则的内容，在进行审查时当然是对内容的审查，但做出审查决议后便独立于其内容，也就是说，宪法委员会不能越俎代庖地对违宪规则进行修改。事实上，宪法委员会没有立法权，它不能代替立法机关立法。

宪法是实践之法，这意味着“宪法不是供奉在御庙中的国家神器，而是人民手中的护卫剑”。① 但这把“护卫剑”并非任何社会成员均可自如挥舞，而是需要被设计成“守护神”的特定机构以特定的“招式”发挥其功效。在我国，即应在全国人民代表大会下设的与全国人民代表大会常务委员会平行的宪法委员会，借违宪审查制度维护法制的统一，防止公民宪法基本权利被不恰当剥夺和限制，这将构成我国法治的坚实基石。

---

① 欧爱民著：《破译宪法的实践密码——基本理论·分析方法·个案考量》，法律出版社2006年版，第4页。

# 参考文献

## 中文著作

1. 郝铁川著：《秩序与渐进——中国社会主义初级阶段依法治国研究报告》，法律出版社 2004 年版。
2. 陈金钊著：《法治与法律方法》，山东人民出版社 2003 年版。
3. 陈金钊、谢晖主编：《法律方法》（第 7 卷），山东人民出版社 2008 年版。
4. 范进学著：《宪法解释的理论建构》，山东人民出版社 2004 年版。
5. 谢晖著：《法律哲学》，湖南人民出版社 2009 年版。
6. 夏勇主编：《公法》（第 2 卷），法律出版社 2000 年版。
7. 孔祥俊著：《法律方法论（第一卷）——法律规范的选择和适用》，人民法院出版社 2006 年版。
8. 刘莘著：《国内法律冲突与立法对策》，中国政法大学出版社 2003 年版。
9. 杨登峰著：《新旧法的适用原理与规则》，法律出版社 2008 年版。
10. 刘治斌著：《法律方法论》，山东人民出版社 2007 年版。
11. 舒国滢主编：《法理学》，中国人民大学出版社 2005 年版。
12. 朱景文主编：《法理学》，中国人民大学出版社 2008 年版。
13. 孙国华、朱景文主编：《法理学》，中国人民大学出版社 1999 年版。

14. 戚渊著:《论立法权》,中国法制出版社2002年版。
15. 陈林林著:《裁判的进路与方法——司法论证理论导论》,中国政法大学出版社2007年版。
16. 胡锦光主编:《违宪审查比较研究》,中国人民大学出版社2006年版。
17. 王名扬著:《英国行政法》,中国政法大学出版社1987年版。
18. 王夏昊著:《法律规则与法律原则抵触之解决——以阿列克西的理论为线索》,中国政法大学出版社2009年版。
19. 张根大著:《法律效力论》,法律出版社1999年版。
20. 张文显著:《法学基本范畴研究》,中国政法大学出版社1993年版。
21. 吕世伦主编:《现代西方法学流派》(上卷),中国大百科全书出版社2000年版。
22. 徐大同主编:《20世纪西方政治思潮》,天津人民出版社1991年版。
23. 张恒山著:《法理要论》(第二版),北京大学出版社2006年版。
24. 沈宗灵著:《现代西方法理学》,北京大学出版社1992年版。
25. 曹康泰著:《中华人民共和国立法法释义》,中国法制出版社2000年版。
26. 孙晓红著:《法的溯及力问题研究》,中国法制出版社2008年版。
27. 黄进著:《宏观国际法学论》,武汉大学出版社2007年版。
28. 李林著:《走向宪政的立法》,法律出版社2003年版。
29. 李林著:《良法论》,武汉大学出版社2001年版。
30. 李步云、汪永清主编:《中国立法的基本理论和制度》,中国法制出版社1998年版。
31. 蔡定剑著:《中国人民代表大会制度》,法律出版社2003年版。

32. 刘莘著:《行政立法研究》，法律出版社2003年版。
33. 付子堂著:《法之理在法外》，法律出版社2003年版。
34. 韩德培著:《国际私法新论》，武汉大学出版社1997年版。
35. 赵树坤著:《社会冲突与法律控制：当代中国社会转型期的法律秩序检讨》，法律出版社2008年版。
36. 杨解君著:《走向法治的缺失言说——法理、行政法的思考》，法律出版社2001年版。
37. 陈卫佐著:《拉丁语法律用语和法律格言词典》，法律出版社2009年版。
38. 郑永流著:《法律方法阶梯》，北京大学出版社2008年版。
39. 华东政法学院国际法研究中心编:《当代国际法论丛》（第6卷），北京大学出版社2006年版。
40. 徐亚文著:《程序正义论》，山东人民出版社2004年版。
41. 韩德培主编:《国际私法》，高等教育出版社、北京大学出版社2007年版。
42. 李浩培著:《条约法概论》，法律出版社2003年版。
43. 梁慧星著:《裁判的方法》，法律出版社2003年版。
44. 杨立新著:《侵权特别法新论》，吉林人民出版社1990年版。
45. 欧爱民著:《破译宪法的实践密码——基本理论·分析方法·个案考量》，法律出版社2006年版。
46. 孙笑侠:《程序法的法理》，中国社会科学院研究生院2000年博士论文。
47. 刘红:《法律冲突及其调适研究》，武汉大学2007年博士论文。
48. 洪均培主编:《春秋国际公法》，中华书局1939年版。
49. 城仲模主编:《行政法之一般法律原则》（二），三民书局1997年版。
50. 徐志雄等著:《现代宪法论》，元照出版有限公司2002年版。
51. 黄茂荣著:《法学方法与现代民法》，中国政法大学出版社

2001 年版。
52. 杨仁寿著:《法学方法论》, 中国政法大学出版社 1999 年版。
53. 陈新民著:《德国公法学基础理论》(上、下册), 山东人民出版社 2001 年版。
54. 汤德宗著:《权力分立新论》, 月旦出版公司 2000 年版。
55. 马克思、恩格斯著:《马克思恩格斯全集》(第 1 卷), 人民出版社 1971 年版。
56. [美] 德沃金著:《认真对待权利》, 信春鹰、吴玉章译, 中国大百科全书出版社 1998 年版。
57. [美] 德沃金著:《法律帝国》, 李常青译, 中国大百科全书出版社 1996 年版。
58. [美] 波斯纳著:《法理学问题》, 苏力译, 中国政法大学出版社 1994 年版。
59. [美] 罗斯科·庞德著:《法理学》(第二卷), 封丽霞译, 法律出版社 2007 年版。
60. [美] 罗斯科·庞德著:《法理学》(第四卷), 王保民、王玉译, 法律出版社 2007 年版。
61. [美] 博登海默著:《法理学——法哲学及其方法》, 邓正来等译, 华夏出版社 1987 年版。
62. [美] 史蒂文·J. 伯顿著:《法律和法律推理导论》张志铭、解兴权译, 中国政法大学出版社 1998 年版。
63. [美] 亨德里克·威廉·房龙著:《宽容》, 迮卫、靳翠微等译, 三联书店 1985 年版。
64. [美] 约翰·亨利·梅利曼著:《大陆法系》, 顾培东、禄政平译, 法律出版社 2004 年版。
65. [美] 约翰·H. 杰克逊著:《GATT/WTO 法理与实践》, 张玉卿等译, 新华出版社 2002 年版。
66. [美] 马克·图什内特著:《让宪法远离法院》, 杨智杰译, 法律出版社 2009 年版。

67. ［美］麦克斯·丁·斯基德摩、马歇尔·卡特·特里普著：《美国政府简介》，张帆、林琳译，中国经济出版社1998年版。
68. ［美］汉斯·雄根索著：《国家间政治——寻求权力与和平的斗争》，中国人民公安大学出版社1990年版。
69. ［英］佛里德利希·冯·哈耶克著：《法律、立法与自由》（第一卷），邓正来等译，中国大百科全书出版社2000年版。
70. ［英］约翰·奥斯丁著：《法理学的范围》，刘星译，中国法制出版社2002年版。
71. ［英］H. L. A 哈特：《法律的概念》，许家馨、李冠宜译，法律出版社2006年版。
72. ［英］约瑟夫·拉兹著：《法律体系的概念》，吴玉章译，中国法制出版社2003年版。
73. ［英］约瑟夫·拉兹著：《法律的权威——法律与道德论文集》，朱峰译，法律出版社2005年版。
74. ［英］R. C. 范·卡内冈著：《英国普通法的诞生》，李洪海译，中国政法大学出版社2003年版。
75. ［英］霍布斯著：《利维坦》，黎思复等译，商务印书馆1985年版。
76. ［英］威廉·布莱克斯通著：《英国法释义（第一卷）》，游云庭、缪苗译，上海人民出版社2006年版。
77. ［英］梅因著：《古代法》，沈景一译，商务印书馆1959年版。
78. ［英］约翰·洛克著：《政府论》（下篇），叶启芳、翟菊农译，商务印书馆1964年版。
79. ［英］密尔：《代议制政府》，汪瑄译，商务印书馆1984年版。
80. ［德］K. 茨威格特、H. 克茨：《比较法总论》，潘汉典等译，贵州人民出版社1992年版。
81. ［德］卡尔·冯·萨维尼著：《法律冲突与法律规范的地域和时间范围》，李双元等译，法律出版社1999年版。
82. ［德］卡尔·拉伦茨著：《法学方法论》，陈爱娥译，商务印书馆2003年版。
83. ［德］魏德士著：《法理学》，丁晓春、吴越译，法律出版社2005年版。
84. ［德］哈特穆特·毛雷尔著：《行政法学总论》，高家伟译，法律出版社2000年版。
85. ［德］沃尔夫刚·格拉夫·魏智通编：《国际法》，吴越、毛晓飞译，法律出版社2002年版。
86. ［德］卡尔·施密特著：《宪法的守护者》，李君韬、苏慧婕译，商务印书馆2008年版。
87. ［法］雅克·盖斯旦著：《法国民法总论》，陈鹏等译，法律出版社2004年版。
88. ［法］卢梭著：《社会契约论》，何兆武译，商务印书馆1980年版。
89. ［日］谷口安平著：《程序的正义与诉讼》，王亚新、刘荣军译，中国政法大学出版社1996年版。
90. ［奥］汉斯·凯尔森著：《法与国家的一般理论》，沈宗灵译，中国大百科全书出版社1996年版。
91. ［奥］阿·菲德罗斯等：《国际法》（上册），李浩培译，商务印书馆1981年版。
92. ［英］詹宁斯、瓦茨修订：《奥本海国际法》，中国大百科全书出版社1995年版。
93. ［英］蒂莫西·希利尔：《国际公法原理》（第二版），曲波译，中国人民大学出版社2006年版。

**中文论文**

1. 郝铁川：《权利实现的差序格局》，载《中国社会科学》2002年第5期。
2. 郝铁川：《中国依法治国的渐进性》，载《法学研究》2003年第6期。

3. 陈金钊：《司法过程中的法律发现》，载《中国法学》2002 年第 1 期。
4. 范进学：《德沃金视野中的法律：走向整体性》，载《山东社会科学》2006 年第 7 期。
5. 孔祥俊：《论法官在法律规范冲突中的选择适用权》，载《法律适用》2004 年第 4 期。
6. 刘作翔：《法理学视野中的法律适用》，载《法律适用》2002 年第 7 期。
7. 汪全胜：《“特别法”与“一般法”之关系及适用问题探讨》，载《法律科学》2006 年第 6 期。
8. 胡玉鸿：《试论法律位阶划分的标准——兼及行政法规与地方性法规之间的位阶问题》，载《中国法学》2004 年第 3 期。
9. 梁三利：《新〈律师法〉与〈刑事诉讼法〉的立法性冲突及化解路径——兼论我国法律适用规则的完善》，载《南京师大学报》（社会科学版）2009 年第 4 期。
10. 蔡定剑：《法律冲突及其解决的途径》，载《中国法学》1999 年第 3 期。
11. 杨临萍：《法律规范的冲突规范》，载《人民司法》1998 年第 5 期。
12. 李龙、汪习跟：《国际法与国内法关系的法理学思考》，载《现代法学》2001 年第 1 期。
13. 万毅：《程序法与实体法关系考辨》，载《政法论坛》2003 年第 6 期。
14. 杨建顺、刘连泰：《试论程序法与实体法的辩证关系》，载《行政法学研究》1998 年第 1 期。
15. 杨登峰：《何为法律的溯及既往？在事实或其效果持续过程中法的变更和适用》，载《中外法学》2007 年第 5 期。
16. 秦季芳：《法律规范竞合关系的再思考》，载《玄奘法律学报》2005 年第 3 期。

17. 刘红：《法律冲突的概念辨析》，载《湖北社会科学》2009 年第 8 期。
18. 严存生、宋海彬：《“立法冲突”概念探析》，载《法学论坛》2000 年第 1 期。
19. 蔡定剑：《法律冲突及其解决的途径》，载《中国法学》1999 年第 3 期。
20. 沈关成：《对地方立法权的再认识》，载《中国法学》1996 年第 1 期。
21. 杨小君：《行政法律规范的冲突》，载《国家行政学院学报》2006 年第 3 期。
22. 苗连营：《试论地方立法工作中“不抵触”标准的认定》，载《法学评论》1996 年第 5 期。
23. 李可：《原则和规则的若干问题》，载《法学研究》2001 年第 5 期。
24. 范忠信、侯猛：《法律冲突问题的法理认识》，载《江苏社会科学》2000 年第 4 期。
25. 韩大元、刘松山：《宪法文本中“基本法律”的实证分析》，载《法学》2003 年第 4 期。
26. 章承光：《全国人大及其常委会立法权限关系探讨》，载《华东政法学院学报》2004 年第 3 期。
27. 范忠信：《中国违宪审查与立法冲突解决机制》，载《法律科学》2001 年第 6 期。
28. 季卫东：《程序比较论》，载《比较法研究》1993 年第 1 期。
29. 万毅：《程序法与实体法关系考辨——兼论程序优先理论》，载《政法论坛》2003 年第 6 期。
30. 胡建淼、杨登峰：《有利法律溯及原则及其适用中的若干问题》，载《北京大学学报（哲学社会科学版）》2006 年第 6 期。
31. 舒国滢：《法律原则适用中的难题何在》，载《苏州大学学报

（哲学社会科学版）》2004 年第 6 期。
32. 颜厥安：《法与道德——由一个法哲学的核心问题检讨德国战后法思想的发展》，载《政大法学评论》第 47 期。
33. 季卫东：《合宪性审查与司法权的强化》，载《中国社会科学》2002 年第 2 期。
34. 陈寒枫、周卫国、蒋豪：《国际条约与国内法的关系及中国的实践》，载《政法论坛》2000 年第 2 期。
35. 钱大军：《法律体系理论的比较分析》，载《北方论丛》2009 年第 1 期。
36. 周安平：《论司法对法律的违宪审查》，载《江苏社会科学》2003 年第 1 期。
37. 张巍：《德国基本权第三人效力问题》，载《浙江社会科学》2007 年第 1 期。
38. 季卫东：《合宪性审查与司法权的强化》，载《中国社会科学》2002 年第 2 期。
39. 郑磊：《合宪法性审查该如何启动》，载《法学》2007 年第 2 期。
40. 周安平： 《社会自治与国家公权》，载《法学》2002 年第 10 期。
41. 朱国斌：《法国的宪法监督与宪法诉讼制度——法国宪法第七章解析》，载《比较法研究》1996 年第 3 期。

**英文文献**

1. John Finnis, Natural Law and Naturl Rights, Clarendon Press, 1980.
2. John Rawls, A Theory of Justice, Oxford Univ. Press, 1972.
3. Ronalddworkin, A matter of principle, harvard university press, 1985.
4. Ronald Dworkin, "Models of Rules I", in his Taking Rights Seriously, Cam - Bridge: Harvard University Press, 1978.
5. L. L. Fuller, The Morality of Law (revised edition), Yale University

Press, 1969.

6. Robert Alexy, A Theory of Constitutional Rights, trans. Julian Rivers, Oxford University Press, 2002.

7. Julius Stone, "Form Principles to Principles", 97 The Law Quarterly Review, 1981.

8. Cf. Rihard A Wasserstrom, The Judicial Decision: Toward a Theory of Legal Justification, Stanford University Press, 1962.

9. Martin P. , Discovery and justification in science and law, in Aleksander Peczenik etal (eds.), Theory of Legal science, D. reidel Publishing Company, 1984.

10. Han Kelson, General Theory of Norms, Oxford: Clarendon Press, 1991.

11. Joseph Raz, Practical Reason and norms, Princcton University Press, 1990.

12. Joseph Raz, The Concept of a Legal System: An Introduction to the Theory of Legal System (2rded), Oxford: Clarendon Press, 1980.

13. Jaap C.. Hage, Reasoning with rules: an essay on Legal reasoning and its underlying logic, Dordrecht; Boston: Kluwer Academic Publishers, 1997.

14. Gerald Postema: The Principle of Unility and the Law of Procedure: Bentham's Theory of Adjudication Georgia Law Review, Vol. 11. (1997).

15. Laura Ricciardi and Michael B.. W. Sinclair, Retroactive Civil Legislation, 27 U. Tol. L. Rev. 1996.

16. Robert Alexy, On The Structure of Legal Principle, in Ratio Juris, vol. 13, No. 3. September 2000.

17. Elmer E. Smead, The Rule Against Retroactive Legislation: A Basic Principle of Jurisdiction, 20 Minn. L. Rev. 1936.

18. Joseph Raz Explaining normativity: Rtionality and The Gustification

of Reason, Ratio(new series) Ⅻ,1999.

19. Jules L. Coleman, Negative and Positive Positivism. The Journal of Legal Studies, vol. Ⅺ(Jan. 1982).

20. Stephen Munzer, Validity and Legal conflicts, 82 Yale Law Journal,1973.

21. Robert Alexy, On the Structure of Legal Principles, 13 Ratio Juris,2000.

22. H. Hammer Hill, Bankruptcy vs. Environmental Protection: A Case Study in NormativeConflict,6 Canadian Journal of Law and Jurisprudence,1998.